Christian Hausen

Mehr Mut zum *‚C‘* in der Politik!

Die Deutsche Bibliothek - CIP-Einheitsaufnahme

Mehr Mut zum *C in der Politik:* Christian Hausen, Neumünster
2008 erschienen im Schleswiger Druck & Verlagshaus, Schleswig
ISBN 978-3-88242-185-9

Impressum

Autor: Christian Hausen, Neumünster

Gesamtherstellung und Verlag:
Schleswiger Druck & Verlagshaus
24837 Schleswig, Postfach 1209
Telefon 0 46 21 - 2 80 75, Fax 0 46 21 - 2 69 79
info@sdv-buchverlag - www.sdv-buchverlag.de

Printed in Germany 2008
ISBN 978-3-88242-185-9

Christian Hausen

Mehr Mut zum ‚*C*‘ in der Politik!

Reflexionen
zum
CDU-Grundsatz-Programm

SCHLESWIGER DRUCK & VERLAGSHAUS

Inhalt

Vorbemerkung

Es mag merkwürdig erscheinen, wenn ein parteiloser CDU-Kritiker sich anmaßt, seinen Beitrag zum neuen CDU-Grundsatzprogramm zu liefern. Die liebevolle Anfrage von Generalsekretär Pofalla auch an Nichtmitglieder, ihre Meinung zu den Leitfragen zu äußern, hat mich gereizt. Ermutigt wurde ich durch die konstruktive Reaktion des CDU-Vorstands auf meinen Kurzartikel und die Tatsache, dass nicht nur unsere Bundeskanzlerin Angela Merkel, sondern auch ich einem evangelischen Pfarrhaus entstamme und das „C“ in der Parteibezeichnung dem Pastorenkind eine natürliche Kompetenz verleiht. Wenn darüber hinaus immer wieder Juristen politische Ämter bekleidet und erfolgreich ausgeübt haben, warum sollte nicht ein Rechtsanwalt, obgleich politisch unerfahren, sich artikulieren dürfen, zumal der zuletzt gekürte deutsche Ministerpräsident, nämlich Günther Beckstein, Berufskollege war. Natürlich bin ich mir bewusst, dass ich nur Stückwerk liefern kann.

Aus juristischer und christlicher Sicht wirkt die CDU – gerade durch die Seitenblicke zur SPD und den Grünen – für den Wähler immer langweiliger. Dabei hat die Partei mit dem „C“ ein unermessliches Potenzial an Rechtfertigungen zu Tabubrüchen, etwa gegenüber dem Politisch Korrekten Mainstream. Sie kann z. B. Sünde beim Namen nennen und sich zu einem bisher kaum beobachteten Verfassungspatriotismus bekennen. Dabei wird sie nicht in überheblicher Weise von oben herab Andersdenkende verurteilen, sondern unter Differenzierung zwischen Sache und Person in liebevoller Weise auf Missstände aufmerksam machen. Sie befleißigt sich bipolaren Denkens und Handelns, welche gegensätzlich Erscheinendes zusammen sehen. Das schriftliche Dokument des Christentums – die Bibel - ist in einer Weise inspirativ, wie es viele politisch Verantwortliche nicht ahnen. Dabei geht es keinesfalls um die befürchtete Direktumsetzung der Moralkataloge oder etwaige Beweise für eine Verbalinspiration, sondern um eine unerschöpfliche Quelle der Weisheit und der Erkenntnis. Die Kritik am christlichen Glauben erschöpft sich regelmäßig in reinen Behauptungen, Beschimpfungen, ungerechten Beweisforderungen und Beschränkungen auf historisches Versagen.

Nach meinem Empfinden, auch nach meinen Analysen, distanziert sich die CDU in manchen Bereichen zu sehr von ihren eindrucksvollen Ressourcen, die ihr eigentlich das Recht auf die Meinungs- und Deutungshoheit in Deutschland verleihen. Eine vorzügliche Grundlage bietet der Gründungstext der CDU, der die Partei zu schützen vermag vor einer allzu weiten Öffnung gegenüber grünem Gedankengut. Dass die Öko-Partei die traditionelle Ehe und Familie abschaffen und alle christlichen Symbole aus den Schulen verbannen will, beruht nicht auf wissenschaftlichen Erkenntnissen. Diese emotionalen Eruptionen entspringenden Ideen verkennen, dass z. B. der gemeinsame Kirchgang von Eheleuten das Scheidungsrisiko senkt oder dass der Bildungsstätten mit Kruzifixen ausstattende Freistaat Bayern die Goldmedaille bei PISA errungen hat. Ein derartiges rationales Fundament befähigt die christlich-demokratische Union zu mehr Mut, sich von ideologischen Abenteuern zu distanzieren und in freiheitlichem Geiste das christliche Element herauszustreichen. So schmunzelt der Souveräne über den lautstarken „Kampf gegen Rechts“ (richtig: gegen „Rechtsextremismus“) und hat dabei den „Kampf für Recht(e)s“ im Auge. Konsequenterweise soll nicht nur ein Leugnen der NS-Verbrechen, sondern auch des DDR-Unrechts geahndet werden.

Dazu passen die eindringlichen Worte der Parteivorsitzenden und Bundeskanzlerin Angela Merkel, die sich gerade auf der 45. Bundestagung des Evangelischen Arbeitskreises der CDU/CSU dafür aussprach, die Glaubensüberzeugungen offensiv zu vertreten und mehr Gottvertrauen zu beweisen. Hält man sich noch vor Augen, dass nach der neuen internationalen Studie der Bertelsmannstiftung Jugendliche und junge Erwachsene deutlich religiöser sind, als es die veröffentlichte Meinung wiedergibt, dann hat es die CDU eigentlich leicht, couragiert die sie leitenden christlichen Prinzipien durchzusetzen. Es wird nicht einmal unerschrockenes Verhalten gefordert, denn mit durchschnittlichem Selbstwertgefühl und Behauptungswillen lässt sich eine dem Wohl des Volkes dienende Tendenzwende bewirken. Keinesfalls geht es um eine irgendwie geartete Rückwärtsgewandtheit, sondern um eine gegenwartsbezogene Zukunftsperspektive. Hierzu bietet das Grundsatzprogramm eine brauchbare Basis, die zeitgemäß interpretiert und vorausschauend weiterentwickelt werden soll.

Die am 21. Parteitag der CDU Anfang Dezember 2007 verabschiedeten Prinzipien wirken auf den ersten Blick vielfach sehr allgemein. Das gerade öffnet die Tür zu Auslegungen, die unter Berücksichtigung der Parteiidentität zum Wohl der Bevölkerung vorgenommen werden können. Teilweise erscheinen die Grundsätze als allzu sehr zeitgeistverhaftet und müssen – gerade im Hinblick auf die überholte Ideologie der Political Correctness – zukunftsträchtig umgedeutet werden. Vor allem aber bedürfen grundlegende Thesen der Ausfüllung mit konkretem Inhalt, welcher die wirklichen Interessen Deutschlands berücksichtigt. Das Schleswiger Druck- und Verlagshaus ist so freundlich, nach meinem Buch „Hilfe, wir werden diskriminiert!“ über das freiheitsraubende Allgemeine Gleichbehandlungsgesetz auch meine Gedanken zum CDU-Grundsatzprogramm zu publizieren. Vielen Dank!

Christian Hausen
Juli 2008

Einleitung

„Aus dem Chaos von Schuld und Schande, in das uns die Vergottung eines verbrecherischen Abenteurers gestürzt hat, kann die Ordnung in demokratischer Freiheit nur entstehen, wenn wir uns auf die Kultur gestaltenden sittlichen und geistigen Kräfte des Christentums besinnen und diese Kraftquelle unserem Volke immer wieder erschließen". So lautet der - weithin vergessene - Aufruf zur Gründung der CDU vom 26. Juni 1945 in Berlin. Man könnte es sich leicht machen und – mit einigen Kritikern der 68er Studentenbewegung – eine Verbindung zwischen dem NS-Regime und der Ideologie der Grünen, die Ideen der Kulturrevolution umgesetzt haben, schaffen. Das neue Grundsatzprogramm lässt solche Empfindungen durchaus zu. Heute genieren sich so manche Christdemokraten des christlichen Ursprungs und bemühen sich, bessere Sozialdemokraten als die „Sozis" sowie bessere Grüne als die „Ökopaxen" zu sein. Verständlich werden deshalb manche Meinungsäußerungen, die Unionsparteien sollen das „C" streichen. Das Grundsatzprogramm ist nicht so weit gegangen. „Gott" kommt wiederholt vor, insbesondere wird immer wieder auf das „christliche Menschenbild" verwiesen.

Zunächst verdient die CDU Respekt, dass sie über ihre Identität nachgedacht hat, dabei sogar mittels der „Leitfragen zur Grundsatzprogramm-Diskussion" Parteimitglieder und auch andere Mitbürger aufgefordert hat, ihre Ideen einzubringen. Dabei waren die acht Leitfragen so geschickt formuliert, dass kaum ein mitdenkender Bürger daran Anstoß nehmen konnte, wenn sich eine Partei über ihr eigentliches Wesen Gedanken macht. Sie lauten:

1. Was ist unsere Identität als Christliche Demokraten?
2. Wie ermöglichen wir die freie Entfaltung der Person und den Zusammenhalt in unserer Gesellschaft?
3. Wie meistern wir die Herausforderungen der demografischen Entwicklung?
4. Wie können wir Familien helfen, Basis der Gesellschaft zu sein?
5. Wie machen wir die Soziale Marktwirtschaft in der globalisierten Welt zukunftsfest?
6. Wie gestalten wir einen freiheitlichen Staat, der Sicherheit garantiert?
7. Was müssen wir tun, um die Schöpfung zu bewahren?
8. Was sind Deutschlands Interessen in Europa und in der Welt, und was ist Deutschlands Verantwortung?

In ähnlicher Weise wurden die acht Titulierungen des Grundsatzprogramms formuliert, wobei sie kaum Unmutsgefühle bei den Bürgern hervorgerufen haben. Es ist doch absolut in Ordnung, wenn eine Partei über ihre „Identität" nachdenkt. Einen Gestaltungsanspruch kann man der CDU gewiss nicht verwehren, gerade um den Herausforderungen unserer Zeit gewachsen zu sein. Die „Familie" zu stärken und eine „menschliche Gesellschaft" zu realisieren, ist allemal ein wünschenswertes Ziel. Einleuchtend ist das Bestreben, Deutschland zu einer Bildungs- und Kulturnation zu formen und auf die Wissensgesellschaft zu antworten. Entsprechendes gilt auch für die „soziale Marktwirtschaft", gerade in der globalisierten Welt. Desgleichen ist der Einsatz für eine „lebenswerte Umwelt", nämlich die Schöpfung und das Leben zu bewahren, zu begrüßen. Natürlich sind Eigeninitiative der Bürger und deren Sicherheit allemal förderungswert. Schließlich bestehen keine ernsthaften Einwendungen dagegen, dass Deutschland europa- und weltweit Verantwortung trägt und Interessen wahrnimmt. Die acht Ziele sind vernünftig und nachvollziehbar. Ob dies auch für den beschlossenen Text in Bezug auf die Detailintentionen der Partei gilt, ist zu untersuchen.

Beeindruckend ist, dass die Grundsatzprogramm-Kommission der CDU in einem Entwurf auf ca. hundert Seiten Auskunft darüber gegeben hat, wie die Parteileitung sich unter Berücksichtigung der Gedanken des Volks die Zukunft vorstellt. Der „Antrag des Bundesvorstandes der CDU Deutschlands an dem 21. Parteitag am 03./04. Dezember 2007 in Hannover" spiegelt das Denken und Handeln der Partei in den vergangenen eineinhalb Jahrzehnten wider. Die Annahme des Vorschlags durch die Mitglieder erfolgte problemlos. Der Autor will mit seinen Ausführungen zum Grundsatzprogramm manche Lücke füllen und gute Ansätze fortentwickeln. Er fühlt sich ermutigt durch den Aufruf von Bundeskanzlerin Angela Merkel an die Kirchen, sich an der politischen Diskussion zu beteiligen. Als Verfasser mancher Veröffentlichungen über Fragen von Recht und Gesellschaft im Kontext mit dem christlichen Menschenbild erlaubt er sich seine Anmerkungen zum Grundsatzprogramm, obgleich er von der CDU bislang so manches Mal ignoriert worden ist. Das gilt insbesondere in Bezug auf seinen vergeblichen Einsatz, das Wahlversprechen - das Antidiskriminierungsgesetz zu verhindern - durch eine kritische Publikation zu unterstützen. Den Entwurf hatte er an die führenden CDU-Politiker geschickt, die Reaktionen entsprachen nicht dem ursprünglichen geistigen Niveau der Partei, u. a. aufgrund der den Mitgliedsstaaten nach europäischem Recht gebotenen Möglichkeiten, gegen die EU-Richtlinien Widerstand zu leisten. Das anschließend veröffentlichte Buch „Hilfe, wir werden diskriminiert!" wurde von den CDU-Verantwortlichen zwar positiv beurteilt, aber die notwendigen Konsequenzen wurden nicht gezogen. Als Bürger, der die CDU unter den Parteien „als das kleinste Übel" ansieht sowie ehrlichen und intelligenten Fragen nicht ausweicht, sah der Verfasser keinen Anlass, sich beleidigt zurückzuziehen. Er hält es mit der Partei-„Präambel“, die auf „die Einsicht in die Fehlbarkeit des Menschen“ hinweist und uns die Grenzen der Politik aufzeigt.

Der Titel „Christlich demokratische Politik für Deutschland im 21. Jahrhundert“ ist hoffnungsvoll. Selbstbewusst erscheint das Bekenntnis zu den eigenen Werten und Zielen. Ob die Bezeichnung in der Präambel als „Volkspartei der Mitte“ geglückt ist, darüber lässt sich streiten, da sie ein Hinweis auf Konturlosigkeit sein könnte, auch ein „rechtes Denken“ (nicht „rechtsextrem“!) damit nicht abgedeckt ist. Die Frage ist in der Tat berechtigt, ob der Satz dem wirklichen, zumindest erwarteten Niveau der CDU entspricht: „Da wo Mitte ist, sind wir, und wo wir sind, ist die Mitte“. Vielleicht ist es aber nur Mittelmaß? Versöhnlich sind dann wieder stärkere Worte wie das sinnvolle Festhalten an der Wiedervereinigung gegen alle Widerstände und das Setzen auf die Kraft der ethischen Überzeugungen und die politische Vernunft. Kann das funktionieren in einer Phase, in welcher die Bundeskanzlerin eine Koalition mit der Grünen Partei nicht ausschließt, im Bundesland Hamburg die CDU gerade mit den Alternativen den Zusammenschluss gefeiert hat und der bisherige CDU-Ministerpräsident Roland Koch in Hessen gegenüber früher nunmehr so milde von seinen Öko-Freunden spricht? Es erhebt sich die Frage, ob diese Kehrtwendung noch der geistigen Tiefe des erwähnten Gründungsaufrufs und der bisherigen Unions-Leitkultur sowie dem neuen Grundsatzprogramm entspricht. Bei allem Respekt vor grüner Emotionalität sollte die CDU zu ihrer bewährten Prägung stehen, nämlich weiter ihre Prioritäten setzen in den Bereichen Verstand, Intellektualität, Praktikabilität und christliche Wurzeln. Gerade letztere sollen bei der Kommentierung des Grundsatzprogramms leitend sein. Ob dies bei der hessischen Landtagswahl im Januar 2008 der Fall gewesen war, ist zweifelhaft. Die CDU hatte zuvor die absolute Mehrheit gehabt und die SPD dann nur um 0,1 % der Stimmen geschlagen. In dem Wahlkampf hatte Ministerpräsident Roland Koch zwar die vernünftige Idee, etwas gegen die Jugendkriminalität zu unternehmen, doch hatte er nicht mit der Macht der veröffentlichten Meinung gerechnet. Gerade sein Hinweis auf einen aktuellen fast tödlichen Überfall junger Ausländer hatte die Politisch Korrekten zu heftigen Angriffen gegen ihn und die CDU veranlasst. Diese hatte den Einfluss der (weitgehend politisch links orientierten) Massenmedien unterschätzt. Ungeschicklichkeiten der Partei im Detail, vor allem die mangelnde Differenzierung zwischen Person und Sache zwecks Vermeidung jeglichen Ansatzes von Ausländerfeindlichkeit sowie die fehlende Wehrhaftigkeit gegen die Publikationsorgane haben zu dem unerwarteten, vom Programm her nicht gerechtfertigten Erfolg der SPD geführt.

Nun müssen diejenigen, die dem „C“ eher reserviert gegenüber stehen, nicht befürchten, dass für einen Gottesstaat plädiert wird. Der Autor ist allerdings der

Überzeugung, dass selbst Atheisten regelmäßig davon profitieren, wenn eine Regierung sich vom neutestamentlichen Geist leiten lässt. Es geht nicht darum, die Bergpredigt umfassend umzusetzen, sondern um Leitlinien, die aus der Bibel herrühren – wie Gerechtigkeit, Frieden, Gleichheit oder Toleranz.

1. „Wir christliche Demokraten"

Klug ist die Anlehnung an die Präambel des Grundgesetzes, nämlich dass die Politik der CDU „auf dem christlichen Verständnis vom Menschen und seiner Verantwortung vor Gott" beruhe. Selbstverständlich schließt ein solches Fundament nicht „das gemeinsame Handeln von Christen, Andersgläubigen und nicht Glaubenden in der CDU" aus. Natürlich geht es nicht um ein bestimmtes politisches Programm aus dem christlichen Glauben, die konstruktiven „konservativen, liberalen und christlich-sozialen Wurzeln" könnten allerdings die Errungenschaften aus dem Christentum noch mehr konkretisieren. Die CDU hat es nicht nötig, das „C" zu verwässern. Man hat den Eindruck, dass die Partei in manchen Bereichen dem geistigen Fortschritt hinterherhinkt. Während fast alle Medien - manche voller Sorge - bekennen, dass Religiöses, gerade Christliches wieder an Aktualität gewinnt *(siehe auch die Frankfurter Buchmesse 2007),* wirken die CDU-Größen zum großen Teil als Befürworter einer Relativierung des christlichen Fundaments. Man hört fast nur noch vom „christlichen Menschenbild", einer willkürlich wirkenden Einengung in Bezug auf die geistige Weite des Christentums. Es wird bereits über die nicht allzu konkrete Begrifflichkeit gespottet: „Aber gerade die katholischen Bischöfe spüren: die Union kann noch so oft ihr schwammig formuliertes ‚christliches Menschenbild' zum Vortrag bringen – wenn es politisch opportun erscheint, spielen Kirchenpositionen keine Rolle mehr" *(Süddeutsche Zeitung vom 13.12.2007).* Bezeichnend ist der Kotau der Unionsverantwortlichen vor Giscard D'Estaing als Vorsitzenden des EU-Verfassungskonvents. Ohne erkennbare Gegenwehr unterwirft man sich der französischen Forderung zur Präambel der Grundrechtscharta, partout jeglichen Bezug auf die christlichen Errungenschaften zu unterlassen. Man stimmt damit konkludent der Wahrheitsunterdrückung zu, nämlich dass die geistigen Grundlagen Europas letztlich nur im Humanismus gründen sollen. Dass die EU-Verfassung als solche gescheitert ist, spielt insoweit keine Rolle

Grundlegende Bedeutung des Christentums

Die Leugnung der christlichen Errungenschaften – etwa in der EU – wirkt als historische Lüge, zumal es in Europa kaum einen etwas größeren Ort gibt, ohne dass mindestens eine Kirche herausragt. Kaum ein Komponist, Maler oder Dichter von Weltrang ist in seiner Kunst ohne die christliche Grundlage zu erfassen. Stellvertretend wird der norddeutsche Schriftsteller und Nobelpreisträger Thomas Mann zitiert: Es werde „auf der kulturellen Christlichkeit abendländischen Menschentums mit aller Freiheit und Festigkeit bestanden werden müssen". Nach Auffassung dieses Schriftstellers seien wieder herzustellen „die Gebote des Christentums, aus ihnen muss das Grundgesetz für das zukünftige Zusammenleben der Völker abgeleitet werden, vor dem alle sich werden beugen müssen". Da die CDU ja auch immer wieder bedauert, dass die jungen Menschen sich für diese Partei nicht so sehr interessieren, lohnt es sich, weiter auf den Weltliteraten zu hören: „Groß ist die Sehnsucht der Welt nach einem Glauben, einer religiösen Bindung, die in fest umschriebenen Grenzen dem Leben des Individuums Stütze gewährt gegen das gähnende Nichts, gegen den absoluten Zweifel, seine Ängste und seine Maßlosigkeit". Zur Abrundung sei noch auf die Gedankenwelt des größten deutschen Dichters aufmerksam gemacht, nämlich Johann Wolfgang von Goethe: „Über die Hoheit und sittliche Kultur des Christentums, wie es in dem Evangelium schimmert und leuchtet, wird der menschliche Geist nicht hinaus können".

Heute sind christliche Bücher Bestseller, wenn man etwa - katholischerseits - an Papst Benedikts XVI. „Jesus von Nazareth" oder - evangelischerseits - an Peter Hahnes „Schluss mit lustig" denkt. Der Chefredakteur der Zeitschrift „Cicero" Wolfram Weimer schreibt in seinem Buch „Credo - warum die Rückkehr der Religion gut ist": „Das Europa des 20sten Jahrhunderts hat die Welt gelehrt, dass ohne Gott die politischen Katastrophen noch teuflischer geworden sind. ... Die großen politischen Ersatzreligionen - der Faschismus und der Kommunismus - haben nicht nur Abermillionen Menschenleben gekostet und das Elend in die Seelen ganzer Generationen eingraviert. Sie haben auch aus der Heimat aller modernen Kulturen, aus dem guten alten Europa, die grausame neue Hölle gemacht - und damit verraten."

Das erkennen auch zunehmend mehr Politiker. Im Vergleich zu Rot/Grün haben im jetzigen Kabinett fast alle Minister den religiösen Eid abgelegt. Die Bundestagsabgeordneten bekennen sich nach Einschätzung der SPD-Politikerin Kerstin Griese wieder mehr zu ihrem Glauben. „Es gibt einen engen Kontakt zwischen Kirche und Politik", sagte die Fraktionsbeauftragte für Kirchen- und Religionsgemeinschaften. Von den 612 Abgeordneten sind nach Angaben des Deutschen Bundestags 208 evangelisch und 183 katholisch. Keine Auskunft über die Konfession gaben 190, vier sind Muslime, eine Frau ist Atheistin, 26 bezeichnen sich als konfessionslos *(epd-Wochenspiegel 18/08)*. Bundespräsident Horst Köhler bekennt: „Die Bibel ist das wichtigste Buch". Nach seiner Überzeugung ist die Heilige Schrift heute aktueller denn je, da die Menschen nach Orientierung suchen *(ideaSpektrum, 36/07)*. Der bayerische Ministerpräsident Günther Beckstein ist in dem zu einem großen Teil erfolgreichsten deutschen Bundesland sehr beliebt und zeigt sich in christlicher Weise demütig: „Ich denke nicht, dass ich unfehlbar bin. Als Christ weiß ich, jeder ist ein sündiger Mensch" *(epd-Wochenspiegel, 42/07)*. Der Reigen lässt sich beliebig fortsetzen. Sehr aufschlussreich ist, dass auch gebildete Muslime den Deutschen weiter die christliche Prägung zugestehen; so empfiehlt der muslimische Politikwissenschaftler Bassam Tibi den Deutschen, sich der Herausforderung durch den Islam zu stellen und befürchtet, dass der in den letzten Jahrzehnten entstandene religiöse Analphabetismus dazu führt, dass die Bevölkerung den Muslimen und deren Glaubensüberzeugungen nicht mehr gewachsen ist.

Erfreulich ist, dass die CDU bei ihrer Bezugnahme auf das christliche Menschenbild und die Gleichheit aller Menschen sich an Artikel 3 des Grundgesetzes und nicht an § 20 des Allgemeinen Gleichbehandlungsgesetzes orientiert, das „die sexuelle Identität" einbezieht. Eine solche existiert aufgrund wissenschaftlicher Untersuchungen gar nicht, es handelt sich modegerecht um gefühlte Vorstellungen. Bei der CDU hat die Vernunft gesiegt. Das gilt auch für die verbalisierte Abwehr von „ideologischen Heilslehren und einem totalitären Politikverständnis" – dem wirklichen Fundament des Antidiskriminierungsgesetzes. Dass die CDU demselben zugestimmt hat, verstößt gegen das von ihr bejahte „Prinzip der Subsidiarität". Hier hätten staatliche Vorschriften im Interesse höherer Rechtsnormen zurücktreten müssen, denn Verträge können unter Erwachsenen ohne staatliche Hilfe in fairer Weise geschlossen werden.

Nöte der Atheisten

Seit kurzem melden sich Glaubenskritiker stärker zu Wort, da ihnen die Aufwertung des Religiösen als widerwärtig erscheint. Auffällig dabei ist, dass sie höchstens ausnahmsweise dem Glauben etwas Geistiges und Originelles entgegensetzen. Sie beschränken sich auf emotionale Äußerungen gegen das Religiöse, als ob sich darin ihre intellektuelle Haltung erschöpft. Der Theoretiker des Atheismus, der französische Philosoph Michel Onfray glänzt wenigstens mit einigen Formulierungen. Im Sinne des Hedonismus möchte er den Körper wieder in den Mittelpunkt der Weltanschauung rücken und spricht von einem „dionysischen Utilitarismus" oder einem „sinnlichen Materialismus". Das passt zur verantwortungslosen Spaßgesellschaft, die nach dauerhafter Erfüllung individueller Lust giert sowie einem zügellosen Nützlichkeitsdenken und triebbestimmten Erheischen geldwerter Güter frönt. Der Atheist fürs Grobe ist der britische Evolutionsbiologe Richard Dawkins mit seinem Buch „Der

Gotteswahn". So bezeichnet er z. B. Gott als „größenwahnsinnigen, sadomasochistischen, launisch boshaften Tyrannen" sowie als „widerwärtiges Vorbild". Er beschränkt sich auf Behauptungen, die zu einem Hassprediger passen: Der Glaube habe für viele Menschen die Bedeutung eines Schnullers, er gebe ein Gefühl von Trost und Geborgenheit, sei aber letztlich nur für Infantile geeignet. Religion sei für ihn ein Virus, nämlich eine Krankheit. In Deutschland nimmt seinen Platz der Philosoph Michael Schmidt-Salomon ein, der Chef der atheistischen Giordano-Bruno-Stiftung. In dieser Funktion maßt er sich an, die drei monotheistischen Religionen zu verunglimpfen. Gewählt hat er den Weg über ein Kinderbuch mit dem Titel „Wo bitte geht's zu Gott?", um mit Hilfe eines Ferkels bereits die Jüngsten zur Konfessionslosigkeit zu verführen. Nach seiner Überzeugung sei der christliche Glaube „Quatsch".

So haben im „ZDF-Nachtstudio" vom Oktober 2007 vier religiös unterschiedliche Intellektuelle festgestellt, dass Dawkins in einer Wahnvorstellung gefangen sei. Zu dem Ergebnis kamen der jüdische „Spiegel"-Redakteur Henryk M. Broder, der katholische Psychologe Manfred Lütz, die evangelische Theologin Petra Bahr und der erwähnte, gar nicht zimperliche, bekennende Atheist Michael Schmidt-Salomon, der – wie oben erwähnt – nicht nur zartfühlend ist. Beanstandet wurden der „missionarische Atheismus" des Evolutionsbiologen Dawkins und dessen unwissenschaftliche Vorgehensweise, die sich weitgehend in bloßen Behauptungen und emotionalen Ausbrüchen gegen die Religionen erschöpft, mit einer anderen Art eines Heilsversprechens. Der britische Philosoph und Mathematiker John Carson Lennox hat scharfe Kritik am „Neuen Atheismus" geübt. Die neue Denkschule sei in weiten Teilen „eine ungenaue Neuschreibung der Geschichte" und stelle keine angemessene Grundlage für Ethik und Moral dar *(epd-Wochenspiegel, 46/07)*. In seiner Antwort „Der Atheismus-Wahn" sieht der ehemalige Gottesleugner und jetzige evangelikale Theologieprofessor Alister McGrath in der Hysterie von Dawkins nur die angstvolle Reaktion eines atheistischen Fundamentalismus und Fanatismus auf die weltweite Rennaissance des Glaubens *(infobrief 4/07 der FTA)*. Der Verfasser macht sich schon seit längerer Zeit Gedanken über die Kunst der Kritik. Dass diese bei den deutschen Eliten abnimmt, ist ihm zuerst in der Justiz aufgefallen, später auch in den Medien, vor allem bei den Begründungsversuchen, die Natürlichkeit homosexueller Praxis oder die Erforderlichkeit des Gender Mainstreaming rational zu untermauern. Ab dem Jahr 2007 ist insofern der Neue Atheismus auffällig geworden. Im Wesentlichen geht es um die „vier B":

a) Begründungslosigkeit, sofern es die Kritik am Glauben betrifft (reine Behauptung);

b) Beschimpfungszwang, um von eigener schwacher geistiger Position abzulenken (nur Diffamierungen des Gegners);

c) Beweislastwillkür, nämlich Verpflichtung des Vertreters von jahrtausendelang Bewährtem, für seine Tradition den Gütenachweis zu er bringen (Privilegierung modischer Neuheiten);

d) Beschränkungslust, unter Verschweigen des nachweislich Positiven in gegnerischer Religion (etwa unbestrittene christliche Errungenschaften).

Der Autor hat sich in manche Werke moderner Gottesleugner hineingedacht und in einer gesonderten Arbeit mittels einer Fülle von Details den Nachweis für die eklatanten Defizite der Religionskritiker erbracht.

Wohltuend hebt sich manch alternativer Atheist von emotionalen Eruptionen ab, der immerhin in Bezug auf seine Argumentationshöhe ernst zu nehmen ist. Man denke etwa an Sonja Zekri und ihren Artikel „Lob der Gottlosigkeit" aus der Kulturabteilung der „Süddeutschen Zeitung". Sie beginnt mit den Worten „Halleluja! Plötzlich wollen alle wieder glauben", und beschreibt in bewegenden Formulierungen die Verunsicherung der Atheisten im Blick auf die neuesten wissenschaftlichen Erkenntnisse - insbesondere in der anerkannten Zeitschrift „Psychologie heute": „Studien belegen, dass fromme Menschen gesünder und glücklicher leben und besser wirtschaften, womit Gottlosigkeit nicht nur zum Gesundheitsrisiko, sondern auch zum Armutsfaktor wird".

Nach und nach mehren sich kritische Stimmen gegen den neuen artikulierten Unglauben. Man denke an Anthony Flew. Als einer der bislang bekanntesten Vertreter des Atheismus hat er ein Buch herausgegeben, in dem er beschreibt, warum er nun doch an die Existenz eines Gottes glaubt. Als ehemaliger Oxforder Philosophieprofessor gewann er „ein wachsendes Verständnis für die Ansichten Albert Einsteins und anderer wichtiger Wissenschaftler, dass es eine Intelligenz geben müsse, die hinter all der Komplexität des physischen Universums steht" *(pro-Kompakt, 45/07)*. Es werden auch Missverständnisse im Zusammenhang mit dem Christentum ausgeräumt: Der Direktor des Max-Planck-Instituts für ethnologische Forschung in Halle Günther Schlee verweist darauf, dass viele Konflikte, auch im Irak, zwar eine ethnische oder religiöse Ausdrucksform hätten, aber im Zentrum der Zugang zu materiellen Ressourcen stehe. Es gehe nicht eigentlich um Religion, sondern um Macht *(pro-Kompakt, 44/07)*. Erwähnt werden soll auch noch der Bevölkerungswissenschaftler Josef Schmid, der sich über das, was dem Christentum zugemutet wird, mokiert: „Was man sich gegenüber dem Christentum herausnehmen darf, darf man sich nicht gegenüber einer Ersatzreligion erlauben, zumal sie um ein nationales Sündenregister herum komponiert ist und eifrig bewacht wird" *(Deutschlandradio vom 30.10.2007)*. Man denke etwa an die Zensur durch die Political Correctness. Diese Beispiele signalisieren bereits, dass die CDU wegen des Zeitgeistes keinesfalls auf die Hervorkehrung des „C“ verzichten muss. Große Ermutigung erfährt die Partei durch Papst Benedikt XVI., der in seinem Lehrschreiben „Spe salvi“ mit den Ideologen des 20sten Jahrhunderts gnadenlos abrechnet, aber auch mit der philosophischen Aufklärung. Den von Gott losgelösten Fortschrittsglauben habe bereits der Sozialphilosoph Max Horkheimer entlarvt *(in „Über die christliche Hoffnung“ vom 30.11.2007).*

Zu Recht verweist das Grundsatzprogramm auf das christliche „Gebot der Nächstenliebe“. Es handelt sich bei der daraus folgenden „Solidarität“ nicht um ein originäres Produkt der Atheisten. Selbst Humanisten haben diesen Imperativ der Bibel entnommen. Sätze aus dem Grundsatzpapier wie „Wer Solidarität übt, ist zum Verzicht bereit“ sind auch nicht kennzeichnend für den heutigen aggressiven Atheismus. Kanzleramtsminister Thomas De Maizière ist zuzustimmen: „Auch der religiös und weltanschaulich neutrale Staat ist auf Voraussetzungen angewiesen, die er selbst nicht garantieren konnte… Christen wissen, dass den irdischen Mächten Grenzen gesetzt sind und Grenzen gesetzt werden müssen… Im Erfolg demütig, in der Niederlage nicht verzweifelt zu bleiben – das ist ein großer christlicher Schatz im Leben, auch und gerade im Leben von Politikern *(Die Nordelbische, 47/07).* Noch deutlicher wird der Vorsitzende der CDU/CSU-Bundestagsfraktion Volker Kauder: „Mein Herr, Jesus Christus, erwartet von mir – auch wenn ich einmal im Ruhestand sein sollte –, dass ich mir jeden Tag eine Aufgabe suche und mich engagiere“ *(idea-Spektrum 13/08).* Der Ministerpräsident von Thüringen Dieter Althaus ist sich sicher: „Eine moderne Gesellschaft kann nur dann dauerhaft Bestand haben, wenn sie Überzeugungen lebt“. Dabei ist ihm wichtig ein „lebendiger Glaube“, wie ihn etwa die in seinem Bundesland tief verwurzelte Reformation oder das Zentrum der Evangelischen Allianz in Bad Blankenburg offenbaren *(Pro 1/08).* Konsequenterweise hat die Konrad-Adenauer-Stiftung unter dem Bibelwort „Gerechtigkeit erhöht ein Volk“ im März 2008 zu einer Tagung eingeladen, bei welcher viele christliche Prominente über Werte in der Gesellschaft und Verantwortung der Christen in der Politik mitgewirkt haben. Die CDU hat es nicht nur wegen profilierter Vertreter aus den eigenen Reihen leichter, sich zum „C“ zu bekennen. Die Demoskopen übertreffen sich in ihren Erkenntnissen, dass die Deutschen frommer werden. So hat die Bertelsmann-Stiftung Ende Dezember 2007 festgestellt, dass 70 % der Bürger religiös seien, dabei gar ein Drittel der Nicht-Kirchenmitglieder. Unterstützung erhält die CDU auch von Parteien, die in weiten Teilen nicht christlich wirken, etwa von der grünen Vizepräsidenten des Deutschen Bundestags Katrin Göring-Eckardt: „Wir haben als Christen den Job zu missionieren“ *(ideaSpektrum, 40/07).* Kann diese Politikerin möglicherweise eine Verbindung zum „C“ der Öko-Partei schaffen? Bei den scharfen Attacken des homosexuellen Protagonisten Volker Beck gegen das Jugendtreffen „Christival“ fehlt ihr der Mut, trotz wiederholter Anfragen zumindest ein wenig Kritik an dem Handeln dieses Politikers zu üben. Immerhin hatte der Parlamentarische Geschäftsführer der Grünen-Bundestagsfraktion die Verantwortlichen eines Seminars der Scharlatanerie bezichtigt, obgleich sie gleichgeschlechtlich Empfindenden auf wissenschaftlicher Grundlage die Chance boten, bei entsprechender Veränderungswilligkeit z. B. eine normale Familie zu gründen *(ideaSpektrum 7/08).* Wenigstens sollte sich die Union zum „C" bekennen, am besten zum „hohen C" gemäß der Forderung des Ethik-Professors Wolfgang Ockenfels aus Trier. Dann erst hat die CDU ihre wirkliche Identität gefunden!

Hin und wieder lohnt sich ein Blick auf die bayerische Schwesterpartei, bei welcher christliches Gedankengut, soweit ersichtlich, eine größere Wertschätzung erfährt als in den eigenen Reihen. „Die ethische Situation unseres Landes steht auf dem Prüfstand", schreibt Stephan Holthaus, Dekan an der Freien Theologischen Akademie in Gießen – die inzwischen den Hochschulstatus erreicht hat – in seinem Buch „Werte. Was Deutschland wirklich braucht". Darin geht es nicht nur um Förderung von Ehe und Familie, sondern auch um Probleme in Medizin und Wirtschaft, worüber noch später zu sprechen sein wird. In jedem Fall wird die CDU auch durch solche Publikationen und Institutionen gestärkt. Christen nehmen mit Genugtuung zur Kenntnis, dass Bundesinnenminister Wolfgang Schäuble sich dafür ausgesprochen hat, verfolgte Christen aus dem Irak in Deutschland aufzunehmen, und zwar auch gegen den Widerstand atheistisch geprägter Medien *(epd-Wochenspiegel 16/08).*

Freie Entfaltung der Person

Die CDU orientiert sich korrekt am Grundgesetz: „Jeder hat das Recht auf freie Entfaltung seiner Persönlichkeit". Nicht erfolglos hatte die Partei vor Jahrzehnten mit „Freiheit statt Sozialismus" geworben. Das kann heute in Abgrenzung von den Linksparteien SPD, Grünen und Linken durchaus wieder diskutabel sein. Wenn allerdings, wofür Manches spricht, die CDU eine Variante der sozialdemokratischen Partei darstellt, dann wird es schwer mit der Distanz.

Bemängelt werden, vor allem von den Massenmedien, die Freiheitseinschränkungen durch das Bemühen, Terrorismus und allgemeine Kriminalität einzudämmen. Die Vorwürfe aus der linken Ecke sind bekanntlich sehr hart, Innenminister Schäuble muss gerade von den Medien trotz weitgehender Zustimmung in der Bevölkerung permanent Schelte erdulden.

„Freiheit im Sinne unseres Grundgesetzes lebt aus dem aktuellen Willensentscheid, aus der konkreten Autonomie des Einzelnen, aus der Vielfalt der Gesellschaft, aus der Pluralität von Überzeugungen, Meinungen und Interessen sowie aus der Spontaneität einer entsprechenden offenen Gesellschaftsordnung. In diesem Sinne ist die grundgesetzliche Gesellschaftsverfassung in der Tat die einer ‚offenen Gesellschaft', weil Freiheit nur aus entsprechender Offenheit, Vielfalt, Pluralität und Spontaneität heraus leben und wirken kann. In dieser Offenheit besteht jedoch, wie wiederum manchem Zeitgeist und mancher gegenläufigen, ideologisierenden Behauptung gegenüber festzuhalten ist, kein bloßer Formalismus, keine wertmäßige Indifferenz oder gar wertlose Abstinenz. Im Gegenteil, gerade diese Offenheit markiert erst die Grundpositionen und notwendigen Voraussetzungen wahrhaftiger, nämlich an das Individuum und seine personale Entfaltung gebundener und erst recht in dieser realisierender Freiheit" *(so der ehemalige Bundesminister Ruppert Scholz in seinem Beitrag „Deutschland in guter Werte-Verfassung?").*

Zur Erläuterung sind hilfreich einige Gedanken aus dem Grundsatzprogramm der CDU Thüringen vom Juni 2007 „Was uns verbindet". So heißt es in der Präambel: „Die Erfahrungen mit beiden totalitären Systemen des vergangenen Jahrhunderts in Thüringen, die Ideale der Gründergeneration – nach der zwölfjährigen Diktatur des Nationalsozialismus – und der friedlichen Revolution – nach 40 Jahren realsozialistischer DDR – prägen die Thüringer CDU" *(S. 1).* Dass das Freiheitsdenken die Gerechtigkeit nicht ausschließt, ist der CDU bekannt: „Gerechtigkeit wird durch Teilhabe-Gerechtigkeit und Chancen-Gerechtigkeit verwirklicht" *(S. 3).* Wichtig ist der Partei das Zusammenwirken der Generation: „Die CDU setzt sich für Generationengerechtigkeit ein. Generationengerechtigkeit muss ein ausgewogenes Verhältnis zwischen den Interessen der einzelnen Altersgruppen unserer Gesellschaft ermöglichen sowie die Auswirkungen unserer heutigen Entscheidungen auf die nachfolgenden Generationen berücksichtigen... Es liegt in unserer Verantwortung, unseren Kindern keine übermäßige Schuldenlast zu hinterlassen, sondern ihnen die Ressourcen und Handlungsspielräume für eine freie und selbstständige Lebensgestaltung zu sichern... Der Rechtsstaat sichert und ermöglicht Freiheit. Er begrenzt diese aber auch im Interesse der Bürger. Gleiches Recht für alle bedeutet, Gleiches gleich und Ungleiches ungleich zu behandeln" *(S. 7 und 8).* Bei aller Kritik an der „kleinen Schwester" CSU, etwa im Hinblick auf die Verabschiedung von Edmund Stoiber, tut die CDU gut daran, sich nach der erneuten Einverleibung des „demokratischen Sozialismus" durch den SPD-Vorsitzenden die Worte von CSU-Chef Erwin Huber zu dem alten Slogan „Freiheit statt Sozialismus" durch den Kopf gehen zu lassen. Wenn der sozialdemokratische Vizekanzler Frank-Walter Steinmeier vom Grundsatzprogramm behauptet, es lese sich „wie gedruckte Kaufhausmusik" und ihm jegliche Tiefe abspricht, dann hat Generalsekretär Ronald Pofalla Recht, dass es Sozialismus in Deutschland nie wieder geben dürfe. Die Steilvorlage von Kurt Beck sollte die CDU für eine überzeugende Distanzierung von der SPD nutzen. Die netten Hinweise auf die „Mitte“ genügen hierzu nicht.

Gefragt ist eine Abgrenzung von den linken Parteien, die die Gleichheit ins Zentrum stellen. Historisch ist hochinteressant, dass bereits die Maximen der Französischen Revolution die „Liberté“ vor die „Égalité“ gesetzt hatten.

Im Rahmen der Tendenz zur „Sozialdemokratisierung“ ist es natürlich sehr schwierig, in einer Zeit des „Kampfs gegen Rechts“ christliches und wertkonservatives Gedankengut hochzuhalten. Natürlich muss man die Partei verstehen, da nach dem Wahlergebnis 2005 rein rechnerisch in Deutschland eine linke Koalition möglich wäre. Der hessische Ministerpräsident Roland Koch ist sich dessen voll bewusst: „Die Möglichkeit einer rot-rot-grünen Regierung im Bundestag gäbe es ja durchaus. Deshalb beißen wir eine Zeit lang in den sauren Apfel und machen als Teil der Großen Koalition Kompromisse, die uns durchaus weit von dem weg führen, was wir ursprünglich wollten“ *(in „Vanity Fair“, 49/07)*. Dies wird der CDU auch nicht durch den Abgang des loyalen Vizekanzlers Franz Müntefering erleichtert. Verstehen bedeutet aber noch lange nicht Rechtfertigen.

Die CDU könnte meinen, sie verlöre ihr Gesicht, wenn sie sich wieder auf ihre Grundlagen beriefe. Das gilt insbesondere deshalb, weil etwa ein Parteiausschluss Hohmanns oder eine Rüge gegenüber Günther Oettinger, der allzu Freundliches über Filbinger verbreitete, als widersprüchliches Handeln ausgelegt werden könnten. Man darf aber fragen: War der hessische Bundestagsabgeordnete wirklich so rechtsradikal, und darf man seitens der christlichen Partei nicht dessen Ungeschicklichkeiten verzeihen? Oder könnte nicht sogar dazu beitragen, dass gestandene CDU-Wähler und Bürger vom rechten Rand die CDU wieder mehr ernst nähmen, wenn sie sich z. B. in differenzierender Weise über das Studienzentrum Weikersheim ausspräche und in aller Gelassenheit von dort stammendes konstruktives Gedankengut auch entsprechend würdigte? Muss es sich die CDU gefallen lassen, dass ihre Politiker mit einem Denk- und Redeverbot bedacht werden in dem Sinne, dass jeder Satz von ihnen aufs Schärfste unter dem Gesichtspunkt der Politischen Korrektheit untersucht wird? Weikersheim kann mit einer kompetenten Besetzung erheblich dazu beitragen, das geistige Vakuum in der CDU, ja in der Gesellschaft zu füllen, letztlich auch die seit Jahrzehnten von der CDU versprochene und herbeigesehnte geistig-moralische Wende herbeiführen. Die Partei muss sich ganz konkret die Frage stellen, wer die geistig-kulturelle Hegemonie in der Bundesrepublik innehaben soll. Es ist für CDU-Sympathisanten oft unerträglich, in welcher Weise die Union immer wieder die Meinungs- und Deutungshoheit den Linkintellektuellen abtritt.

Die CDU vergibt sich nichts, wenn sie etwa wie das Nachrichtenmagazin „Focus“ das äußerst linkslastige Duisburger Institut zur Sprach- und Sozialforschung (DISS) als „Linksextremistensüppchenkochclub“ karikiert. Das gilt gerade im Kontext mit dem Abdriften der Juso-Vorsitzenden Franziska Drohsel in die linksextremistische Organisation „Rote Hilfe“. Immerhin hatte die CSU-Bundestatsabgeordnete Dorothee Bär den Mut, die SPD auf ihre mangelnde Abgrenzung zum Radikalismus hinzuweisen, der Rechtsextremismus „völlig zu Recht“ scharf verurteilt werde, hingegen der „Linksextremismus schick oder zumindest tolerierbar zu sein“ scheine. Sie fordert gegen die ca. 30 000 Linksextremisten in Deutschland den von Ex-Bundeskanzler Gerhard Schröder gewünschten „Aufstand der Anständigen“ *(FAZ vom 11.12.2007)*. Man kann beim besten Willen nicht behaupten, dass des Volkes Stimme die einseitige Bevorzugung linken Denkens verlange. Zu Recht fragt der Kolumnist Michael Inacker in der „Wirtschaftswoche“ *(49/07)*: „Warum wird in diesem Land eigentlich so viel von Rücksichtnahme auf links und die Linkspartei geredet – und immer weniger von Leistungsträgern und Werten bürgerlichen Milieus?“.

Christliches Menschenbild

Durch den Linksruck hat sich im Bereich der geistigen Wertschöpfung bei der CDU nichts im positiven Sinne gewandelt. Der Rausschmiss von Hohmann und das unterwürfige Verhalten in Bezug auf Weikersheim hat bei nachdenklichen CDU-Freunden mit Sicherheit nicht das Bewusstsein gefördert, die Partei verfüge über ein großes Potenzial intellektueller Kompetenz. Selbst die Tatsache, dass Linksintellektuelle rechte Positionen einnehmen, beeindruckt die Union offensichtlich nicht. Man denke etwa an Ralph Giordano, der im Zusammenhang mit dem geplanten Moscheebau in Köln-Ehrenfeld das Recht der Meinungsfreiheit verteidigt: „Wo sind wir denn, dass wir uns überlegen müssten, ob unser Tun und Handeln radikalen Muslimen gefällt oder nicht?“. Unmissverständlich spricht der jüdische Denker von einem uns bedrohenden Erpresserpotenzial und rechnet ab mit „xenophilen Anwälten“, welche die Zuneigung zu allem Fremden übertreiben, wie dem linksliberalen und grünen Hans-Christian Ströbele. Die jahrelange Sprecherin der gewiss nicht rechtsorientierten Tagesschau Eva Herman, die wiederholt als die beliebteste unter ihren Kollegen auserkoren worden war, zeigt Mut zu äußerst konservativen und christlichen Positionen, etwa in ihrem Buch „Das Eva-Prinzip. Für eine neue Weiblichkeit“. Sie steht in deutlichem Gegensatz zur CDU-Familienministerin Ursula von der Leyen. Erwähnt werden soll auch noch Christa Müller, die in ähnlicher Weise zugunsten der Familie kämpft und dabei Positionen ihres Ehemanns und Führers der Linken Oskar Lafontaine geradezu verrät. Dies und viele andere Beispiele zeigen, dass die CDU es heute leichter hat, konservativ zu sein, gerade in Bereichen, in welchen die Freiheit eine Rolle spielt. Vielen Verantwortlichen der CDU ist noch nicht klar, dass die beiden zuletzt genannten Gegnerinnen der Krippeninitiative dem jahrzehntelangen CDU-Grundsatzprogramm erheblich näher stehen als die eigene Ministerin.

Daraus wird deutlich, dass einerseits Persönlichkeiten des öffentlichen Lebens, die nicht als CDU-Sympathisanten angesehen werden können, im positiven Sinne rechtes Gedankengut verbreiten und unterstützen sowie andererseits der CDU aus der linken Sphäre Material zugeschanzt wird, das im Rahmen der Abwehrbereitschaft ihr behilflich ist, wieder zu ihrer Identität zu finden. So sollten Filme wie Roman Grafes „Eingeschlossen, abgeriegelt" in einer Weise gefördert werden, dass selbst die Fernsehanstalt der ARD, die im Zweifel linkslastige Positionen einnimmt, nicht mehr umhin kann, das Werk auszustrahlen. Der Autor des Buchs „Deutsche Gerechtigkeit" vermag in überzeugender Weise den Gedanken der „Grenzsicherung" zu verdeutlichen. Er verweist darauf, dass die DDR so schlecht gewesen sei, dass das Regime geradezu gezwungen war, den Bürgern zu verbieten, das Land zu verlassen. Die Folge wäre sonst, dass sämtliche Einwohner von dieser Möglichkeit Gebrauch gemacht hätten. Bei einem Engagement zugunsten des Films würde die CDU erheblich an Ansehen gewinnen. Immerhin hat die CDU-eigene Konrad-Adenauer-Stiftung eine Umfrage veröffentlicht, dass 85 % der CDU-Mitglieder es ablehnen, dem Zeitgeist hinterherzuhinken, selbst wenn dies zu einem gewissen Verlust von Wählerstimmen führen könnte! So lehnen z. B. 72 % die staatliche Arbeitsplatzgarantie sowie 91 % die Gleichstellung von homosexuellen Paaren mit Eheleuten. Die Deutschen sollten doch in Bezug auf ihre Bemühungen um Gleichberechtigung zufrieden sein. Immerhin haben sie auf einer Tabelle des Weltwirtschaftsforums zur Gleichberechtigung von Mann und Frau unter 128 Staaten Platz 7 erreicht. Bei der Analyse ging es um vier Bereiche, nämlich Teilnahme am Wirtschaftsleben und Chancengerechtigkeit, ferner politische Teilhabe, Bildungsniveau sowie Gesundheit und Wohlbefinden *(Die Nordelbische, 46/07).*

„Die Gleichberechtigung von Frauen und Männern ist ein Grundrecht". Dieser Satz in dem Grundsatzprogramm bleibt unumstritten, allein schon wegen des Bezugs auf Artikel 3 des Grundgesetzes. Leider gibt es Bestrebungen, besonders im Familienministerium, die Schöpfung und Biologie zumindest teilweise zu verkehren. Derartige Versuche müssen umgehend im Keim erstickt werden. Frau von der Leyen hat trotz ihres erheblichen Beitrags zur Aufrechterhaltung der Bevölkerung mit ihren sieben Kindern aus unerklärlichen Gründen auf die Ideologie des Gender Mainstreaming gesetzt. Es handelt sich dabei um Ideen, welche das natürliche biologische durch das so genannte soziale Geschlecht austauschen. Ziel ist es, die Unterschiede zwischen Mann und Frau weitgehend zu verwischen. Die Familienministerin hat offensichtlich nicht gemerkt, dass sie - wie der „Spiegel“ berichtet hat *(17.02.2007)* - im Ministerium einem SPD-Mitglied aufgesessen ist, das viel Spaß dabei empfindet, die CDU bloßzustellen. Als Freund von Sozialisierung der Erziehung und Entmachtung der Familie schuf Abteilungsleiter Malte Ristau-Winkler die strategischen Voraussetzungen für die Einführung der Kinderkrippen. Statt zu argumentieren, wehrt sich - analog dem „CDU-Feind“ - Frau von der Leyen mit Emotionalem, etwa den „Alpha-Tierchen“, um die Männer zu disqualifizieren. Natürlich sollen, was unstreitig ist, ausgebildete Frauen die Möglichkeit haben, auch als Mütter mit Kindern ihren Beruf auszuüben; auch Alleinerziehende brauchen entsprechenden Schutz. Allerdings die Idee der Krippen - das dem verbrecherischen DDR-Regime entnommene Modell - in den Vordergrund zu stellen, wirkt im Hinblick auf die wissenschaftlichen Erkenntnisse über die ersten Lebensjahre des Kindes als kontraproduktiv. Es ist erwiesen, dass die Mutterbindung in den ersten drei Jahren unverzichtbar ist. Zumindest sollte dem Modell der Tagesmutter, also die Einbeziehung nur einer weiteren Person, deutlicher Vorrang gegeben werden. Um dem Diskriminierungsverbot Rechnung zu tragen, kann auf das kompensierende Betreuungsgeld bereits aus Gründen der Glaubwürdigkeit und der noch nicht absehbaren rechtspolitischen Konsequenzen nicht verzichtet werden. Nur so ist eine echte Wahl im freiheitlichen Sinne des Grundgesetzes gewährleistet. Zur Gender-Problematik wird unter Ziffer 2 ausführlich Stellung genommen.

Die CDU muss umdenken, da die Konservativen in der Union aufbegehren. Sie fühlen sich von der Bundeskanzlerin und ihrem liberalen Kurs an den Rand gedrängt. Dabei ist Konservativsein doch etwas Schönes: Es besteht Ideologie- und Utopieverzicht. Der Konservative kennt die Unzulänglichkeit des Menschen und weiß, dass der Gedanke eines Paradieses auf Erden niemals verwirklicht werden kann. Insofern ist es keinesfalls inkonsequent, wenn ein größerer Teil der Christen sich zu den Konservativen zählt. Ermutigung erfahren sie durch neueste Studien, etwa der Aarhus School of Business: „Zufriedene Rechte, muffige Linke“. Es ist keinesfalls unfair und unerlaubt, wenn die Partei in den Diskussionen auch ein wenig von der Begrifflichkeit ausgeht. Man mag darüber streiten, ob „links“ besser als „rechts“ sei. Allein schon das Wort „Recht“, das die Ordnung menschlichen Zusammenlebens bezeichnet, damit Konflikte weitgehend vermieden werden, ist doch sehr positiv. Von hoher Bedeutung ist in allen Parteien die Forderung nach Ge<u>recht</u>igkeit. Dazu gehört auch das Lob gegenüber einer Person, sie habe etwas recht gemacht, oder die Wortbildung „Rechtschreibung“, nämlich etwas richtig formulieren. In der Heiligen Schrift – einer geistigen Quelle der Partei – ist die Rede davon, dass beim Jüngsten Gericht die Schafe „zur Rechten Gottes“ dessen Reich erben werden, während die Böcke „zur Linken“ das ewige Feuer erwartet (Matthäus 25 Verse 31 ff). Der Begriff „links“ ist – bei aller Unverzichtbarkeit im menschlichen

Dasein, was selbstverständlich auch für die SPD in der Politik gilt – weitgehend negativ besetzt. Man denke etwa an die „zwei linken Hände“ des ungeschickt Handelnden. Das Wort „linkisch“ deutet auf Tollpatschigkeit hin. Ein „linker Typ“ verkörpert Eigenschaften, die weniger erstrebenswert sind, etwa Unaufrichtigkeit, mangelnde Offenheit oder das Bemühen, den anderen über den Tisch zu ziehen. Am deutlichsten wird dies durch das Tätigkeitswort „linken“. Heute ist eine gewisse Verkehrung eingetreten: Gehuldigt wird allgemein den Linksintellektuellen, ein großes Anliegen ist der „Kampf gegen Rechts“ (also nicht nur gegen den „Rechtsextremismus“).

Gefordert wird ein gewisses Quantum an Mut, dem Zeitgeist zu widerstehen. Wegen des verbesserten religiösen Klimas darf die CDU nicht den Kairos verpassen, den richtigen, von Gott geschenkten Zeitpunkt: „Ein Fenster in der Zeit, das Neues ermöglicht, das sich aber auch wieder schließt… Das bedeutet auch, die Freiheit zu haben, destruktiven Trends und Auflösungserscheinungen mutig zu widersprechen und gegen kulturelle Zersetzungsbewegungen aufzustehen. Aber es braucht noch mehr: Es braucht die konstruktiven Lebensentwürfe, die erahnt und ausprobiert werden müssen. Das bedeutet weniger zu verwalten, mehr zu wagen und ohne Maß zu hoffen… Dadurch erhöht sich unsere Tragkraft, Widerstandskraft und seelische Spannkraft, aber auch die Kraft, Dinge zu ertragen, die wir nicht ändern können“ *(so der Philosoph Dominik Klenk, OJC, Schloss Reichelsheim, in „Salzkorn“ 3/2008).*

Selbstverständlich darf nicht übersehen werden, dass der Konservativismus in einem von linken Medien beherrschten Staat allenfalls geduldet wird, und zwar nur solange politisch unverbindlich bleibt. Es gehört durchaus Mut dazu, zu den Werten zu stehen. Ist bei der CDU genügend Widerstandskraft gegenüber dem Zeitgeist vorhanden? Die Abwehrbereitschaft wird erleichtert durch die Selbstverständlichkeit einer politischen und kulturellen Identität. Wenn es den Konservativen nicht gelingt, diese Identität gegen andere genügend abzugrenzen, dann bleiben sie weiter einflusslos - auch wenn sie die nächste Wahl durch den Linksruck gewinnen sollten. Die derzeitige geistige Lähmung muss überwunden werden. Auf keinen Fall darf die CDU in Resignation verfallen, dazu hat sie keinen Anlass, weil das Fundament noch nicht ganz verloren ist. Ein christlich orientierter Politiker kennt den Menschen besser als die Konkurrenten: Einerseits ist der Mensch von Jugend an böse *(Genesis 8, 21),* andererseits ist er das mit wunderbaren Gaben ausgestattete Geschöpf Gottes *(Genesis 1 und 2).* Das schafft einen gesunden Realismus, stellt auch eine Basis dar, positiv auf die Gesellschaft einzuwirken, und zwar ohne Kleinmut. Der Konservative muss auch nicht permanent über Theorien grübeln, etwa wie die Linken ob ihres „Gottes“ Karl Marx, von dessen Ideen sich die Sozialdemokraten auch noch nicht emanzipiert haben. Die Theorie ist für Konservative allenfalls ein vorübergehendes

Werkzeug, um gesellschaftliche Verhältnisse zu klären. Bei den Linken gewinnt eine Theorie oft schnell Absolutheitscharakter, der Realitätssinn geht verloren. Bei den zunehmenden Anleihen der CDU, letztlich von den Marxisten, muss die Union sich nicht wundern, dass Konservative ihr Heil möglicherweise bei den Rechtsaußen suchen. Natürlich soll die CDU auch kompromissbereit sein, dies aber in Fragen, in welchen es um Quantitatives geht, z. B. die Kindergelderhöhung. Anders steht es um den qualitativen Bereich, etwa wenn Identitätsverluste drohen, wie es beim Antidiskriminierungsgesetz geschehen ist.

Zusammenhalt unserer Gesellschaft

Die „Volkspartei" der Mitte ist, wenn damit nicht dem Gedanken der Beliebigkeit gefrönt wird, durchaus geeignet, „Gemeinsinn und bürgerschaftliches Engagement" zu fördern. Die Gesellschaft soll „füreinander einstehen", so z. B. Junge für die Alten und umgekehrt. Dazu gehört in der Tat auch ein „patriotisches Zusammengehörigkeitsgefühl". Die Frage ist nur, ob die CDU, um diese Ziele zu erreichen, in ihrer Kompromissbereitschaft zu weit geht.

In der Tat hat die CDU in der Großen Koalition wenig bewirkt, um ihrer Identität Rechnung zu tragen. Der ehemalige Finanz- und Verteidigungsminister Hans Apel spricht in Bezug auf das Miteinander von CDU und SPD vom ethisch-moralischen Nichts. So können z. B. die Gesundheitsreform oder die „Rente mit 67" nicht als große Erfolge gewertet werden. Trotz deutlich höherer Steuereinnahmen hat der Staat bisher von den Schulden in Höhe von ca. 1,5 Billionen Euro noch keinen Cent zurückbezahlt. Auch die Familienförderung ist eher bescheiden, worüber noch zu sprechen sein wird.

Bundespräsident Horst Köhler hat gemerkt, dass so Manches in der Koalition defizitär ist. Deshalb fordert er eine erneute Debatte über die Leitkultur. Eine solche ist alles andere als „politisch korrekt" und widerspricht unzweifelhaft dem Zeitgeist. Sie ist aber unverzichtbar. Das hat Generalsekretär Roland Pofalla erkannt. Der Begriff „Leitkultur" soll nach seinem Willen Eingang in das neue Grundsatzprogramm finden. Das verdient Achtung. Die Zukunftstauglichkeit der Union wird allemal gesteigert, wenn sie sich wieder klar wird über das große Potenzial an Werten, welche sie jahrzehntelang vertreten hat. Es gibt zahlreiche Definitionen dessen, was als konservativ angesehen wird. Einleuchtend ist diejenige von Fritz Walter, Professor für Parteienforschung in Göttingen, der sich in der „Welt am Sonntag" wie folgt geäußert hat: „Konservative setzen auf Bestand, Bewährtes, Tradition, Empirie, auf das Konkrete und Dauerhafte, auf Erfahrung und Geschichte. Das nimmt dem Konservatismus den intellektuellen Glanz für alle Menschen und Gesellschaften, die sich der Beweglichkeit und Beschleunigung verschrieben haben, die fieberhaft dem Neuen und Modernen entgegen hasten. Konservative verfallen nicht dem Zauber der Veränderungsverheißungen. ... Konservative - vor allem diesseits der Parteipolitik - hatten überwiegend ein feines Gespür für die totalitären Züge fundamentaler Umwälzungen. Sie hatten stets auch eine Ahnung von den Schattenseiten jeder Modernisierung, die zur Entfremdung der Menschen, Atominisierung und Desintegration von Gesellschaften, übrigens auch - ohne den steuernden Eingriff einer zentralen staatlichen Instanz - zu schärferer Ungleichheit führt". Es ist in der Tat nicht der Fall, dass die Vorrangstellung des Gleichheitsprinzips bei den Linken so ohne weiteres realisiert worden ist. Das freiheitliche Denken hat sich bewährt, führt letztlich zu mehr Gleichheit in der Bevölkerung. Die Gleichheitsideologie hat z. B. das weltweit angesehene Bildungssystem zerstört.

Nun hat der französische Präsident Nicolas Sarkozy der CDU geholfen, den Begriff „konservativ" als europaweit akzeptierte politische Einordnung anzusehen. Auch wenn manche Politiker durch gewisse Inkonsequenzen für Unruhe gesorgt hat, steht fest, dass auch junge Leute Sehnsucht nach konservativen Werten haben, gerade was Verbindlichkeit und Verlässlichkeit betrifft. Sie lassen sich nicht mehr so stark von den Medien und Linken vereinnahmen, die die Konservativen als „rückwärtsgewandt" oder „reaktionär" bezeichnen, teilweise sogar als „faschistoid". Das schafft für die CDU eine Grundlage zur Hoffnung. In der Tat haben Werte wie Disziplin und Pflichtbewusstsein für Jugendliche wieder eine größere Bedeutung, Eltern gelten wieder mehr als Vorbilder. Manieren werden auch nicht mehr als Lachnummern angesehen, wenn man an den deutschen „Knigge" des äthiopischen Prinzen Asfa-Wossen Asserate denkt. Die Werteforscher sind sich einig, dass die große Zeit das libertären Individualismus und der Flucht aus den Bindungen zunächst einmal vorüber ist. Interessant sind die Reaktionen auf die Ansicht des Politologen Franz Walter *(Der Spiegel, 9/200),* welcher recht unverblümt die Lüge in der Politik lobt. Die Kritiker sprechen von einem Vertrauensverlust unter welchem die Demokratie leidet, und können nicht nachvollziehen, dass so etwas auch noch wissenschaftlich verbrämt gut geheißen wird. Auch das undifferenzierte Vorgehen des Wissenschaftlers wird gerügt,weil er über einen Kamm schert z. B. Begriffe wie Raffinesse und Lüge. Ihm wird „Volksverdummung" vorgeworfen.

Nun hat die CDU in den eigenen Reihen Vorbilder in der jüngeren Generation, wie den Vorsitzenden der Jungen Union Philipp Mißfelder. Das Papier mit dem Titel „Die CDU - eine sozialdemokratische Partei" kritisiert die Partei scharf. Heftig angegriffen wird u. a. die Familienministerin mit ihrer Verneigung vor der Politik des „Gender Mainstreaming", die als „Marxismus pur" beschimpft wird. Das macht den Beobachter ein wenig zuversichtlich. Ein erster Schritt wurde bereits getan. So wird der Bezug von Ehe und „C" künftig aufgewertet.

Kirchliche Hochzeiten sind ab 01. Januar 2009 auch dann gestattet, wenn der Bund fürs Leben vorher nicht standesamtlich geschlossen wurde. Die Trauung durch einen Pfarrer wird dann nicht mehr als Ordnungswidrigkeit geahndet. Folgen hat die Neuerung gerade für die Menschen, die bislang unter Verlust ihrer Rente die Ehe eingingen, weil sie als Christen nicht unverheiratet zusammenleben wollten. Der Gefahr einer legitimierten Vielehe werden die Politiker rechtzeitig etwas entgegensetzen.

Die CDU wird sich auch dagegen wehren, dass sich die Grünen mit ihren Bestrebungen, Religion als verpflichtendes Unterrichtsfach abzuschaffen, durchsetzen. Die Ideen der Öko-Partei erscheinen als bildungsfeindlich: Die erste Pisa-Studie ist höchst aufschlussreich und kann die Unionsparteien nur ermutigen, christliches Gedankengut in den Schulen offensiv zu vertreten. Spitzenreiter waren die traditionell christlich geprägten Bundesländer Bayern, Baden-Württemberg und Sachsen – mittels eines pietistisch geprägten Protestantismus' und eines lebendigen Katholizismus'. Schlusslichter waren Brandenburg und Bremen, jene Gebietskörperschaften, welche einen ordentlichen Religionsunterricht nicht dulden.

Im Ergebnis darf die CDU konservativ sein. Es geht nicht etwa um die Wiederbelebung des preußischen Geistes, wenn auch einige Tugenden, gerade wie man es bei jungen Menschen beobachten kann, wieder als zeitgemäß angesehen werden. Die christliche Denkweise mit dem konservativen Einschlag, aber auch mit dem wahrhaft progressiven - weil konstruktiven - Gedankengut lässt eine positive Zukunftsprognose für die CDU zu. In jedem Fall darf sich die CDU auf die „verbindlichen kulturellen Grundlagen" gründen und wird gerade durch eine Leitkultur der Verbindlichkeit den Zusammenhalt in der Gesellschaft fördern.

Mut zum ‚C'

Die bisherigen Ausführungen zeigen, dass das Christentum in so vielen Bereichen wirklich Spitzenbeiträge zur menschlichen Daseinsgestaltung geliefert hat. Dabei geht es nicht um eine Diskriminierung anderer Weltanschauungen, sondern um die Aufwertung des „C". Laizismus und Indifferenzismus haben in Bezug auf die Werteordnungen auf keinen Fall mehr an Konstruktivem als das CDU-Fundament zugunsten der Gesellschaft hervorgebracht. Das hat die CDU bereits in der „Mannheimer Erklärung" vom 12.11.1975 erkannt, etwa durch die Hinweise auf die „unverwechselbare Aufgabe" der Kirchen und die Tatsache, dass diese „lebenswichtige Aufgaben des Gemeinwohls" wahrnehmen *(2.4)*. Das christliche Element bei der CDU würde aber noch deutlicher zum Ausdruck kommen, wenn sich die Partei intensiver für die Begehung, ja die „Heiligung" des Sonntags, also im wirtschaftlichen Bereich gegen die Ladenöffnung an Sonntagen einsetzen würde. Zu beachten ist auch der Sozialaspekt, etwa zugunsten des überwiegend weiblichen Verkaufspersonals, das seine Kinder „am Tag des Herrn" im Stich lassen muss, um seiner Berufstätigkeit nachzugehen.

Es geht hier weniger um den „Aufbruch zu einer christlichen Kulturrevolution", welche die Zeitschrift „Medizin und Ideologie" im Frühjahr vorausgesagt hatte, aber eine verstärkte Infiltration christlichen Denkens in unserer Gesellschaft kann für den Staat nur nützlich sein. Die Unionsparteien nutzen insoweit ihre Möglichkeiten viel zu wenig. Hilfreich ist die Erkenntnis, dass Christentumsgegner weitgehend „aus dem Bauch heraus" ihre Kritik üben und sich nicht von ihrem Intellekt leiten lassen.

Wenn Prof. H. Windisch als katholischer Pastoraltheologe meint, das „C" müsse verschwinden, so gründet er sich auf grob parteischädigendes Verhalten der Verantwortlichen. „Hier werden unter dem Schutzschild eines Parteilogos christliche Grundaussagen so weich gespült, dass sich die kirchlich gebundene Christlichkeit in beliebige persönliche Anschauung und nicht hinterfragbares persönliches Verhalten auflöst". Mit ähnlicher Argumentation gibt es diverse Stimmen, nach welchen die intellektuelle Redlichkeit fordert, vom „C" Abstand zu nehmen. Der Autor dieses Artikels plädiert aber für eine Umkehr im biblischen Sinne.

Nach Auffassung der relativ kirchenfreundlichen „Bild"-Zeitung sind fast 80 % der Leser christlich geprägt. Chefredakteur Kai Diekmann deutet in seinem Buch „Der große Selbstbetrug" an, dass das von ihm verantwortete Blatt auch dazu beiträgt. Über seinen Glauben hat er sich freimütig geäußert, nämlich dass es ihm wichtig sei, in „Bild" christliche Themen zu behandeln. Er spricht kritisch vom Glaubensabfall der Deutschen, die zum großen Teil auf die unreflektierte Kritik der Linksintellektuellen zurückzuführen ist. Diekmann scheut sich nicht, von diesen tabuisierte Themen wie Patriotismus positiv hinzustellen – was in den Fragen des CDU-Papiers auch zum Ausdruck kommt. Die CDU kann hier Pluspunkte gegenüber der SPD sammeln und sich auf den ehemaligen Sozialdemokraten Herbert Ammon berufen, der zusammen mit Peter Brandt (Sohn von Willy Brandt) das Buch „Die Linke und die soziale Frage" geschrieben hat. So wünschte sich der sozialrevolutionäre Dichter Georg Büchner einen „Volkskaiser". SPD-Reichspräsident Friedrich Ebert machte aus dem „Deutschlandlied" die Nationalhymne. Insoweit kann durchaus von der versprochenen „geistig-moralischen Wende" die Rede sein, immerhin haben Intellektuelle wie

Martin Walser und Arnulf Bahring mehr Nationalstolz der Deutschen eingefordert *(Der Spiegel, 24/05).*

Karl Diekmann hat nicht nur einen „gesunden Patriotismus" verlangt, sondern auch die besondere Verantwortung vor dem Staat Israel hervorgehoben – auch ein Punkt im CDU-Papier. Dass dies aus christlicher Perspektive notwendig ist, bedarf keiner Erörterung. Der Bild-Chef fordert schließlich Gottvertrauen, um die Zukunftsängste zu mindern, was auch in Bezug auf Problembereiche wie Waldsterben und Erderwärmung gilt. Aus dessen Perspektive bietet der christliche Glaube für Deutsche und Europäer eine Heimat, was der CDU grundsätzlich auch wichtig ist. Bei aller berechtigter Kritik an der Bild-Zeitung und an Diekmanns historischen Untersuchungen bietet dieser Verantwortliche für die größte deutsche Tageszeitung eine Vielzahl von konstruktiven Denkanstößen.

Das hat die Junge Union gemerkt. Bei deren Tagungen findet regelmäßig ein Gottesdienst statt. In der „Einstein-Konnektion" wird diese Denkweise auch sichtbar. Immerhin hat sich unsere Bundeskanzlerin wiederholt zum Christentum bekannt. Nach ihrer Auffassung sind „christliche Werte unverzichtbar", wie sie bei der Bundestagung des christlichen Arbeitskreises der CDU/CSU in Heidelberg bekundet hatte. In der Unterredung mit dem Papst hatte sie im Jahr zuvor deutlich gemacht, „dass wir eine europäische Identität in Form eines Verfassungsvertrags brauchen. Und darin sollte der Bezug auf das Christentum ein sehr wesentlicher Teil sein". Nach ihrer korrekten Aussage ist unser Kontinent im Wesentlichen christlich geprägt, auch wenn dies in den Gesetzen und im ethischen Handeln immer weniger deutlich wird. Aber auch in diesem Bereich können die Christen wenigstens etwas stolz sein: Nach wissenschaftlichen Erkenntnissen, gerade in der Glücksforschung, kann wirkliche Zufriedenheit nur erlangt werden, wenn die christliche Nächstenliebe im Leben des Menschen einen Stellenwert hat. Der wirkliche Freizeitgenuss setzt eine „Tagesdosis für andere" voraus *(so der Sozialpsychiater Klaus Dörner in der „Kulturzeit" vom 13.09.2007 - 3Sat).* Konsequenterweise appelliert der baden-württembergische Ministerpräsident Günther Oettinger dafür, in der Bevölkerung um Verständnis für die christlichen Werte zu werben, die unserer Verfassung zugrunde liegen. Die positive Komponente des Christentums haben auch etliche Atheisten erkannt. So schätzen sie durchaus durch christliche Werte geprägte Schulen *(idea-Spektrum 40/07).* Sie haben sich inzwischen darüber informiert, dass diese Bildungseinrichtungen z. B. bei Pisa günstiger als die öffentlichen abschneiden.

Natürlich muss man der CDU zugestehen, dass nicht zwingend mit dem „C" Wahlen zu gewinnen sind. Die Ängste der Union sind allemal nachvollziehbar, denn es war und ist immer sehr schwer, sich gegen den von Emotionen beherrschten Zeitgeist zu wenden und sich mit rationalen Argumenten – selbstverständlich gepaart mit viel Einfühlungsvermögen – durchzusetzen. Man mag auch die Hemmungen christlich orientierter Politiker verstehen, dass sie in Bezug auf die EU-Verfassung Hinweise auf das Christentum nicht durchgesetzt haben, allerdings spürt man allzu wenig von der Zivilcourage der Union, die sich auf die Kraft des Glaubens stützt und damit – wie in den letzten 2000 Jahren – die Welt in so vielen Bereichen positiv verändert hat. Russlands Patriarch Alexiy II. hat die Europäer vor dem Verlust des christlichen Glaubens gewarnt: „Das heutige Europa baut keine postchristliche Kultur und Zivilisation auf, sondern verschwindet einfach aus der Geschichte... Ohne christliche Werte ist es schwer, sich die europäische Kultur und Europa vorzustellen" *(epd-Wochenspiegel 50/07).*

Vielleicht hilft es der CDU, wenn sie mutig die Öffentlichkeit darauf aufmerksam macht, dass Begriffe wie „konservativ" oder „rechts" positiv besetzt sind, allerdings von heutigen Meinungsmanipulateuren verdreht werden. Man ist doch lieber „aufrecht" als „linkisch". Der alte/neue „demokratische Sozialismus" lässt sich auch wunderbar karikieren, sei es durch die geschichtliche Entwicklung (ehemaliger Ostblock), sei es durch den Pleonasmus (ähnlich „Volksdemokratie"). Vor allem gilt: Genau so wie der Begriff Kommunismus ist auch das Wort Sozialismus ein Synonym für Unfreiheit geworden, für Menschenverachtung und Misswirtschaft *(Wolf Biermann in „Der Spiegel", 45/07).* Der aus der DDR ausgebürgerte Liedermacher und Essayist beschreibt das Wort „Sozialismus" sehr deutlich: „systematische Indoktrination, Erziehungsdiktatur, Folter, Willkür, Okkupation, Spitzelstaat, Maulkorb, Rechtlosigkeit" *(Spiegel, a. o. St.).*

Freiheit zum Bewahrenden

Zum „C" gehört das Konservative, zumindest nach Erhard Epplers Differenzierung, nicht im Hinblick auf Strukturen, sondern auf Werte. Man sollte mit dem „Cicero"-Herausgeber Wolfram Weimar Zivilcourage zeigen, um „die Grundmauern der Tradition wieder frei zu legen". Dabei geht es dem Konservativen darum, das Leben in einen übergeordneten metaphysischen Zusammenhang einzufügen. Bundeskanzlerin Merkel hat Recht, wenn sie sagt, das neue CDU-Programm fuße auf drei Wurzeln der Partei, nämlich liberal, christlich-sozial und konservativ. Dabei geht es im Sinne des CDU-Freundes und Kritikers Günter Rohrmoser exakt um „liberalismuskritisch" im Gegensatz zum antiliberalen Denken. Deutlich wird dies bei der grundsätzlichen Kritik der CDU an der linken Leitkultur und deren Auswuchs im Antidiskriminierungsgesetz

– von der Partei abgelehnt, später erfolgte unter Wortbruch und Unterwerfung unter das SPD-Diktat die Zustimmung. Die fehlende Wehrhaftigkeit wird auch deutlich im Zusammenhang mit dem einseitigen „Kampf gegen Rechts“. Weder spürt der Bürger eine Lust der Unionsparteien, die sprachliche Fehlleistung zu ironisieren, noch Anstrengungen, gegen den – nach außen kaum verborgenen – Trend der Verschiebung nach links Widerstand zu leisten. Deutlich wird es, wenn die Union kaum etwas zu bieten hat zu dem Meinungsterror und der Gesinnungsschnüffelei. Es sind gerade die linksorientierten Intellektuellen, die in den Geisteswissenschaften ein großes Potenzial an Unheil angerichtet haben. Man denke nur an die völlig übertriebene unterschiedliche Behandlung von Real- und Nationalsozialismus. Propagandaminister Goebbels war ehrlich: „Wir sind die deutsche Linke! Wir wollen den rechts stehenden Bürgerblock zerschmettern“, wie seinem Tagebuch zu entnehmen ist. Er plädierte für eine neue sozialistische Gliederung der deutschen Gemeinschaft (z. B. in „Der Nazi-Sozi“). Die das Meinungsklima beherrschenden Linksintellektuellen ziehen – durchaus verständlich – den Begriff „Faschismus“ dem Wort „Nationalsozialismus“ vor.

Von Dichtern und Schriftstellern kann die CDU lernen, so z. B. nicht nur von Büchner selbst, sondern auch vom diesjährigen Büchnerpreisträger Martin Mosebach. Dieser hat einen intellektuellen Tabubruch begangen, nämlich die nahezu Gleichsetzung des nationalsozialistischen Massenmords mit dem der Französischen Revolution *(Tagesspiegel vom 05.11.2007).* Das schmerzt die herrschende intellektuelle Klasse. Die CDU muss sich nicht mehr von derartigen scharfen Kritikern fürchten, etwa in die rechte Ecke gestellt zu werden. Sie verfügt über das geistige Potenzial, sich auf hohem Niveau zu wehren. Auf keinen Fall sollte sie sich treiben lassen, wie es dem „Spiegel“ aufgefallen ist: „Die Christdemokratie wird unter Merkel zur ökosozialen Bürgerpartei umgebaut“ *(34/07).* Familienministerin von der Leyen hat Recht, über die Stärkung des Ehrenamts und Bürgerengagements der Entwicklung zum Rechtsradikalismus zu steuern, nämlich eine ernsthafte Konkurrenz als Schutz gegen Extremismus aufzubauen *(epd-Wochenspiegel, 35/07).* Das ist auf den ersten Blick nicht deutlich zu erkennen, es zeugt von viel Weisheit, wenn dem negativen Tätigsein ein positives entgegengesetzt wird. Dann muss sich die CDU auch nicht so viele Sorgen darüber machen, dass jeder vierte Deutsche gute Seiten in der NS-Zeit erkennt, wie das Forsa-Institut festgestellt hat. Souveräne Unionschristen haben keine Probleme damit, wenn der Bau der Autobahnen oder die Förderung der Familie gerade nicht kritisiert werden.

Es lohnt sich auch, insoweit einen Blick nach Amerika zu werfen. Dass George W. Bush mit einer im Vergleich zu den Jahrzehnten zuvor weit überdurchschnittlichen Mehrheit wiedergewählt worden ist, ist ein Phänomen. Der Irakkrieg und seine Folgen waren alles andere als werbewirksam für eine Präsidentenwahl. Bush, der sich als „wiedergeborener Christ“ versteht, hatte ein Gespür dafür, dass christliche Werte wie Schutz der Ungeborenen und Privilegierungen der Ehe gegenüber homosexuellen Partnerschaften bei der Bevölkerung gut ankommen. Wenn „Bild“ Recht hat, dann kann die CDU mehr christliche Zivilcourage wagen. Es gibt Erkenntnisse, dass der bayerische Ministerpräsident Stoiber die Bundestagswahl im Jahre 2002 gewonnen hätte, wenn er die fehlenden ca. 7000 Stimmen von den Bibeltreuen Christen (PBC) bekommen hätte. Schließlich muss noch ein Problem angedeutet werden, nämlich das des christlichen Vorbilds. Es ist zu hart, von den Politikern ein tadelloses Leben zu fordern. Natürlich wäre es fein, wenn unter ihnen die Ehescheidungsrate abnähme. Das könnte ermutigend wirken auf die junge Generation, die sich ganz überwiegend eine Ehe mit lebenslanger Treue und eine Familie mit vielen Kindern wünscht. Für die Bevölkerung ist darüber hinaus auch nicht so ohne weiteres nachzuvollziehen, dass in einigen Ortschaften der CDU-Frühschoppen regelmäßig parallel zum Gottesdienst stattfindet. Das mag in terminlicher Hinsicht manchem Parteimitglied behagen, in der Öffentlichkeit wird allerdings der Eindruck erweckt, dass eine traditionell christliche Lebensführung heute keine Bedeutung mehr habe. Gerade junge Menschen suchen nach Vorbildern!

Es ist der CDU zu wünschen, sich auf ihre ursprüngliche Identität als christliche Demokraten rückzubesinnen.

2. Herausforderungen unserer Zeit - Gestaltungsanspruch der CDU

Das Grundsatzprogramm behandelt im zweiten Abschnitt starke Themen, die Gestaltungsideen sind unterschiedlich. Das Nachdenken über die bedrohte Schöpfung, globalisierte Welt, Anforderungen der Wissensgesellschaft, gefährdete Sicherheit, demografischen Wandel und das Bieten von Chancen, frei und sicher zu leben, ist allemal löblich. Dieses Kapitel ist so inhaltsreich, dass die Partei einzelne Unterthemen aufgewertet hat, damit sie eine besondere und ausführliche Behandlung erfahren. Die Abschnitte werden deshalb jetzt nur kurz erwähnt. Die Ausführungen über die Schöpfungen befinden sich unter Ziffer 6, über die Globalisierung unter Ziffer 5 sowie über die Sicherheit unter Ziffer 7 und die Wissensgesellschaft unter Ziffer 4. In dem Kapitel über die Herausforderungen steht im Zentrum die demografische Entwicklung. Dass Handlungsbedarf in Bezug auf die bedrohte Schöpfung besteht, muss nicht vertieft werden. Allerdings ist es nicht ganz einfach, die adäquaten Maßnahmen zu ergreifen. Das gilt sowohl hinsichtlich der Energieträger als auch der Klimaerwärmung. Zu Recht heißt es, dass die Globalisierung unumkehrbar ist. Sie bietet politisch und wirtschaftlich für Deutschland viel Vorteilhaftes, bereitet aber auch nicht unerhebliche Sorgen, etwa um den Arbeitsplatz. Hier ist Ausgewogenheit gefragt. Der Begriff „Wissensgesellschaft" ist in Mode gekommen. Was damit seitens der CDU gemeint ist, ist vernünftig, insbesondere Vernetzung und Interdisziplinarität des Wissens. In Deutschland, einem Land ohne nennenswerte Bodenschätze, bleibt der Geist die wichtigste Ressource. Die Sicherheit ist durch wachsende Kriminalität und eine zunehmende Bedrohung durch Terroranschläge in der Tat gefährdet. Das richtige Maß zwischen Einschränkung der Grundrechte und optimaler Gewährung von Freiheitsrechten muss gefunden werden.

So wichtig diese Teile, die später behandelt werden, auch sind, die zentrale Herausforderung unserer Zeit ist etwas Anderes, weniger im Grundsatzprogramm Problematisiertes und in der Gesellschaft Diskutiertes. Der permanente Hinweis auf das christliche Menschenbild, auch der Bezug zum Grundgesetz, insbesondere der Präambel, bietet dafür Anhaltspunkte. Die Partei mit dem derzeit niedrigen aber möglicherweise bald hohen „C" hat sich eine stabile Basis zur Lösung des eigentlichen Problems unserer Zeit geschaffen. Es geht um die Ablösung im Bereich der Meinungs- und Deutungshoheit. In den letzten 50 Jahren waren es kaum die konservativen Parteien, auch nicht die Christen, sondern Denker, die mehr dem linken Lager zuzuordnen sind, welche in so gut wie allen Bereichen der Kultur beherrschend waren. Diese Hegemonie ist auch heute noch ungebrochen. Der Verfasser traut den Unionsparteien zu, nun - gerade im Hinblick auf die negativen Erfahrungen mit dem dominierenden Zeitgeist – die geistige Entwicklung wirklich zum Wohle der Gesellschaft zu bestimmen. Das ist nicht ganz einfach unter Berücksichtigung der zahlenmäßigen Übermacht der anderen Seite, denn immerhin sympathisieren nur ca. 10 % der gestaltenden Mediengewaltigen mit den beiden christlichen Parteien. Es ist nicht nur für einen Rechtsanwalt reizvoll, gegen die Machtfülle von privilegierten Richtern anzukämpfen, sondern auch „kleine Leute" gegen Großunternehmen zu vertreten. Die CDU kann sich auf einen großen Konservativen gründen, nämlich Bismarck: „Die Deutschen fürchten nur Gott und sonst nichts auf dieser Welt". In diesem Geist können sie es auch mit der derzeit herrschenden Geistesmacht aufnehmen. Immerhin müssen ernst zu nehmende Kritiker der Parteienleistungen einräumen, dass es die Union gewesen ist, welche mit Abstand die größeren Errungenschaften für die Bevölkerung in den Zeiten ihrer Regierung bewirkt hat, und zwar gerade soweit es das Soziale und Ökonomische betrifft. Verstecken muss sich die CDU hier nicht, wenn man etwa an die dürftigen Leistungen der anderen Seite denkt, wie die Ostpolitik, das Scheidungsrecht oder das (homosexuelle) Lebenspartnerschaftsgesetz. Selbst der Beitrag der Grünen ist zum einen nicht originär, denn der konservative Herbert Gruhl gab die Initialzündung für das Umweltdenken, bietet zum anderen in manchem Bereich Anlass zum Schmunzeln, wie etwa in Bezug auf das im übrigen Europa belächelte „Waldsterben". Der CDU ist mehr Selbstbewusstsein zu wünschen.

Herausforderung des geistigen Führungsanspruchs

„Gefühlte 200mal hatte Angela Merkel in ihrer Grundsatzrede das Wort ‚Mitte' in den Mund genommen, als die Kanzlerin mitten im knapp achtminütigen Schlussbeifall die Wahlkämpfenden Christian Wulff, Roland Koch und Uwe von Beust zu sich auf die Bühne holt. Und richtig: Sie lässt sich von den Männern in die Mitte nehmen…". So beschreibt die Schleswig-Holsteinische Landeszeitung das Finale des CDU-Parteitags vom Dezember 2007. Vormals sprach der SPD-Kanzler Gerhard Schröder von der „neuen Mitte". Nach dem Linksruck des Koalitionspartners kann die CDU-Chefin durchaus diese Position allein für sich in Anspruch nehmen, zumal sie sich selbst nach links bewegt hat, wie durch die Verabschiedung von einzelnen konservativen Positionen, etwa im Familienbereich, deutlich geworden ist. Die Bundeskanzlerin ist insoweit durchaus konsequent, zumindest auf den ersten Blick werden ihre Wahlchancen dadurch verbessert. In geistiger Hinsicht hat sie sich allerdings am linken Zeitgeist orientiert.

So ist die Kritik nicht gerade einfühlsam: Der Mitte, die sie zu behaupten beansprucht, fehlt mehr und mehr der konservativ-liberale Geist, den zwei Eigenschaften kennzeichnen: Standhaftigkeit in der einmal als richtig erkannten Sache und intelligente Kampfführung *(so Herbert Kremp in der „Welt online" am 18.12.2007).* Kurt Biedenkopf, ein Mann der geistigen CDU-Elite, bekannte, als politische Standortbestimmung hätte er immer ein Problem mit der „kleinen Mitte" gehabt, übersieht aber nicht die Taktik, dass damit sämtliche andere Parteien an den Rand gedrängt würden. Der Chefredakteur vom „Cicero", Wolfram Weimer, zeigt zunächst Verständnis für die CDU-Vorsitzende, um dann doch noch seinen Unmut zu verbalisieren. Konservative in der Union würden sie schon als „das Mittel zum Zweck der Mehrheitsbeschaffung" bezeichnen. Linksparteien spotten über „Angela, das Mittelmaß". Weimer, einer der wenigen Intellektuellen, die nicht zu den Linken zu rechnen sind, und der sich mutig öffentlich äußert, ist recht ungehalten über den Linksdrall der Kanzlerin: „Nun ist Angela Merkel nur das befleckte Symptom einer neuen Hegemonie der Mittigkeit. Die suggestive Kraft des gefühlten Zentrums dominiert inzwischen den gesamten öffentlichen Diskurs. Immer häufiger verengen sich Debatten auf Gemeinplätze… Hinter der Mitte-Mode steckt vor allem die ‚Angst vor dem Selbst' (Nietzsche). Werte, Mut, Originalität wirken in der geschmeidigen Mittigkeit wie Antiquitäten einer Zeit, die noch Unternehmer kannte, nicht bloß

Manager. Dabei hatte Henri Miller so Recht, dass die Wahrheit zumeist am Rande liegt und nicht – wie alle Mittelmäßigkeiten glauben – in der Mitte. Einsteins Erkenntnisse liegen alle an und jenseits der Grenzen" *(Cicero, 1/08).* Die CDU sollte Mut fassen, Grenzen zu überschreiten, auch wenn sie mit dem üblichen Empörungspotenzial aus der linken Ecke rechnen muss, ja gerade weil sie sich diesem öffnen sollte. Man muss ja nicht im Zeitalter der Quasi-Religion der Political Correctness Personen wie den begabten und dem Dritten Reich verfallenen Juristen Carl Schmitt heranziehen, der meinte, dass derjenige, der von der Mitte spreche, in Betrugsabsicht handele. Es genügt, wenn man – wozu aber auch Zivilcourage gehört – etwas in die Gedankenwelt eines weniger Geächteten, nämlich des Philosophen Günter Rohrmoser schaut, der nicht einmal ansatzweise etwas mit dem Nationalsozialismus zu tun hat. Um der CDU den Schritt in die geistige Freiheit und Unabhängigkeit von den engen und einseitigen Meinungsdiktatoren zu erleichtern, soll auf einige intelligente Gedanken des Verfemten aus seinem Buch „Kampf um die Mitte" aufmerksam gemacht werden. Die Streitschrift mit dem Untertitel „Der Moderne Konservativismus nach dem Scheitern der Ideologien" *(München, 1999)* bietet eine Hilfestellung, um in relativ unkomplizierter Weise die CDU aus der linken Umklammerung herauszulösen. Um die eigene Wehrhaftigkeit unter Beweis zu stellen, lohnt sich gerade die Einbeziehung der Überlegungen eines deutschen Denkers, der im Kontext mit den verunglückten Äußerungen des baden-württembergischen Ministerpräsidenten Oettinger über den Marinerichter Filbinger als Rechtsradikaler gebrandmarkt wurde. Die Zusammenhänge mit Weikersheim sollen hier nicht vertieft werden, genügen soll der Hinweis, dass sich die CDU in der geistigen Auseinandersetzung mit diesem ziemlich letzten rechtsorientierten Institut allenfalls als bedingt abwehrbereit erwiesen hat. Nun besteht die Möglichkeit der Rehabilitierung und Wiedergutmachung.

Rohrmoser hatte bereits 1985 vom „Elend der Christdemokraten" geschrieben: „Wenn die CDU nicht eine eigene geistig-politische Substanz repräsentiert und ein unverwechselbares politisches Profil bekommt, wenn sie nicht in der Lage ist, auch die jüngeren intellektuellen Kräfte unserer Gesellschaft für sich zu begeistern, werde sie eines nicht sehr fernen Tages beginnen, sich den Folgen der anarchistischen Kulturrevolution anzupassen und zu unterwerfen. Wenn die CDU nicht einen über die Sozial- und Wirtschaftspolitik hinaus gehenden Kristallisationspunkt zur Identifikation mit ihr anzubieten hat, werde sie eines Tages nicht mehr in der Lage sein, einen erfolgreichen Wahlkampf zu führen. Dann werde es die unvermeidliche Folge sein, dass die CDU die strukturelle Mehrheitsfähigkeit und damit die Rolle einer mitbestimmenden politischen Kraft in der Entwicklung unserer Gesellschaft einbüßt" *(S. 26).* Bereits ca. ein Jahrzehnt später ist deutlich geworden, dass in Deutschland eine linke Mehrheit besteht. Selbst im Jahr 2008 könnte auf Bundesebene die Große Koalition zulasten der

Union abgelöst werden. Das gilt nun nicht für die CSU, die – gerade wegen der christlichen und konservativen Substanz – erfolgreich ist, was auch aufrichtige Linke nicht in Zweifel stellen.

Es kann der CDU das Schicksal der italienischen Demokrazia Christiana blühen, die nahezu 50 Jahre regierte, um dann auf 10 % zusammenzuschmelzen. „Es war das konsequente Ende einer christdemokratischen Partei, die immer weiter nach links rückte, die sich dem Prozess der Entchristlichung fatalistisch anheim gab und sich mit dem jeweilig herrschenden Zeitgeist verheiratete, bis sie als Witwe allein zurück blieb und nun nicht einmal fähig war, zu entscheiden, mit welchem Freier sie denn nun ins Bett gehen soll, mit Berlusconis rechten Liberalen oder einem Bündnis, an dem die geläuterten Kommunisten beteiligt sind“ *(Rohrmoser, a.o.St. S. 35)*. Dabei hatte Helmuth Kohl in den 80er Jahren durchaus von einer „geistig-ethischen Erneuerung“ gesprochen. Im Zentrum stand die Förderung der Familie, hinzu kamen die Entbürokratisierung der Gesellschaft mit der Förderung des Mittelstandes sowie die Reform des Sozialstaats. Erfolg war dem CDU-Politiker insofern nicht beschieden, gerade was die Abwehr marxistischen Geistes betrifft. Erst Gorbatschow konnte die Intellektuellen davon überzeugen, dass der reale Sozialismus gescheitert war; die Russen hatten dann erkannt, dass eine Renaissance des Christentums erforderlich sei. In der DDR waren es bis zum November 1989 die Gebete in der Leipziger Nikolaikirche und die Überzeugung der dortigen Bewohner über die Erkenntnis „Wir sind das Volk“ bis zu „Wir sind ein Volk“. Der CDU ist klar, dass – wie sie im Gründungsaufruf festgestellt hatte – die Entchristlichung Ursache für den Nationalsozialismus und für den Kommunismus gewesen war und die Rückbesinnung auf den christlichen Glauben ihr die einzige Chance bot, die Deutschen aus dem geistigen Elend herauszuführen. Das Gedankengut der herrschenden Philosophen aus der Frankfurter Schule oder die Ideen der 68er Kulturrevolutionäre haben sich niemals als geeignet erwiesen, das geistige Vakuum zu füllen. Im Gegenteil, es überwogen deutlich die negativen Folgeerscheinungen. Natürlich war es nötig, Vergangenheitsbewältigung in Bezug auf das Dritte Reich zu betreiben und auf festgefahrene Strukturen in den 60er Jahren aufmerksam zu machen. Wenn allerdings der Guru der damaligen Studenten Herbert Marcuse die „totale Negation der jüdisch-christlichen Moral“ forderte *(Der Spiegel, 30/1967)* und sich für den direkten Ungehorsam der Jugend gegenüber ihren Vätern stark machte, dann wundert es nicht, dass heute Lehrer vor den Schülern Angst haben und vielfach resignieren.

Die Kulturrevolutionäre haben die Erfahrungen mit dem National- und dem Realsozialismus verdrängt. Die Vertreter dieser Ideologien hatten in bewusster Abkehr vom Christentum ihre Schreckensregime errichtet. Diese Zeiten sind – Gott sei Dank! – vorbei. Allerdings haben es die linken Protagonisten immer wieder verstanden, die marxistische Gedankenwelt in unserer Gesellschaft hoch zu halten. Nachdem sie einräumen mussten, dass der gelebte Sozialismus in Osteuropa gescheitert war, retteten sie ihre Grundauffassung durch die Political Correctness. Es wirkt geradezu genial, wie die Meinungsführer vorgegangen sind. Sie hatten gespürt, dass eine Welt für sie zusammengebrochen war. Mittels der hohen Begabung gelang es ihnen, die herrschende Meinung so intensiv zu beeinflussen, dass alles Denken an das Scheitern des Sozialismus verdrängt werden konnte, um mittels der – im Ansatz konstruktiven - Politischen Korrektheit die Hegemonie aufrecht zu erhalten. Die Idee ist vernünftig, nämlich Minderheiten und Unterdrückten behilflich zu sein; nachdem diese während Jahrhunderten benachteiligt wurden, sollten sie jetzt gewisse Privilegien erfahren. Das Problem liegt in der Ideologisierung, dem religiösen Touch.

Der Mensch ist, wie so mancher Denker immer wieder hervorhebt, „unheilbar religiös". Verlässt er seinen ursprünglichen Glauben, sucht er einen neuen, auch wenn der religiöse Charakter nicht so schnell erkennbar ist. Die soziale Komponente kennt die CDU, vor allem im Zusammenhang mit der Sozialen Marktwirtschaft, worüber noch zu sprechen sein wird. Die Partei darf sich auf das „C" gründen, zumal die Errungenschaften des Christentums bislang – trotz aller Bemühungen der Atheisten – von niemandem wiederlegt worden sind. Die Kritiker wissen, dass sie auf der Ebene der Argumentation kaum Chancen haben. Deshalb begnügen sie sich mit Verbalinjurien, wie etwa der bereits erwähnte aggressive Atheist Richard Dawkins, oder dem peinlichen Zurückziehen auf längst als Fehler erkannte historische Tatsachen wie Hexenverbrennung, Inquisition und Kreuzzüge. Es fehlt an der Fairness, die erheblichen Gesinnungsänderungen zuzugeben, nämlich dass es weltweit keinen Bischof gibt, der für Wiederholungen plädierte.

Der hochgeachtete Bundespräsident Richard von Weizsäcker hatte in seiner berühmten Rede vom 08.05.1985 zum 40sten Jahrestag der Kapitulation behauptet: „Wir dürfen den 8. Mai 1945 nicht vom 30. Januar 1933 trennen". Zweifellos ist dies grundsätzlich richtig, unterstützt allerdings die Auffassung, dass die zwanghafte Verkoppelung von 1933 und 1945 zu einer folgenschweren Vereinseitigung führt. Ein potenzielles öffentliches historisches Bewusstsein aus der Zeit davor und danach wird quasi eliminiert. Die Folgen sind unverkennbar: Die heutige geistige Elite orientiert sich weitgehend an dem Nationalsozialismus. In der unmittelbaren Nachkriegszeit war die Bevölkerung überzeugt, dass die Katastrophe das Ergebnis der radikalen Abkehr vom Christentum war. Die 68er empfanden das nicht so und bemühten sich, durch Sprachregelungen dem marxistischen Denken Geltung zu verschaffen. Das Wort „Nationalsozialismus" wurde gestrichen und durch den Begriff „Faschismus" ersetzt. Es musste sichergestellt werden, dass das Wort „Sozialismus" nur positiv besetzt sein sollte. Nachdem der Sozialismus durch die realen Verhältnisse im Ostblick nicht in jeder Hinsicht als überzeugend erschien, gefiel die Begrifflichkeit des „Antifaschismus“. Das passte zu der Ideologie, sich am Zeitraum von 1933 bis 1945 zu orientieren. Dieser Quelle entspringt auch der permanente Hinweis auf die deutsche Kollektivschuld. Man fragt sich allerdings, wie jene, die sich für die Einbürgerungen stark machen, in Bezug auf diese neuen Deutschen eine Verbindung mit der schweren Last finden. Was sagen die Zugewanderten zur Kollektivschuld der Deutschen? Joschka Fischer hatte als deutscher Außenminister damit wohl keine Probleme, wenn er einerseits behauptete, die Erinnerung an Auschwitz sei das „einzige Fundament der neuen Berliner Republik“ und sich andererseits intensiv für die Einbürgerung von Ausländern einsetzte, die dann die Erbschuld der Deutschen für ewige Zeiten mitübernehmen sollten.

Ein Held für die Revoltierenden war Mao Tse-tung, in seinem Umgang mit Gewalt ein Vorbild für den Totalitarismus. Wenn Ratgeber die „große sozialistische Kulturrevolution“ von 1966 war, welcher mehr als 10 Millionen Menschen zum Opfer gefallen waren – gerade die Bildungsschicht –, dann sind die diktatorischen Ansätze der 68er durchaus verständlich. Dadurch wird auch nachvollziehbar, dass die Protagonisten das geistige Niveau zu senken trachteten, denn ihr Reden und Handeln stellte letztlich eine umfassende Attacke auf den Geist dar. Das erkannten auch bald die intellektuellen Urheber, z. B. Theodor W. Adorno und Jürgen Habermas, so dass der Begriff „Linksfaschismus“ kreiert wurde. 40 Jahre nach der Revolution teilen sich die Aktivisten von damals in scharfe Kritiker oder Jubler. Der Schriftsteller Peter Schneider rühmt in seinem Buch „Rebellion und Wahn“ Witz, Romantik und Hochgefühl der Kulturveränderer. Er ist dabei der Ansicht, dass nicht diejenigen, die den Aufbruch damals gewagt hatten, sich zu rechtfertigen hätten, sondern die anderen, vor allem die Karrieristen. Der Historiker Götz Aly kritisiert die Revoltierenden in seinem Buch „Unser Kampf. 1968, ein irritierter Blick zurück“. Dabei wagt er das Schlimmste, nämlich den Nazi-Vergleich. Das indiziert bereits der Titel, inhaltlich erscheinen die 68er als Widergänger der Nazis. Das mag unfair erscheinen, zumal der damaligen Studentenbewegung die Natur ziemlich gleichgültig war, gerade in Anlehnung an die „Blut und Boden“-Ideologie des Dritten Reichs. Was das Elitäre betrifft, so haben sie von den Nazis viel gelernt. Das wird deutlich in den Ideologien am Ende des 20sten und zu Beginn des 21sten Jahrhunderts.

Zwangsläufig ist es zu einer wirklichen Aufklärung weder durch die 68er Studenten noch die nachfolgenden Ideologien, etwa über die Politische Korrektheit oder Gender Mainstreaming, gekommen. Der „Historikerstreit“, ob die Verbrechen des Nationalsozialismus einzigartig seien, war ein peinliches Schauspiel mit dem vorübergehenden Ergebnis der Unvergleichbarkeit der Negativauswirkungen von Nationalsozialismus und Kommunismus. Ein Protagonist, der Philosoph Jürgen Habermas, hatte allerdings später eingeräumt, dass letztlich selbst die Einzigartigkeit nur im Wege des Vergleichs ermittelt werden kann. Das zu realisieren, ist allerdings schwierig, da das in Frankreich veröffentlichte „Schwarzbuch“ über den Kommunismus mit den Hinweisen auf die Ermordung von 100 Millionen Menschen in Deutschland boykottiert worden war. Dies ist natürlich logisch, wenn Maßstab der Nationalsozialismus bleibt und eine wirkliche Auseinandersetzung mit Ursachen und Wesen ausbleibt. Dabei ist interessant, dass das, was eigentlich die CDU bewegt, kaum erörtert wurde in all den Hitler-Büchern, nämlich das Stehen und Fallen mit dem „C“. Allein der Gedanke, dass sich das Regime damals gegen das von Gott erwählte Volk Israel so vehement gewandt hatte, ist bereits ein starkes Indiz. Hätten die 68er in diesem Sinne Aufklärung geleistet, so hätten sie historische Verdienste erworben. Im Gegenteil hatten sie erheblich dazu beigetragen, den Boden christlicher Orientierung zu verlassen. Ihre Composita des Sozialismus haben den Deutschen nicht zum Fortschritt verholfen. Das Engagement für Spaß und Sex, die Disqualifizierung des Leistungsprinzips bis hin zur Auflösung der Familie haben zu irreparablen Schäden geführt. Man denke nur an die hohe Scheidungsrate, dabei an die Kinder, die lebenslang mit dem Zerbruch der Familie nicht fertig werden. Bei aller geistigen Begabung der 68ger muss ihnen entgegen gehalten werden, dass sie mit ihren Ideen unter ihren Möglichkeiten geblieben sind. Sie haben im biblischen Sinne ihre „Talente vergraben“. Es fehlte ihnen der Überblick, die „Gesamtschau“, die der Bundesgerichtshof immer wieder fordert. In Teilbereichen hatten sie Recht, waren aber nicht in der Lage, die Segmente in das übergeordnete Ganze einzuordnen. Das ist auch das Problem der heutigen Ideologien wie der Politischen Korrektheit. Es wird teils Richtiges gefordert, an einer globalen Übersicht mangelt es aber. Der Vordenker der Studentenbewegung, der Soziologe Bernd Rabehl, musste zugeben: „Wir wollten den Kapitalismus überwinden, aber das ist uns nicht geglückt. Aber erreicht haben wir die Zerstörung der bürgerlichen Kultur und der christlich-bürgerlichen Familie.“

Eine große Bedeutung hat gerade die Familie in einer Religion, die in Europa zunehmend an Bedeutung gewinnt, nämlich im Islam. Das muss man wissen bei der Auseinandersetzung mit den Muslimen, die einerseits Respekt verdienen, es andererseits manchmal brauchen, höflich auf Grenzüberschreitungen aufmerksam gemacht zu werden. Peter Scholl-Latour hat als erfahrener Journalist darauf aufmerksam gemacht, dass aus islamischer Perspektive Atheisten Tiere seien, während Juden und Christen eine gewisse Achtung erfahren. Diese setzt aber ein mutiges Glaubensbekenntnis, welches Bundeskanzlerin Merkel in der erwähnten Rede vor dem EAK gefordert hatte, und eine gesunde Wehrhaftigkeit voraus. „Die Mark- und Knochenerweichung, die das Christentum im

Rahmen des humanitären, pazifistischen und feministischen Diskurses erfahren hat, wird nach Lage der Dinge kaum zu einem solchen Widerstand befähigen... Jeder Versuch, eine multikulturelle Gesellschaft zu formieren, endet in der Hegemonie einer bestimmten Kultur" *(Rohrmoser, a.o.St. S. 288)*. Bereits Hegel hatte Recht mit seiner Behauptung, dass ein Volk ohne Metaphysik ein Tempel sei, aus dem das Heiligste entfernt ist. Während der große deutsche Philosoph Immanuel Kant einen Sinn in der Aufklärung deshalb fand, weil dem Menschen geboten war, sich seines Verstandes zu bedienen, so kann dies von den Vertretern der marxistischen Ideologien nicht gesagt werden. Der von den heutigen Meinungsmachern geächtete Rohrmoser hat Recht, wenn er den Konservativen weiter die geistige Erneuerung zutraut: „Deshalb haben wir es heute mit einer Epoche der spezifischen modernen Ausprägung des Konservativismus zu tun, die vor allem auch als intellektuelle Bewegung auftreten muss" *(a.o.St. S. 336, 337)*. In der Tat fragt es sich, weshalb nicht wieder christliches Gedankengut auf den Universitäten herrschend sein sollte.

Bundeskanzlerin Angela Merkel wäre die Richtige, um dafür die Weichen zu stellen. Sie erntet so viel Lob und Anerkennung, dass sie auch sich zu etwas durchringen könnte, das zumindest vordergründig nicht als populär erscheint. Sie wird weltweit geachtet, auf europäischer Ebene u. a. durch ihren „Befreiungsschlag" im Juni 2007 beim EU-Gipfel in Brüssel, seien es Abstimmungsmodus, Vertreter für Außen- und Sicherheitspolitik oder Grundrechtscharta – auch wenn es dabei Manches objektiv zu kritisieren gibt. Der Staat Israel ist begeistert über Frau Merkel, weil sie sich vorrangig, wie beim 60jährigen Jubiläum bestätigt, für die Unterstützung der jüdischen Nation einsetzt. Venezuelas wütender Präsident Hugo Chávez musste eine Bemerkung, mit welcher er die Kanzlerin in die Nähe von Adolf Hitler rückte, in aller Öffentlichkeit bedauern und sich bemühen, seine Entgleisung aus der Welt zu schaffen. Im Inland sind die Sympathiewerte für die Regierungschefin außerordentlich hoch, die eigene Partei hat sie fest im Griff, so dass sie eine Opposition seitens der CDU, auch der CSU nicht zu fürchten braucht. Auch auf Kommunalebene hat sie den Titel „Mutmacherin" erhalten, weil sie – z. B. in Neumünster (Mai 2008) – geschickt die ehrenamtlich politisch Tätigen gelobt hat, die im Gegensatz zu ihr „morgens beim Brötchenholen und abends beim Biertrinken" in direkter Weise von den Mitbürgern auf ihre Entscheidungen im Rathaus angesprochen werden.

Es fragt sich nur, weshalb die CDU-Vorsitzende bei all dem Glanz es nicht wagt, sich der linken Vorherrschaft in Politik und Gesellschaft entgegenzustellen und mehr geistige Weite zu zeigen. Das gilt zunächst einmal für das Demokratieverständnis. So fehlte ein differenziertes Engagement im „Fall Oettinger". Zu Recht hat sie den baden-württembergischen Ministerpräsidenten wegen seiner Trauerrede für Hans Filbinger, dieser sei trotz seiner Funktion als

Marinerichter im Dritten Reich eher ein Nazigegner gewesen, gerügt, hingegen keinen Mut gezeigt, das konservative Studienzentrum Weikersheim – das ständig Konstruktives zugunsten der CDU geliefert hat – zu verteidigen. Darüber hinaus bewies sie keinerlei Souveränität in Bezug auf einige CDU-Politiker, deren Biografie ihr nicht so lupenrein wie die eigene erschien. So musste es der christlich orientierte, aber nicht immer geschickt agierende Bundestagsabgeordnete Martin Hohmann erleben, dass er seines Amtes enthoben wurde. Auch dessen Kollege Henry Nitzsche erhielt quasi ein Berufsverbot, weil er gegen Grundsätze der herrschenden Politischen Korrektheit verstoßen hat. Nun hat er bei den sächsischen Kommunalwahlen zulasten der CDU gesiegt. Schließlich durfte Peter Krause nicht thüringischer Kultusminister werden, weil er vor Jahren in der von fast allen Medien geächteten „Jungen Freiheit" tätig gewesen war. Obwohl es allgemein nicht bestritten wird, dass er nichts Falsches oder Verdächtiges geäußert hatte, genügte die Verbindung zu der umstrittenen Wochenzeitung, dass er nicht das Amt bekleiden konnte. Hier hätte die Bundeskanzlerin, um das Äquivalenzverhältnis wieder herzustellen, den „Kampf gegen Links" ins Leben rufen können. Ist ihre Furcht eben doch zu groß, von den einseitigen Medien verunglimpft zu werden? Vielleicht beschlich sie die Angst, dass die CDU bei der nächsten Landtagswahl wegen zu erwartender Presseattacken gegen Krause verlieren könnte? Ein Verzicht auf Fairness aus wahltaktischen Gründen? Jedenfalls steht Ministerpräsident Dieter Althaus wie ein „begossener Pudel" da und muss es gerade als bekennender Christ erleben, dass er dem Spott preisgegeben wird.

Natürlich lässt sich an der „Jungen Freiheit" einiges aussetzen, etwa die überdurchschnittlich häufig erwähnten Probleme der NPD, eine nicht gerade wohlwollende Stellung zu Israel und den USA, doch muss jeder denkende Deutsche einräumen, dass dieses Blatt im Vergleich zu anderen, auch konservativen Medien, ein Maximum an Intellektualität aufweist, um die CDU auf ihre christlichen Wurzeln und an einen mutigen Kampf gegen die Vorherrschaft linken Gedankenguts zu erinnern. Immerhin ist die Wochenzeitung seit 2007 in die „elektronische Datenbank" des Bundestags integriert, weil sie – so Bundestagspräsident Norbert Lammert – in intellektueller Hinsicht ein Vakuum ausfülle und die Abgeordneten in der Lage sein sollen, einen Überblick über das Meinungsspektrum zu erhalten *(Kulturzeit, 3sat vom 4.7.2008).* Ein tapferes Wort der Kanzlerin, die über die erforderlichen geistigen Fähigkeiten verfügt, wäre bei der derzeitigen Asymmetrie in den Publikationsorganen, vor allem den TV-Anstalten, wirklich wertvoll. So muss das Ausland einspringen, gerade ein Nicht-EU-Staat: Die „Neue Zürcher Zeitung" wirft den deutschen Medien vor, dass deren Jagd auf Krause überhaupt keine brauchbaren Belege für eine rechtslastige Gesinnung zutage gefördert habe. Allenfalls die – verachtete – „Bild"-Zeitung zeigte noch Mut, von einer medialen Hetzjagd zu sprechen.

Die Kritiker haben auch übersehen, dass Deutschland Gefahr läuft, durch die Gleichsetzung von konservativ und rechts – gerade im Hinblick auf Pisa wird die junge Generation in nivellierender Weise geschult – und das ohnehin begrenzte Differenzierungsvermögen noch weiter geschwächt zu werden. Es ist in der Tat für Nachdenkliche erschütternd, dass Peter Krause zu DDR-Zeiten gegenüber dem Regime oppositionell war, während die an seine Stelle gesetzte Ministerin Marion Walsmann damals in der DDR-Volkskammer als Abgeordnete fungierte. Wieder einmal ist deutlich geworden, dass die deutschen Meinungsmacher allzu sehr die Distanzierung vom Nationalsozialismus als identitätsstiftend ansehen, dabei aber nicht einmal merken, dass sie – gerade in Bezug auf ein demokratisches Verständnis – allzu viel von der verbrecherischen Ideologie übernommen haben!

Hingegen öffnet sich die CDU nach Links erstaunlich weit. Wenn sich – laut „Der Spiegel“ - der Linken-Führer Oskar Lafontaine „als heimlicher Kanzler feiern“ lässt (21/08), dann sollte die CDU allmählich wach werden. Es ist in der Tat weitgehend die Linkspartei, die das politische Geschehen in der Großen Koalition bestimmt: Zusätzliche Gelder für Arbeitslose, Mindestlohn, vor allem Kinderkrippen. Man kann nicht unbedingt sagen, dass das Selbstbewusstsein der Unionsparteien durch die Fehler der SPD gestiegen sei. Denke man an das Hickhack von Kurt Beck in Bezug auf mögliche Koalitionen mit der Links-Partei, das Wechselspiel der hessischen SPD-Kandidatin Andrea Ypsilanti in Bezug auf eine rot-rote Zusammenarbeit oder die fragwürdige Kür von Gesine Schwan als Alternative zum beliebten und erfolgreichen Bundespräsidenten Horst Köhler. Interessant ist die Argumentation der SPD, um die Kandidatur zu rechtfertigen, dass nämlich Köhler eventuell von der NPD gewählt werden könnte. Dadurch erfolgt – unbewusst und wohl nicht gewollt – eine Gleichsetzung der Neonazis mit der Linkspartei. Deutlich wird dadurch, wie unwürdig der „Kampf gegen Rechts“ erscheint.

Es fragt sich, ob die CDU doch von dem Gedanken erfasst ist, der Sozialismus sei doch eine humane Idee, die sich allenfalls im Laufe der Zeit durch die Praxis von ihrem Ursprung gelöst habe. Es liegt in der Natur des Menschen, sich Utopien zu öffnen. Man möchte gerecht sein, so dass die Gleichheitsideologie an Wirkungskraft gewinnt. So gilt es als Selbstverständlichkeit, dass Nichtstaatsbürger auch in den Genuss des deutschen Sozialsystems gelangen sollen. Auf keinen Fall möchte man als „Rechter“ gelten, sondern als Gutgesinnter und Antifaschist, nur ja nicht auffallen. Letztlich könnte man dann auch dem schleswig-holsteinischen Fraktionsvorsitzenden Ralf Stegner zustimmen, der behauptet, der Spaltung von SPD und KPD sei viele Jahre nach 1989 die historische Grundlage entzogen mit der Folge, dass keine berechtigten Einwendungen gegen Koalitionen zwischen SPD und Linken bestehen könnten. Der Berliner

Regierende Bürgermeister Klaus Wowereit ist insoweit „Vorbild". Mit seiner Charakterisierung der Bundeshauptstadt als „arm aber sexy" schafft er sich viele Anhänger aus Bevölkerungsgruppen, die nicht unbedingt zur geistigen Elite zu rechnen sind. Ein kluger Schachzug war die Ernennung des ehemaligen Managers der deutschen Bahn Thilo Sarrazin zum Finanzsenator. Dieser setzt mit eiserner Hand ein einmaliges Sparprogramm durch, dem sich nicht einmal der Koalitionspartner von der äußersten Linken zu widersetzen vermag. So sollen sich Hartz-IV-Empfänger mit 4,15 € pro Tag ausreichend ernähren können, die Kita-Gebühren wurden trotz Protestkundgebungen der Eltern sichtbar erhöht. Damit verschafft sich Wowereit Achtung in Deutschland und gilt durchaus als potenzieller SPD-Kanzlerkandidat.

Der großen Aufgabe muss sich die CDU stellen. Sie hat es heute nicht leicht, wenn gar Theologen mehr an die Segnungen des Sozialismus als an diejenigen des Christentums glauben. Gleichwohl sollte die CDU das Format zeigen, sich bereits aus Vernunftgründen mehr zum Christentum zu bekennen, und zwar nicht nur um der daraus resultierenden Werte willen, sondern wegen seines Kerns. Dann wird sie den Herausforderungen gewachsen sein und zumindest zu einem erheblichen Teil dazu beitragen, dass unserer Gesellschaft „rechtes Denken" zumindest als dem linken ebenbürtig erscheint. Wie wäre es z. B. mit der Gleichberechtigung von „Hakenkreuz" sowie „Hammer und Zirkel" oder mit einem würdigen Denkmal zur Erinnerung an den Volksaufstand vom 17. Juni 1953?

Einfluss auf die demografische Entwicklung

„Das Deutsche wird nicht sterben, es sei denn die Deutschen wollen es. Es sei denn sie kapitulieren vor der Werbung, vor der Geschäftssprache, vor dem kollektiven Hass auf alles Komplizierte, den die Medien nähren. Aber selbst wenn das Deutsche stürbe - es würde als tote Sprache weiterleben, als eine Art Griechisch oder Latein der Neuzeit" *(Jens Jessen in der „Zeit" vom 26.07.2007)*. Es mag in Anbetracht all der Untergangsprognosen tröstlich sein, dass etwas von den Deutschen gewiss übrig bleiben wird. Es gibt nachvollziehbare Gründe, weshalb ein deutsches Vaterland nicht ewig bestehen müsse. Beobachtet man die Medien in den letzten Jahrzehnten, so sind die Warnungen vor dem Aussterben eher bescheiden, man kann durchaus den Eindruck haben, dass die zahlenmäßige Aufrechterhaltung des deutschen Volks eher weniger erwünscht ist.

In der „Neuen Juristischen Wochenschrift" gibt sich der Hamburger Professor Ulrich Zachert über diese Problematik etwas frech: „Die Deutschen sterben aus – na und?" *(Editorial Heft 12/06)*. Die Fakten sind klar: „In Deutschland zählt man statistisch 1,3 Geburten (pro Frau), notwendig wären mindestens 2,1 Geburten, um das Bevölkerungsniveau zu erhalten. Über ein Drittel aller Frauen bleiben kinderlos, bei Akademikerinnen liegt der Anteil sogar über 40 %". Der Forscher kritisiert die Tatsache, dass die Politik, ob rechts oder links, das Problem jahrzehntelang schlicht ignoriert habe. Immerhin konnte Familienministerin Ursula von der Leyen einen Anstieg der Geburtenzahlen in den ersten acht Monaten des Jahres 2007 im Vergleich zum Vorjahr feststellen, und zwar mit 9300 Kindern. Von einer Tendenzwende kann allerdings noch nicht die Rede sein, insbesondere bezüglich der von der Bundesregierung anvisierten Akademikerinnen. Das Statistische Bundesamt hat festgestellt, dass selbst bei einer steigenden Geburtenrate eine durchschlagende Wirkung auf das Gesamtergebnis nicht zu erwarten sei, weil die höhere Gebärfreudigkeit mehr die Nichtakademikerinnen betrifft.

Aus dem Geist des CDU-Papiers ergibt sich, dass die Partei die Aufrechterhaltung des deutschen Volks grundsätzlich begrüßt. Das gilt zumindest in Bezug auf die verbale Seite. Was die Handlungen betrifft, so ist der Unionsbeitrag eher bescheiden. Elterngeld und Krippen werden nach den bisherigen Erfahrungen und Prognosen kaum etwas ändern. Nicht nur Parlament und Regierung wirken einfallslos und verbreiten eher Ratlosigkeit, wenn man etwa an die Diskussion der Kindergelderhöhung für das Jahr 2009 oder erst 2010 denkt. Somit gibt es derzeit keine Anhaltspunkte dafür, dass von der ersten und zweiten Gewalt Besserung erwartet werden kann. Die Justiz als dritte Gewalt kann immerhin die Forderung des Bundesverfassungsgerichts vorweisen, dass Kinder staatlicherseits monatlich in einer Weise unterstützt werden sollen, dass alle Ausgaben gedeckt werden – eine Art „Kinder-BAFöG" ohne Zinsbelastung. Am schlechtesten schneidet die vierte Gewalt ab, die die mächtigste ist. Ideen zur Förderung der Anzahl von Kindern sind sehr spärlich in den Medien. Es passt nicht in das ideologische Konzept, denn immer noch herrscht der 68er Geist, nach welchem Spaß eher groß und Verantwortung eher klein geschrieben wird. Die Meinungsmacher plädieren selten für das Gelingen einer Ehe mit lebenslanger Treue und für eine stattliche Kinderzahl. Bestätigt wird diese Einschätzung dadurch, dass die Journalisten zu der Berufsgruppe gehören, die persönlich am wenigsten für den Nachwuchs sorgt, denn nur ein Drittel von ihnen hat mindestens ein Kind. Auch die Begeisterung für die homosexuellen Partnerschaften im vergangenen Jahrzehnt unterstreicht diese Denkweise, da damit die Bevölkerungsvermehrung nicht gefördert wird.

Es ist insoweit die Frage erlaubt, ob die Medien überhaupt kompetent genug sind, um über die demografischen Probleme korrekt und verantwortungsvoll zu berichten. Der renommierte Demograf Professor Herwig Birk ist sehr pessimistisch: „Es ist 30 Jahre nach 12". So lange kennt man in der Politik die

Entwicklung. Die Verantwortlichen sprechen wohlwollend von der „demografischen Rendite“, da die Aufwendungen für Kindergärten, Schulen und Universitäten zwangsläufig geringer werden. Nicht nachvollziehbar ist, weshalb von den vier Lehrstühlen für Demografie drei abgeschafft worden sind. Die Politiker hoffen offensichtlich, die Kompensation durch Bürger aus Afrika und Asien realisieren zu können. Die bislang realisierte Idee, die doppelte Staatsbürgerschaft zu verleihen, ist ambivalent. So löblich es ist, die Bevölkerung in der Bundesrepublik aufzufrischen, so ungeklärt sind die Probleme mit einer multikulturellen Gesellschaft. Unter Berücksichtigung der Geburtenzahlen in den deutschen Großstädten, teilweise mehr als 50 % mit Migrationshintergrund, ist der Gedanke nicht abwegig, dass zu gegebener Zeit die Deutschen eine Minderheit darstellen. Man kann nun nicht behaupten, dass die CDU in den letzten Jahrzehnten Essenzielles zur Aufklärung beigetragen hat. Protagonisten der Partei wie Heiner Geißler wollten Deutschland ja geradezu zu einem Musterstaat für „Multikulti“ gestalten, wobei sie sich in ihrer Ideologie stark derjenigen der Grünen angeglichen haben. Zweifellos ist der Grundgedanke schön, dass unterschiedliche Kulturen friedlich miteinander leben. Die Realisierung ist allerdings schwierig, weltweit gibt es kaum gelungene Vorbilder. Für die linksorientierten Parteien, insbesondere Sozialdemokraten und Grüne, sind Änderungen des Staatsbürgerrechtes vorteilhaft, selbst der Austausch des Jus Sanguines durch das Jus Soli (entscheidend ist nicht mehr die Blutsverwandtschaft, sondern der Geburtsort), weil den Statistiken zu entnehmen ist, dass von den Bürgern mit Migrationshintergrund 90 % mit Rot/Grün sympathisieren. Etwas boshaft könnt man mit dem deutsch-türkischen Politiker der Grünen Özdemir die Auffassung vertreten, dass die Türken nunmehr das erreichen, was sie damals vor den Toren von Wien nicht geschafft haben.

Die Deutschen müssen sich vor Augen halten, dass ihnen Grenzen gesetzt sind, unbeschränkt Bürger ausländischer Staaten zu integrieren. Das gilt insbesondere im Hinblick auf jene an der Einbürgerung Interessierte, die nicht demselben Kulturkreis entstammen wie die Deutschen. Die Große Koalition ist bemüht, mit Elterngeld und Krippenplätzen das Problem zu lösen, obwohl Fachleute insoweit nur mit einem geringen, kaum zählbaren Erfolg rechnen. Die „Einwanderung durch den Kreißsaal“ wird dadurch nicht gestoppt. Man kann sich des Eindrucks nicht erwehren, dass das Gutmenschentum die erfolgreichsten Lobbyisten stellt.

Das ist durchaus verständlich, wenn man bedenkt, dass bereits 2035 Deutschland die weltweit älteste Bevölkerung aufweisen wird. Es wird dann kaum noch unter 50jährige dann geben. Dies ergibt sich aus der Studie „Wirtschaftsmotor Alter“ des Bundesfamilienministeriums. Um das Jahr 2100 werden nach Studien nur noch 22 Millionen Deutsche existieren.

Dabei ist interessant, wie widersprüchlich die Bevölkerung ist: Ungefähr 90 % wünschen nicht den Ausgleich durch Ausländer; aber auch ca. 90 % lehnen sich gegen das Aussterben der Deutschen auf; schließlich wollen ca. 90 % keine wirklichen Opfer bringen, um die Kinderzahl zur Aufrechterhaltung der Gesellschaft drastisch zu erhöhen. Die Begeisterung für einen Vielvölkerstaat ist offenbar gesunken selbst in den Medien, wenn man sich vor Augen hält, dass „Radio Multikulti", die Berliner Hörfunkwelle, aus finanziellen Gründen die sieben Radioprogramme zum Jahresende einstellt (epd-Wochenspiegel 22/08). Es besteht auch keine Begeisterung darüber, dass gemäß Veröffentlichung des Statistischen Bundesamts zwar die Bevölkerung im Jahre 2006 von 82,5 auf 82,4 Millionen zurückgegangen, der Anteil der Menschen mit Migrationshintergrund von 18,2 % auf 18,4 % gestiegen ist. Der Auftritt des türkischen Ministerpräsidenten Erdogan zu Beginn des Jahres 2008 in Köln hat auch nicht zu mehr Ausländerfreundlichkeit beigetragen; die Begeisterung für türkische Schulen und eine türkische Universität hielt sich in Grenzen. Bundeskanzlerin Merkel fielen auch nicht die rechten Worte ein, und zwar eine Mischung aus Gelassenheit und gleichwohl deutlichen Worten. Die Menschen glauben eben nicht, dass im Sinne der „Aufklärung" schließlich „alle Menschen Brüder werden". Sie fühlen sich eher bedroht, etwa durch die Pressemitteilung, dass in Frankfurt bereits zu Beginn des Jahres 2008 zwei Drittel aller Kinder unter sechs Jahren ausländischer Abstammung seien. Sie sorgen sich um den Verlust der nationalen Identität, auch wenn diese z. B. bei großen Fußballwettbewerben wieder etwas an Gewicht gewinnt. Es geht überhaupt nicht um irgendeine Form des Ausländerhasses, eher um gewisse Ängste vor gewissen Auswirkungen des Islam. Ermutigend sind auch nicht die drastisch steigenden Ölpreise, wozu die islamischen Staaten ihren Beitrag leisten, oder die erwähnten Andeutungen türkischer Regierungsmitglieder in Richtung „Assimilationsverbot". Der alte und neue italienische Regierungschef Silvio Berlusconi verfügt gewiss nicht über ein hohes Ansehen in Deutschland, doch erfährt er Zustimmung in seinem Bemühen, die Zahl illegaler Zuwanderer zu begrenzen. Dass in einem demokratischen Land wie Dänemark Ehen mit Ausländern an Mindestbedingungen geknüpft werden, könnte bei entsprechender Regelung hier zu einer gewissen Beruhigung im Volk führen. Der CDU sollte etwas einfallen, damit nicht Literaten wie der Franzose Michel Houellebecq davor warnen müssen, dass z. B. Araber die Europäer verachten. Diese sollen nicht mehr als Vertreter einer verkommenen und ablösungsreifen Kultur erscheinen *(so in dem Roman „Plattform", 2001).*

Befürchtungen dieser Art sind eben nicht geeignet, den deutschen Kinderreichtum zu fördern. Eine grundlegende Änderung wird man kaum von der CDU erwarten können. Denn „eine Frau, die arbeitet, ist unserer Gesellschaft heute mehr wert als eine Hausfrau und Mutter. Die höchste Wertschätzung genießt das berufstätige Paar mit ganztägig betreutem Kind. Dann folgt die alleinerziehende, berufstätige Mutter - sie ist die eigentliche Heldin des sozialdemokratischen Alltags. Ihr folgen die Singles bzw. Dinks. Am unteren Ende der Werteskala rangiert die klassische Familie mit arbeitendem Ehemann und Mutter/Hausfrau. Ihr gilt nur noch der Spott der neuen Kulturrevolutionäre, die die Lufthoheit über den Kinderbetten längst erobert haben“ *(so der Kommunikationswissenschaftler Norbert Bolz in seinem Buch „Die Helden der Familie“).* Bei dieser Einstellung ist mit einer gravierenden Steigerung der Zahl deutscher Kinder nicht zu rechnen.

Die bescheidenen Kindergelderhöhungen haben den Geburtenrückgang auch nicht aufgehalten. Teilweise wird vorgeschlagen, die staatlichen Mittel auf das zweite, dritte und weitere Kind zu konzentrieren. Dafür spricht gewiss Einiges. Die Kinder vollständig vom Staat zu finanzieren, das wäre gewiss heilsam - gerade wenn man an die Rechtsprechung des Bundesverfassungsgerichts denkt. Die Sünden der Vergangenheit können aber dadurch nicht auf die Schnelle beseitigt werden, hierzu bedarf es Jahrzehnte. Verbleibt deshalb nur der Weg der Einwanderung?

Sorgen bei Integrationsbemühungen

Dafür hat Deutschland die Weichen schlecht gestellt. Die Einwanderungspolitik gilt als gescheitert. Wenn z. B. Großbritannien unter seinen Einwanderern immerhin 75 % qualifizierte aufweist, so sind es in Deutschland nur 10 %. Dass damit die Sozialhilfe berührt wird, muss nicht vertieft werden. Interessant ist, dass die USA diese Art Einwanderungen dadurch stoppen konnte, dass seit 1997 nicht unbegrenzt viele Kinder Sozialhilfe erhalten. Darauf verweist der Soziologe und Bevölkerungswissenschaftler Professor Gunnar Heinsohn in seiner Studie „Söhne und Weltmacht“. Gleichwohl lässt sich natürlich zur Aufrechterhaltung der Bevölkerung rein logisch auch die Auffassung vertreten, dass es Deutschland gut täte, wenn - unabhängig vom Bildungs- und Qualifikationsgrad der Einwanderer - die Grenzen weit geöffnet würden. Gewiss gibt es genügend Bürger in der Welt, die sich ihr Dasein in Deutschland durchaus vorstellen können. Die rechtlichen Probleme sind gering, da - wie der CDU-Innenpolitiker Wofgang Bosbach festhält - Deutschland „das einzige Land der Welt ist, das einen Anspruch auf Einbürgerung kennt“.

Nun wäre die Auffassung denkbar, dass das zunehmende Selbstbewusstsein von Migranten in Deutschland durch ein gesteigertes Selbstwertgefühl der Deutschen kompensiert werden könnte. Eine internationale Studie der Bertelsmann-Stiftung hat im Jahre 2007 das Ergebnis gebracht, dass die Hälfte der Deutschen ihr Land gegenwärtig als Weltmacht ansieht. Das kann sich natürlich, wie die Erfahrung zeigt, in Kürze durch bestimmte Ereignisse wieder ändern. Die Bestrebungen nehmen auch nicht ab, gerade wegen des oben ausführlich dargestellten Bedürfnisses, die deutsche Geschichte auf den Holocaust zu beschränken, Gedanken an die Nation möglichst klein zu schreiben.

Allmählich gehört es zum geistigen Allgemeingut, dass die zu Integrierenden die deutsche Sprache erlernen müssen. Hinzu kommen Kenntnisse über Geschichte und Kultur Deutschlands. Sehr schwer wird es sein, den hohen Anteil von Schulabbrechern zu reduzieren. Erschütternd ist, dass insoweit gerade Ausländerkinder der zweiten Generation, die hier geboren sind, sichtbar schlechter als die der ersten Generation in Bezug auf ihre Schulleistungen erscheinen.

Nicht mehr so umstritten wie vor etlichen Jahren ist der Gedanke der deutschen Leitkultur. Diese ähnelt übrigens weitgehend der europäischen, so dass irgendwelche Assoziationen zum NS-Regime als absurd erscheinen. Der Verfasser hat in dem erwähnten Buch „Hilfe, wir werden diskriminiert!“ ausführlich über die Leitkultur geschrieben, darauf wird ausdrücklich verwiesen (ab S. 195). Der von dem islamischen Politikwissenschaftler Professor Bassam Tibi aufgebrachte Begriff bezieht sich hauptsächlich auf die politische Kultur, welche sich allerdings auch nicht von der christlichen so ohne weiteres trennen lässt. Es ist heute etwas leichter als vor zehn Jahren, den zulässigen Wertekanon zu umreißen.

Hilfe durch christliche Tradition

Eine Partei mit einem „C“ interessiert natürlich auch, was die christliche Tradition zum Ausländergedanken vorgibt. Nach der Bibel gab es bereits damals Probleme im Zusammenleben verschiedener Völker. Fest steht, dass Ausländern gegenüber kein Unrecht geschehen darf (Sacharja 7 Vers 10). Nicht übersehen werden dürfen aber die Mahnungen gegenüber Fremdlingen, etwa das Verbot der Gotteslästerung und andere Bestimmungen, die die Identität des Gastvolks bedrohen könnten. Nun wird grundsätzlich der Islam durch das Grundgesetz gleichgestellt. Gleichwohl lehnt z. B. Kardinal Karl Lehmann die rechtliche Gleichstellung des Islam ab. Das Christentum sei „zentraler Baustein im kulturellen Erbgut Europas“ (epd). Diese Andeutungen zeigen bereits, dass es nicht einfach ist, das Bevölkerungsproblem durch Einwanderung zu lösen.

Rein hypothetisch müsste man über diese Fragen nicht so intensiv nachdenken, wenn die Entwicklung der Abtreibung in den letzten Jahrzehnten anders verlaufen wäre. Es handelt sich hier um ein Tabuthema, weil für die herrschende

Ideologie der Political Correctness der Gedanke, ein Schwangerschaftsabbruch gehöre zum natürlichen Recht der Frauen, als völlig unverzichtbar ist. Das Bundesverfassungsgericht hat auch entschieden, dass die Abtreibung zwar rechtswidrig sei, man dürfe sie aber nicht Mord nennen. Aus christlichen Erwägungen ist die Legitimierung der Abtreibung, von Fällen der Vergewaltigung und der Lebensgefahr für die Mutter abgesehen, kaum argumentativ zu untermauern. Es ist nicht ganz einfach, das 5. Gebot „Du sollst nicht töten" hier wegzudiskutieren, und den Schwangerschaftsabbruch gar christlich zu untermauern. Wenn es vielleicht noch bei dem umstrittenen Lebenspartnerschaftsgesetz zugunsten Homosexueller denkmöglich erscheint, hier von der unendlichen, alles zudeckenden Liebe Gottes zu sprechen, so tut man der Bibel Gewalt an, wenn die Abtreibung etwa aus christlicher Nächstenliebe gerechtfertigt werden soll. Wie kann es mit dem christlichen Menschenbild vereinbart werden, wenn ein ohnmächtiger heranwachsender Mensch – nach dem Mordparagrafen 211 StGB wortlautgemäß hinterhältig - umgebracht wird? Es ist äußerst schwer, die herrschende Fristenlösung mit dem Christentum in Einklang zu bringen. In jedem Fall ist es leichter mit dem marxistischen Menschenbild. Ganz wichtig bleibt dabei: Es geht keinesfalls darum, in irgendeiner Weise die betroffenen Frauen zu diskriminieren. Verständnis ist allemal nötig, vor allem aber umfassende Beratung und Hilfeleistung zum Austragen des Kindes. Wie wäre es, wenn die CDU dem Recht der Ungeborenen mehr Wertschätzung verleiht? Es lohnt sich in jedem Fall, sich in die Thematik zu vertiefen.

Es wirkt fundamentalistisch, ja besonders rückständig, wenn es heute in Europa jemand wagt, die Frage der Schwangerschaftsunterbrechung – genauer: des Abbruchs der Schwangerschaft – ins Gespräch zu bringen. Wer überdies noch behauptet, dass auch die Frau darunter leiden könnte, wird kaum noch ernst genommen. Es gehört offenbar zum allgemeinen Konsens, dass der Abbruch der Schwangerschaft für die Mutter nur Positives bietet, negative Erfahrungen damit zu verknüpfen, gilt als politisch unkorrekt. Die Weichen erscheinen als in der Weise gestellt, dass ein Rückzug indiskutabel wirkt. Dabei werden von den Politikern weitgehend die schweren Folgen der Geburtsverhinderungen verkannt. Es geht vor allem um eine Beendigung der verdrängten seelischen Probleme jener Mütter, die sich dem Schwangerschaftsabbruch ausgesetzt haben, und um ein Entgegenwirken gegen den Bevölkerungsschwund.

Eine relativ einfache Lösung des demografischen Problems, und zwar ohne Zwang zur Zuwanderung, wäre, wenn sich das deutsche Volk dahin verständigte, Kinder nicht mehr abzutreiben. Jährlich werden ca. 360 000 Ungeborene im Mutterleib getötet. Offiziell wird nur von 120 000 gesprochen. Die Dunkelziffer ist allerdings enorm hoch, so dass mindestens eine Verdoppelung der offiziellen Zahlen allemal gerechtfertigt ist. Das Bundesverfassungsgericht hat in seiner grundlegenden Entscheidung Mitte der 90er Jahre den § 218 StGB entschärft und sich zu einem Kompromiss durchgerungen. Die Rechtswidrigkeit wird bejaht, die Schuld weitgehend verneint. Es war immerhin das Bemühen zu spüren, die christlich-abendländische Kultur noch sichtbar werden zu lassen.

Fraglich ist, ob die 1995 beschlossene Beratungsregelung gelungen ist. Das Statistische Bundesamt hatte eine erstaunliche Zunahme der für das erste Quartal 1996 gemeldeten Abbrüche festgestellt, und zwar gegenüber dem Vorjahreszeitraum um 36 %. Etwa 96 % der Abtreibungen sind über die Beratungen erfolgt. Interessant ist in diesem Zusammenhang, dass die umstrittene Organisation mit dem irreführenden Namen „pro familia" einerseits nur 17 % der anerkannten Beratungsstellen betreibt, andererseits von 70 % aller „Ratsuchenden" in Anspruch genommen wird. Das liegt nicht nur an der späteren Einstellung der Mitwirkung im katholischen Bereich. Ob immer ein ernsthaftes Ringen um die optimale Lösung erfolgt, muss stark bezweifelt werden.

Höchst problematisch ist die Tatsache, dass letztlich der Frau die Verantwortung für Schwangerschaftsabbrüche aufgebürdet wird. Die „Abtreibungspille" RU 486 hat das Maß an Verantwortung zulasten der Frau noch mehr erhöht. Enorme Gewissenskonflikte sind unausweichlich. Die Untersuchungen häufen sich, dass Mütter, die die Abtreibung durchgeführt haben, immer weniger wirkliche innere Ruhe finden und nicht nur durch schreckliche Träume vielfach lebenslang von Erinnerungen gequält werden. In dem Film von Fritz Poppenberg „Maria und ihre Kinder" wird von zahlreichen leidenden Frauen berichtet, die psychisch mit der Abtreibung nicht fertig werden. Auch der ehemalige serbische Arzt Stojan Adasevic, der ca. 62 000 ungeborene Kinder getötet hat, erzählt von seinen Alpträumen, die ihn teilweise Nacht für Nacht überfallen hatten. Er hat sich später der Lebensschutzbewegung angeschlossen. Beeindruckend ist die 26jährige Maria Grundberger, die vor einer Abtreibungsklinik in München Frauen zum Austragen ihrer Kinder ermutigt. Gemeinsam mit anderen mutigen Frauen hat sie bereits mehr als 500 Ungeborenen das Leben gerettet.

Mutig ist die Konsequenz der katholischen Kirche bei der Schwangerschaftsberatung, auch wenn über den Rückzug zu Recht gestritten werden kann. Die christliche Lebensschutzinitiative „Durchblick" hatte am 13.10.2007 vor dem Kölner Dom eine Aktion gegen den Schwangerschaftsabbruch gestartet und später in anderen Städten eine Million Embryonenmodelle aus Kunststoff verteilt. Es gibt vielfältige Ideen, um die Gesellschaft aufzuklären. Man denke etwa an das Lebenszentrum in München, das dafür sorgt, dass Patientinnen und ihre Begleiter zum Umdenken angeregt werden. Von zwei Aktiven betet einer, der andere spricht die Frauen an. Der Erzbischof von München, Friedrich Kardinal Wetter steht zu diesem überwiegend katholisch geprägten Zentrum.

Dieses versucht nicht nur, Überzeugungsarbeit zu leisten, sondern betreut Frauen, die sich für das Leben entschieden haben. Papst Benedikt XVI. mahnte während seines Österreichbesuchs im September 2007 die Verteidigung des Lebensrechts deutlich an. Er empfindet sich als Anwalt der Ungeborenen und war bemüht, Politiker zu stärken, um es jungen Paaren zu ermöglichen, Kinder aufzuziehen. Der Direktor des Deutschen Instituts für Menschenrechte Heiner Bielefeldt hat eine stärkere Diskussion über die rechtliche Stellung des ungeborenen Lebens gefordert *(epd-Wochenspiegel, 37/07)*. Eine christliche Partei hat dazu besonderen Anlass.

Zu bedenken ist ferner, dass durch die pränatale Diagnostik der Schwangerschaftsabbruch nach § 218 a StGB bei lebensfähigen und nur leicht behinderten Kindern faktisch zulässig ist, und zwar durch das Aufgehen der embryopathischen innermedizinischen Indikation gegebenenfalls bis zur Geburt. Es kann doch nicht befriedigen, wenn mindestens 800 Kinder jährlich abgetrieben werden, obwohl sie bereits außerhalb des Mutterleibes lebensfähig sind. Wenn die Schauspielerin Barbara Wussow - bekannt durch die „Schwarzwaldklinik“ - meint, es sei „in unserer Gesellschaft leichter, ein Kind im Mutterleib zu töten, als einen Baum zu fällen“, dann gibt diese Äußerung durchaus Anlass zum Nachdenken. Es besteht erheblicher Handlungsbedarf.

Erschütternd sind internationale Studien über Lebenserwartung sowie körperlichen und seelischen Gesundheitszustand von Frauen, die abgetrieben haben. Nach Untersuchungen finnischer Forscher ist das Risiko für Frauen, nach einer Abtreibung innerhalb eines Jahres zu sterben, fünfmal so hoch wie bei Frauen, die ausgetragen haben. Die Selbstmordrate ist siebenmal höher als bei Müttern, die ein Kind zur Welt gebracht haben. Zu ähnlichen Ergebnissen kommt eine britische Studie: Von 1000 Frauen, die die Schwangerschaft unterbrochen haben, begingen durchschnittlich 8,1 Selbstmord. Bei denen, die geboren hatten, waren es nur 1,9. Abtreibende gehen um 80 % häufiger zum Arzt und nehmen um 180 % häufiger psychologische Hilfe in Anspruch. Auch amerikanische Wissenschaftler haben diese Ergebnisse bestätigt *(ideaSpektrum 3/03)*. Vielleicht spüren junge Demokratien etwas von diesen Folgeerscheinungen, über welche Medien wie „Emma“ und andere Emanzipationsmagazine ungern berichten. Polen ist von einem liberalen zu einem restriktiven Abtreibungsrecht zurückgekehrt. Die sozialistische Zeitung „Neues Deutschland“ empfindet es als unerträglich, dass Mutterglück positiv dargestellt und Abtreibung als „Zivilisation des Todes“ gewertet werde *(ideaSpektrum 3/03)*.

Chancen für alle

Zu Recht geht das Grundsatzprogramm bei dem Gedanken der Chancengesellschaft und der Existenz in Freiheit und Sicherheit vom christlichen Menschenbild aus. Das breite Spektrum der auf die Bibel zurückzuführenden Errungenschaften bietet große Möglichkeiten, in gerechter Weise die Pole „freie Entfaltung der Person" und „Solidarität gegenüber den Schwachen" zu verbinden. Dass der Staat die Freiheit sichern soll, muss nicht vertieft werden. Höchst zweifelhaft ist, ob das Wohl der Schwachen durch Gesetze wie das AGG verbessert worden ist. Genauer: Es werden Schwächen verstärkt, nämlich Wehleidigkeit und Lustlosigkeit, Verantwortung für das eigene Leben und das Leben anderer zu übernehmen.

Zum „Sicher leben" gehören in der Tat die Stärkung der Familie und des Zusammenhalts der Generationen, die Verbesserung von Erziehung und Bildung sowie die Erneuerung der sozialen Marktwirtschaft, wie es das Grundsatzprogramm fordert. Diese Multidimensionalität wird später noch vertieft. Dass die „kulturelle Identität" den Menschen Sicherheit verschafft, ist eine Selbstverständlichkeit, nachdem – wie gesagt – Muliti-Kulti nicht den erhofften Erfolg gebracht hat. Was nicht übersehen werden darf: Bürgern mit Migrantenhintergrund verdienen bei Bejahung der hiesigen kulturellen Gegebenheiten ein Maximum an Unterstützung. Es besteht ein Anspruch auf ausgleichende Gerechtigkeit. Treffend formuliert hat die CDU dies im Grundsatzprogramm aus dem Jahre 1994:

„Solidarität ist ohne Opfer nicht denkbar. Wer Hilfe und Solidarität von anderen erwartet, muss selbst bereit sein, anderen zu helfen. Wer sich davon ausschließt und nur für seinen persönlichen Vorteil wirtschaftet und lebt, entzieht der Gemeinschaft die Grundlage für den sozialen Frieden. Solidarität verbindet nicht nur Interessengruppen in der Wahrnehmung ihrer berechtigten Anliegen, sondern greift über die widerstreitenden Interessen hinaus. Solidarität verpflichtet die Starken zum Einsatz für die Schwachen und alle im Zusammenwirken für das Wohl des Ganzen" *(„Freiheit in Verantwortung" S. 10).*

Zu den „Schwachen" gehören auch diejenigen, die etwas mit dem erörterten und verpönten Thema des Schwangerschaftsabbruchs zu tun haben. Schwangere brauchen außerordentliche Unterstützung, um ihr Kind in Würde austragen zu können. Wer sich für den Abbruch entschieden hat, darf nicht der Ächtung ausgesetzt werden, wobei dazu in keinem Widerspruch die Aufklärung darüber steht, dass die Abtreibung nicht nur dem christlichen Menschenbild widerspricht, sondern – unabhängig von dem überaus oft bezeugten nachträglichen Bedauern - auch der Lösung des demografischen Problems nicht dienlich ist.

Das gilt auch im Hinblick auf die Chancengleichheit, weil auch der sich entwickelnde Mensch die Möglichkeit haben muss, überhaupt zu einem Menschen zu werden. Dem ungeborenen Menschen (Nasciturus) ist Gelegenheit zu geben, sich letztlich im Sinne des Artikel 2 des Grundgesetzes zu entfalten. Solche Gedanken entsprechen nicht der verbreiteten öffentlichen Meinung, deshalb hat hier die CDU eine vordringliche Aufgabe.

Problematisch erscheint, dass einerseits wegen des angeblich politisch korrekten Konsenses in unserer Gesellschaft Kritik an Schwangerschaftsabbrüchen unerwünscht ist, andererseits gar die Rechtsprechung die Meinungsfreiheit einschränkt. Der katholische Lebensschützer Klaus Günter Annen verteilte in der Nähe einer Frauenarztpraxis Flugblätter mit der Parole „Stoppt rechtswidrige Abtreibungen in der Praxis Dr. K.“, wobei der Name des Arztes ausgeschrieben und seine Adresse angegeben war. Auf der Rückseite hieß es: „Bitte helfen Sie uns im Kampf gegen die straflose Tötung ungeborener Kinder“. Obwohl der Initiator die Formulierung des § 218 gewählt hatte, gab das Bundesverfassungsgericht im Mai 2006 der Klage des Gynäkologen auf Unterlassung solcher Flugblätter Recht. 1993 erachtete das BVG es als von der Verfassung geboten, die Rechtswidrigkeit von Abtreibungen in der Öffentlichkeit deutlich zu machen, nunmehr meinten die Richter, dass es nach der Zulässigkeit von Schwangerschaftsabbrüchen dem Arzt ohne Folgen möglich sein müsse, auf seine Dienstleistungen aufmerksam zu machen. Nicht nur die Rechtsprechung unterstützt indirekt den Schwangerschaftsabbruch, auch die Menschenrechtsorganisation Amnesty International. Gefordert wird die weltweite Legalisierung der Abtreibung. Die internationale Ratstagung in Mexiko hat sich am 21.08.2007 offiziell dafür ausgesprochen, Schwangeren nach Vergewaltigung, bei Inzest und Lebensgefahr sowie Bedrohung der Gesundheit das Abtreibungsrecht zuzugestehen. Was die vierte Voraussetzung betrifft, so könnte eine Depression ausreichen. Vor allem aber heißt es in der Begründung, dass eine Bestrafung einer Abtreibung „eine Verletzung der reproduktiven Rechte der Frauen“ sei. Gemeint ist damit, weltweit „sichere, legale und allgemein zugängliche Abtreibung“ zu ermöglichen. Somit besteht für AI die Möglichkeit, je nach Konfliktslage von der unbeschränkten oder beschränkten Legalisierung des Schwangerschaftsabbruchs zu sprechen. Die katholische Kirche hat z. T. scharf reagiert. Führende Repräsentanten haben dazu aufgerufen, Amnesty die Unterstützung zu entziehen. Der englische Bischof Michel Evans hat seine Mitgliedschaft nach 31 Jahren beendet. Ähnlich reagierten die Deutsche Evangelische Allianz und die Internationale Gesellschaft für Menschenrechte *(ideaSpektrum, 36/07).*

Nach Angaben des Statistischen Bundesamts sind seit der Fristenregelung im Jahre 1974 4,3 Millionen Kinder abgetrieben worden, richtigerweise dürfte es die doppelte Anzahl sein. Wäre es zu dieser Gesetzesänderung nicht gekommen, so hätten wir in den mehr als 30 Jahren nur etwa ein Drittel der Abtreibungen gehabt mit der Folge, dass an die 5 Millionen Einwohner zusätzlich in Deutschland lebten. Das Institut für Wirtschaftsforschung in Berlin verweist darauf, dass jährlich rund 270 000 Menschen einwandern müssten, um die Bevölkerung bis zum Jahr 2050 stabil zu halten. Logischerweise wäre man nicht darauf angewiesen, wenn man die ca. 300 000 Schwangerschaftsunterbrechungen pro Jahr auf die wirklichen Notfälle von ca. 30 000 begrenzen würde. Solche Gedanken darf sich auch die CDU machen, die gewiss tief davon beeindruckt ist, dass z. B. das Bundesland Brandenburg bis zum Jahre 2003 nach einem Gutachten zum demografischen Wandel ca. 12 % seiner Bevölkerung verlieren wird. Eine solche Hochrechnung ist natürlich für die gesamte Bundesrepublik gestattet. Es fragt sich in der Tat, weshalb die Abtreibungsgegner die Schwangerschaftsabbrüche mit jährlich mehr als 40 Millionen Euro über die Krankenkassen mitfinanzieren müssen.

Je mehr sich die CDU auf das christliche Menschenbild beruft, wird es ihr erleichtert, sich von der Praxis zu lösen, dass faktisch gesellschaftlich unerwünschtes Leben für lebensunwert erklärt wird, sei es im Bereich der Gentechnik oder Abtreibung. Bundeskanzlerin Angela Merkel möchte ja gern christliche Werte mehr in den Mittelpunkt ihrer Parteipolitik stellen. Sie hat sich auch als Ratspräsidentin für den Gottesbezug in der EU-Grundrechtscharta eingesetzt. Es ist nicht nachzuvollziehen, dass die CDU – äußerlich sieht es so aus, als ob hier der Zwang zum Linksruck besteht – sich zumindest optisch vom christlichen Fundament löst. Das ist auch in den letzten Jahren durch die zunehmende Anerkennung von homosexuellen Lebenspartnerschaften deutlich geworden; selbstverständlich darf keine Diskriminierung dieser Mitmenschen erfolgen, Privilegierungen in Anlehnung an die Ehe entsprechen aber nicht dem „C“. Die CDU kann es sich auf Dauer nicht leisten, sich den Maximen der Politischen Korrektheit zu unterwerfen, sie muss sich u. U. sogar etwas von Migranten sagen lassen, die kein Verständnis dafür zeigen, dass sich Männer auf der Straße küssen, und vielleicht doch noch ein gesundes, natürliches Empfinden haben, also dem christlichen Menschenbild noch mehr entsprechen.

Die CDU muss die Voraussetzungen dafür schaffen, dass gerade Ältere, die rein statistisch eher konservativ sind, sich von ihr nicht distanzieren. Die „Grauen“ mögen nicht mehr relevant sein. Vielleicht kann man dies einmal von der neuen Rentnerpartei RRP behaupten. Diese war im Jahr 2007 in Bayern an den Start gegangen, inzwischen hat sie mehr als tausend Mitglieder in vier Landesverbänden *(sh:z vom 01.07.2008)*. Die christliche Partei muss sich fragen, was zu den verschiedenen Arten der Politikverdrossenheit führt. Der ehemalige stellvertretende Bundesvorsitzende der CDU Christoph Böhr meint, die Partei habe aus den Augen verloren, wie das Marketing-Denken die politische Kultur verderbe. Er rügt die Massenverkäuflichkeit seitens der Politiker, die „zusehends zur mittigen, so beliebigen gefälligen Plastikfigur, einem Spielzeug ohne Ecken und Kanten" würden *(Cicero 6/2008 S. 18 f)*. Das neue Grundsatzprogramm bietet die Chance, die Politikverdrossenheit einzuschränken und der CDU Konturen zu verleihen.

3. Starke Familien – menschliche Gesellschaft

Zu Recht wird im Grundsatzprogramm „eine sensible und zukunftsorientierte Politik" zugunsten der Familie gefordert. Das ist heute im Vergleich zu früher schwieriger, als es noch nicht so viele unterschiedliche Lebensentwürfe gab. Ganz gewiss sind die Voraussetzungen für eine verträgliche „Vereinbarkeit von Familie und Beruf" zu schaffen. Der Umgang mit Alten und Pflegebedürftigen wird die soziale Qualität unseres Gemeinwesens beweisen. Eine Studie des Instituts zur Zukunft der Arbeit in Bonn bringt für Deutschland Unrühmliches an den Tag: Die Familienbande sind nur in Litauen noch schwächer ausgeprägt als in Deutschland. Untersucht wurden 78 Länder. Für die CDU erschütternd ist die Erkenntnis, dass die Familie in jenen Gesellschaften eine zentrale Rolle spielt, in denen Frauen seltener am Erwerbsleben teilnehmen. Hinzu kommt, dass die Menschen deutlich häufiger mit ihrem eigenen Leben sehr zufrieden sind, wenn sie als Eltern ihr eigenes Wohlergehen zugunsten der Kinder zurückstellen. Ganz wichtig ist der CDU: „Wahlfreiheit für Familien schaffen". Nun hat die Bundesfamilienministerin Ursula von der Leyen entgegen diesen Erkenntnissen sich sehr um die Unterstützung von Frauen, die berufstätig sein wollen, bemüht. Einerseits wurde das Elterngeld eingeführt, um die Bereitschaft der Väter zu steigern, aus dem Beruf auszusteigen, damit die Kindesmutter gegen Entgelt arbeiten kann. Andererseits wurde in Berlin beschlossen, für die Kleinstkinder 750 000 Krippenplätze deutschlandweit zu schaffen. Dienen nun diese Ideen wirklich der Familienförderung oder sind Verbesserungen grundlegender Art nötig?

Unterwerfung unter Gender-Diktat

Zunächst einmal soll festgehalten werden, dass selbstverständlich auch Frauen die Möglichkeit haben müssen, Gelerntes in die Praxis umzusetzen. Zweifellos gibt es Beispiele, dass die beruflich engagierte Kindesmutter aus ihrer Berufstätigkeit Ideen für das Familienleben erhält. Sie läuft auch nicht Gefahr, als „Heimchen am Herd" disqualifiziert zu werden. Es geht um beides, wie es unsere Verfassung vorsieht: „Der Staat fördert die tatsächliche Durchsetzung der

Gleichberechtigung von Frauen und Männern und wirkt auf die Beseitigung bestehender Nachteile hin" *(Artikel 3 Abs. 2 Satz 2 Grundgesetz).* Dass gerade Frauen im Berufsleben gleiche Rechte wie Männer erhalten müssen, kann nicht bestritten werden; dass sie bevorzugt werden sollen, wie es die Gender-Ideologie letztlich meint, erscheint als verfassungswidrig. Hierher gehören z. B. auch die starren Quotenregelungen *(Schmidt-Bleibtreu u. a., Kommentar zum Grundgesetz, 11. Aufl. 2008 Art. 3 Rn 56).* Nachdem nun das Gleichberechtigungsgesetz seit 50 Jahren Bestand hat, muss festgestellt werden, dass es doch noch deutliche Lücken, gerade zulasten der Frauen gibt. Das gilt insbesondere in Bezug auf die Gleichstellung bei Gehaltsregelungen. Man kann die Gender-Befürworter insoweit verstehen, da durch Überzeichnungen positive Bewusstseinswandlungen eintreten können. Nach Auffassung des Autors hat der Gesetzgeber die ideologiefreien Möglichkeiten, z. B. hinsichtlich potenzieller Kontrollen von Arbeitgebern, nicht ausgeschöpft. Nun fordert aber das Grundgesetz nicht nur die Gleichberechtigung berufstätiger Frauen, sondern auch der Mütter, die sich voll der Kindererziehung widmen und keinerlei Benachteiligung erfahren dürfen. Es wird vom Familienministerium übersehen, dass die Vollzeit-Hausfrau durch die Privilegierungen während der Berufstätigkeit – durchaus unbewusst - degradiert wird. In der Bevölkerung erfährt sie nicht die volle Achtung wie eine erwerbstätige Frau. Ein Äquivalent bestünde, wenn dieselbe finanzielle Unterstützung auch Mütter erhielten, die die Erziehung ausschließlich in ihrer Familie vornehmen. Damit würde die echte Wahlfreiheit geschaffen. Hat Oswald Spengler mit seiner Prognose vor 80 Jahren vielleicht doch Recht: „Die Emanzipation der Frau ist keine Emanzipation vom Mann, sondern eine vom Kind"?

Es sind weitere Fragen erlaubt: Wird die Zahl der vom Grundgesetz nicht gewünschten nichtehelichen Geburten durch die Berufstätigkeit der Frau erhöht oder erniedrigt? Immerhin erfolgen in Mecklenburg-Vorpommern 63 % der Geburten ohne Ehepartner. Wird nicht das Eheverständnis durch die Unterstützung der Doppelberufstätigkeit von Vater und Mutter unterminiert? Besteht nicht die Gefahr, dass die im Grundgesetz vorgesehene Privilegierungen der Ehe bald auch anderen zufälligen und zeitgeistigen Formen des Zusammenlebens zukommen werden? Wird die Bereitschaft von Kindern, ihre Eltern zu pflegen, durch Berufstätigkeit beider Partner eher erhöht oder gesenkt? Ist überhaupt der Familienlastenausgleich ausreichend? Experten haben errechnet, dass die Große Koalition in mehr als einem Dutzend Bereichen Familien benachteiligt hat, man denke etwa an die Erhöhung der Mehrwertsteuer, die Reduzierung der Pendlerpauschale oder die Streichung der Eigenheimzulage. Bundeskanzler Adenauer hatte bereits Mitte der 50er Jahre im 20sten Jahrhundert die „Rothenfelser Denkschrift" von renommierten Wissenschaftlern erstellen lassen, in welcher es vornehmlich um die Unterstützung der Familie geht. Wesentliche Bereiche der sozialen Sicherung setzen voraus, dass allen Einzelgebieten ein Familienlastenausgleich vorgeschaltet sein müsse. Betrachtet man die Entwicklung der zweiten Hälfte des 20sten Jahrhunderts und der ersten Jahre des 21sten Jahrhunderts, so kann von einer Realisierung überhaupt nicht die Rede sein. An die Stelle einer allumfassenden Förderung von Familien ist nun ein anderes Leitprinzip getreten, nämlich die familienfeindliche Ideologie des Gender Mainstreaming, das Legislative, Exekutive und Judikative durchdringen müsse.

Nachdenkliche CDU-Freunde werden den Gedanken nicht los, dass sich die christliche Partei von Modeströmungen in einer Weise hat blenden lassen, dass sie den Durchblick verloren hat. Berührt wird hier etwas höchst Sensibles, nämlich eine Weltanschauung, über welche - nach den Wünschen der Urheber - nicht öffentlich diskutiert werden darf. Man meint, dem Wohl der Familie dadurch zu dienen, merkt aber nicht, dass dieses Gedankengut zur Auflösung der Keimzellen unserer Gesellschaft führt. Es geht um die Problematik des „Gender Mainstreaming“ (= GM).

Das Wort „Gender“ bezeichnet die kulturell geprägten Geschlechterrollen von Männern und Frauen. Diese seien, anders als das biologische Geschlecht, erlernt und damit veränderbar. Im Jahre 1995 wurde Gender Mainstreaming auf der 4. Weltfrauenkonferenz der Vereinten Nationen in Peking mit der Verpflichtung beschlossen, dass jeder Staat es umsetzen müsse. Auch die EU hatte beschlossen, das Gender-Denken in die politischen Konzepte einzubinden. Im „Amsterdamer Vertrag“ von 1999 erfolgte die verbindliche Festschreibung. Besonders eifrig engagierte sich das Land Niedersachsen bei der Umsetzung, wodurch auch beim Regierungswechsel die jetzige Familienministerin Ursula von der Leyen motiviert worden ist. Der feministische Ansatz ist unverkennbar: Erst wenn es nicht mehr die klassischen Frauen- und Männerrollen gibt, könne die unterdrückende Männerherrschaft abgeschafft werden. Dadurch werde alles auf der Welt verbessert. Durch die Geschlechtsneutralität werde Gerechtigkeit geschaffen, zumal Verhalten und Seelenleben bislang als Produkt der Erziehung manipuliert worden seien. Somit könnten alle Menschen hetero- und auch homosexuell empfinden. Nun wird man kaum etwas gegen eine Gleichstellung von Mann und Frau einwenden können, in Bezug auf Arbeitsplätze und Entlohnung. Was das christliche Menschenbild betrifft, so geht es letztlich darum, die von Gott gegebene Schöpfungsordnung mit den zugeteilten Rollen für Mann und Frau aufzulösen, obendrein soll auch das traditionelle Modell in den Familien mit der geschlechtlichen Arbeitsteilung abgeschafft werden.

Der Leser könnte einwenden, der Verfasser sei als Mann für derartige Fragen nicht kompetent. Ihm wird aber klar werden, dass der Autor sich noch einer mäßigenden und sachlichen Sprache bedient hat. Kompetente Frauen sprechen über die neuen Postulate ganz anders, etwa Bettina Röhl, Tochter des RAF-Mitglieds Ulrike Meinhoff *(Max-News vom 03.06.2008)*: „Wie eine hauchdünne Funktionärsschicht in der Politik hinter den Kulissen den Boden für eine ‚Gender-Gesellschaft' bereitet", erscheint der Autorin als rätselhaft. Sie fragt: „Spült der lautlos heranrollende Tsunami namens ‚Gender Mainstreaming' das unbekannte Wesen ‚Mann' fort? … Was hier als Gleichberechtigung daher kommt, ist jedoch tatsächlich Frauenbevorzugung und Männerbenachteiligung mit zweifelhaftem Nutzen für Frauen und zweifellosem Schaden für Männer. Ein Beispiel: Wird statistisch festgestellt, dass es 30 % Architektinnen und 70 % Architekten gibt, werden so lange nur noch Architektinnen ausgebildet und gefördert, bis zumindest Gleichstand erreicht ist, und dies unabhängig davon, ob es mehr weibliche oder männliche Bewerber gibt." Bettina Röhl macht sich darüber lustig, dass es trotz all der „Frauenbeauftragten, Gleichstellungsstellen und Quotenfrauen den Gender Mainstreamern" nicht gelungen sei, das Gleichberechtigungsziel zu erreichen. GM heißt im Klartext: kompletter Umbau der Gesellschaft und Neuerfindung der Menschheit. Gender Mainstreaming ist eine Art totalitärer Kommunismus in Sachen Sex und Geschlechterbeziehung. … Männer an den Herd und in die traditionell zu 100% von Männern besetzten Schwerstarbeiten wie Untertagebau, Kampftauchen, Firefighter (die ausdrücklich von der Frauenministerin nicht genannt werden). Kinder in die Krippen, Mädchen in die GM-Förderprogramme, Jungs in die Gender Mainstream-Umerziehungsschule, wo sie die historischen Verbrechen der Männer an den Frauen büffeln. Und die Familie? Abgeschafft. Das ist letztlich das in den Leitgedanken des Gender Mainstreaming konkret benannte und sich aus den Konzepten ergebende Bild dieser Politik. Das Wort Mainstreaming hat hier etwas Massenbewegtes, etwas Obrigkeitszwanghaftes, etwas unschön Gruppendynamisches, das alle Skepsis-Sensoren wachschalten sollte. … Nur schwach kann GM verbergen, dass hier eine Art pseudowissenschaftlicher ‚Rassismus', letztlich auch Sexismus zwischen den Geschlechtern initiiert wird, an dessen Ende eine männerlose Welt stehen könnte. Eine Allmachtsphantasie. Die Genderer-Politiker, Sexologen und Feministen haben GM bisher vollkommen undemokratisch installiert."

Die Verfasserin macht sich auch über den geistigen Tiefstand der Gender-Ideologen lustig: „Erstaunlicherweise sind es die Gender-Leute, die selber oft an den Haaren herbeigezogene, biologistische Argumente für die Geschlechterauflösung, also das Gender Mainstreaming heranziehen. Schließlich lässt sich der rote Leitfaden des GM, den man sich hütet, offen zu legen, auf folgende Gleichung verkürzen: Östrogen bedeutet Friedlichkeit, Fruchtbarkeit, Frohsinn. Testosteron dagegen bedeutet Teufel, Terror und Tyrannei. Die Gender Mainstreamer sind so wie die gescheiterten Kommunisten im Begriff, ihre Weltformel mit pseudowissenschaftlicher Massenliteratur zu unterlegen, in Gesetze zu pressen und lautlos in allen Ministerien zu implementieren. Wie man hört, soll der 8. März, der Weltfrauentag, den für beide Geschlechter geltenden ‚Tag der Arbeit' am 1. Mai letztenendes ersetzen. Ist Gender Mainstreaming eine Sekte? Ein Parallelapparat in Bundesregierung und Landesregierungen, von dem die Mehrheit der Bürger noch nichts gehört hat? Es sei jedem empfohlen, die einschlägigen Veröffentlichungen des Frauenministeriums und die angrenzende Literatur zu lesen, um sich ein Bild über den simplen Geist dieser Veranstaltung zu machen." Bettina Röhl spricht von einer „Desorientierung in Sachen Sex und Gesellschaft" und spottet über die „Ladenhüter" der 68er, die nun „verkauft werden sollen", wie Patchwork-Familien, temporäre Lebenspartnerschaften, Abschaffung der Monogamie, das Lockern der festen Bindungen zu den eigenen Kindern und die Revitalisierung der Seitensprünge. Sie macht sich große Sorgen darüber, „dass nach den äußerst unguten historischen Erfahrungen ausgerechnet in Deutschland wieder Menschenzucht-Gedanken hoffähig gemacht werden." Warum lässt sich die gebildete Familienministerin und Ärztin trotz ihrer christlichen Grundhaltung von der Gender-Ideologie vereinnahmen? Als Mutter von sieben Kindern muss sie doch die Gefahren für Ehe und Familie sehen, gerade dass Leidtragende die Kinder sind. Die Abschaffung der männlichen und weiblichen Identität wird erhebliche Negativfolgen nach sich ziehen. Der Graben zwischen den Geschlechtern wird weiter vertieft. Darauf verweist z. B. eine Kollegin der Ministerin, nämlich Christel Vonholdt vom Deutschen Institut für Jugend und Gesellschaft *(ideaSpektrum 31/07)*. Es fragt sich, weshalb in Deutschland und in anderen so genannten zivilisierten Ländern Frauen länger leben und Männer früher sterben. Spielen Feminismus und Gender-Ideologie dabei eine Rolle? Eindeutige wissenschaftliche Ergebnisse liegen nicht vor. Auffällig ist, dass z. B. in dem Land Tonga die Lebenserwartung der Männer 73 Jahre und der Frauen 69 Jahre ausmacht, während in Deutschland durchschnittlich Männer 76,2 Jahre und Frauen 82,1 Jahre leben *(Die Zeit, 28/08)*. Hat das etwas mit dem „patriarchalischen System", das die Feministen so bekämpfen, zu tun? Spekuliert wird darüber, ob die Männer zu viel Fleisch essen oder zu spät zum Arzt gehen. Es mag sich um Indizien handeln. Gründliche wissenschaftliche Untersuchungen sind gewiss zu empfehlen, um dem „Eva-Faktor" auf die Spur zu kommen.

Verlust der geistigen Führung

In der Tat besteht hier letztlich ein intellektuelles Problem. Die CDU läuft Gefahr, ihren geistigen Vorsprung gegenüber der SPD einzubüßen (bestes Indiz: das relativ günstige Abschneiden der unionsgeführten Bundesländer Bayern, Baden-Württemberg und Sachsen bei der Pisa-Studie). Volker Zastrow hat in seinem Buch „Gender - politische Geschlechtsumwandlung“ deutlich darauf aufmerksam gemacht, dass es hier um ein politisches Konzept geht, bei welchem die Unterschiede zwischen Mann und Frau weggedacht werden sollen, es geht also nicht um die Gesundheit des Volkes! Verdient gemacht hat sich die Soziologin Gabriele Kuby. Immerhin gehörte sie zu den marxistisch orientierten Organisatoren der Anti-Schah-Demonstration 1967, hat im Laufe der Jahrzehnte den ideologischen Charakter und die begrenzte Intellektualität der 68er Studentenbewegung durchschaut, um über ihre „Suche nach Gott“ einen umfassenden Überblick zu gewinnen. Sie hat mehrfach in vorzüglicher Weise auf die Fehlerhaftigkeit der Gender-Ideologie aufmerksam gemacht *(z. B. „Pro Conscientia“ 17 S. 8 ff).* So fragt sie: „Warum verschließt sich die Bundesregierung dem wissenschaftlichen Denken?“.

Die Sexualisierung von Kindern war ein wesentlicher Bestandteil, um den Lustgewinn der Erwachsenen zu steigern. Vorläufiger Höhepunkt sind die Produkte der Bundeszentrale für gesundheitliche Aufklärung, für deren Veröffentlichungen die Familienministerin verantwortlich ist. So wird zur wechselseitigen Stimulierung der Geschlechtsorgane durch Eltern und Kinder aufgefordert. Man denke an die Aufklärungsbroschüre „Körper, Liebe, Doktorspiele“. Frau Kuby hatte es geschafft, dass dieses Erzeugnis aus dem Verkehr gezogen wurde. Der Erfolg wurde ihr beschieden durch eine Wochenzeitung, die über eine relativ geringe Auflage verfügt und trotzdem – kaum nachvollziehbar - wegen ihrer konservativen Grundhaltung allgemein von den Medien geächtet wird. Ein gelegentlicher Blick in das Publikationsorgan vonseiten der Union könnte durchaus konstruktive Impulse verleihen. Gabriele Kuby hat Mut gezeigt und den Beweis darüber erbracht, dass die 68er die über Jahrtausende gewachsene jüdisch-christliche Sexualmoral als Fundament der Familie über Bord geworfen haben, um dann die Hindernisse für die schrankenlose Triebbefriedigung zu beseitigen. Man denke etwa an die Erleichterung der Scheidung, auch die Straflosigkeit der rechtswidrigen Abtreibung oder die eingetragene Lebenspartnerschaft für Homosexuelle. Die Begrifflichkeit ist auch interessant: Was etwa früher „Kinderschändung“ hieß, wird heute bezeichnet als „intergenerational intimacy“. Das gehört zum Gender-Mainstreaming. So wird auch „Trend Gender“ als Menschenrecht proklamiert. Der Mensch soll sein Geschlecht und seine sexuelle Orientierung frei wählen können. Erschütternd ist, dass es an deutschen Universitäten bereits 100 Lehrstühle für „Gender Studies“ gibt, die alle von Frauen besetzt sind. Frau Kuby weist darauf hin, dass die „Kaderschmiede“, nämlich das „Gender-Kompetenzzentrum“, an der Berliner Humboldt-Universität befindlich ist. Dies wird mit Mitteln des Familienministeriums finanziert. „Wenn das Familienministerium die Schaltstelle der Gender-Ideologie ist, dann sollte es uns alarmieren, dass der Staat mit dem massiven Krippenausbau nun bereits nach den einjährigen Kindern greift“ *(JF 39/07).* Man kann sich des

Eindrucks nicht ganz erwehren, dass die Verantwortlichen in Berlin von allen guten Geistern verlassen sind und sich nicht mehr, wie im Rahmen der Aufklärung von Deutschlands bekanntesten Philosophen Immanuel Kant gefordert, ihres Verstandes bedienen.

Hält man sich die geistige Substanz der Gender-Ideologen vor Augen und vergleicht diese mit der in gewissen Kreisen verachteten ehemaligen Fernsehmoderatoren Eva Herman, dann gewinnt man den Eindruck, dass Letztere sich eher an dem großen deutschen Denker orientiert als die angebliche geistige Elite. Kant hat sich nicht wie die Gender-Protagonisten vom Christentum, geschweige denn vom Schöpfungsgedanken abgewandt und auch nicht Indizien dafür geboten, er hätte sektiererische Anwandlungen. Eva Herman hat geforscht und festgestellt, dass christliches Gedankengut seit eh und je progressiv gewesen ist: „Jesus Christus war in der Tat derjenige, der zum ersten Mal die Frau als Gegenüber ernst nahm und sehr offensichtlich wert schätzte, nehmen wir Maria von Bethanien oder Maria Magdalena. Auch das biblische Beispiel der Ehebrecherin weist auf einen Umgang hin, mit dem der Gottessohn damals deutliche Zeichen setzte. Christus gab ihr, als sie Reue zeigte, den ernsten Hinweis: ‚Geh hin und sündige hinfort nicht mehr!'. Doch wurde sie weder gesteinigt noch auf eine andere Weise öffentlich hingerichtet, wie es ihr ansonsten widerfahren werde. Es war weder im Alten Rom noch im antiken Griechenland üblich, Frauen überhaupt als ernst zu nehmende Gesprächspartnerinnen anzusehen. Doch Jesus Christus führte nachweislich zahlreiche Gespräche, die durchaus z. T. philosophischen Charakter hatten, mit Frauen," *(„Das Überlebensprinzip. Warum wir die Schöpfung nicht täuschen können", Stuttgart 2008 – Auszug ideaSpektrum 19/08).* Ihre Äußerungen überragen deutlich das Mittelmaß der Gender-Aktivisten. Das hat auch der Soziologieprofessor Rainer Paris in diversen Essays festgestellt, etwa dass die Gender-Kritiker gefährdet sind, wenn auch noch nicht mit der Steinigung wie die Ehebrecherinnen rechnen müssen. Sie haben aber damit zu rechnen, dass „jedes Wort übergenau gewogen und abgewogen" wird. Nach Überzeugung des Wissenschaftlers werde durch die feministische Propaganda unsere soziale Ordnung nicht nur verschoben, sondern „ganz elementar aus den Fugen gehoben" *(so in „Gender, Liebe & Macht. Vier Einsprüche", Warendorf, 2008).*

Die renommierte Gender-Kritikerin Gabriele Kuby fragt, was eine „Femokratin" sei und verweist auf die Broschüre „Gender Mainstreaming" der Bundeszentrale für Politische Bildung: „Frauen (und Männer), die innerhalb der Politik und Administration für die Umsetzung von Fraueninteressen verantwortlich sind." Es handele sich also um „feministische Bürokratinnen", um an deutschen Universitäten in der neuen Fachrichtung „Gender Studies" zu KaderInnen der Gender-Revolution ausgebildet zu werden. Das sei Voraussetzung, um „Verwaltungsapparate, Wirtschaftsunternehmen, Rundfunkanstalten, Universitäten, Schulen und Kindergärten zu gendern". Dabei sollen sie eine „Gender-best-Analysis" zwecks Gender-Implementierung vornehmen, wie sie mit „Gender-Budgeting" die Finanzmittel umlenken und „sexuelle Demokratie für Homos, Lesben, Bis und Transis" verwirklichen. „Hinfort darf nicht mehr von Lesern, Zuschauern, Mitarbeitern gesprochen werden, sondern es müssen geschlechtsneutrale Substantive, substantivierte Adjektive und Partizipien im Plural verwendet werden: Statt Leser ‚die Lesenden', statt Mitarbeiter ‚Fachkräfte'. statt Lehrer ‚Lehrperson', statt Vater und Mutter ‚Elternteile', statt keiner ‚niemand', statt jeder ‚alle', statt Nationalsozialisten ‚NationalsozialistInnen' – oder nicht? Statt darüber spricht man nicht ‚darüber braucht nicht gesprochen zu werden'. Doch. Darüber muss gesprochen werden, und zwar in den Medien und in den Parlamenten, denn die Gender-FemokratInnen werden zwar vom Staat für die Kulturrevolution bezahlt, aber kein Parlament hat sie dazu beauftragt" *(JF 12/08)*. Es geht nicht nur um verfemte Zeitungen wie „Junge Freiheit", sondern auch um weitere Publikationen der Autorin, z. B. „Die Gender-Revolution" aus dem Jahre 2006. Zeitschriften, die ideologisch nicht in allen Bereichen festgelegt sind, wie „Der Spiegel", warnen auch vor dem Erziehungsprogramm für Männer und Frauen unter dem Begriff „Gender Mainstreaming". Man will damit „nicht nur die Lage der Menschen ändern, sondern den Menschen selbst" *(1/07)*. Das Nachrichtenmagazin verweist auf ein einprägsames Beispiel, wie die Gender-Theorie Eingang gefunden hat in die angewandte Pädagogik: „So spielten Dissens-Mitarbeiter bei einer Projektwoche mit Jungs in Marzahn einen ‚Vorurteilswettbewerb', an dessen Ende die Erkenntnis stehen sollte, dass sich Männer und Frauen viel weniger unterscheiden als gedacht. Es entspann sich eine heftige Debatte, ob Mädchen im Stehen pinkeln und Jungens Gefühle zeigen könnten. Sätze flogen hin und her. Am Ende warfen die beiden Dissens-Leute einem besonders selbstbewussten Jungen vor, ‚dass er eine Scheide habe und nur so tue, als sei er ein Junge', so steht es im Protokoll. Einem Teenager die Existenz eines Geschlechtsteils abzusprechen, ist ein ziemlich verwirrender Anwurf, aber das nahmen die Dissensleute in Kauf, ihnen ging es um die ‚Zerstörung von Identitäten', wie sie schreiben. Das Ziel einer ‚nicht identitären Jungenarbeit' sei ‚nicht der andere Junge, sondern gar kein Junge'. Gender-Mainstreaming ist eine Reaktion auf die Klage vieler Feministinnen in den 90er Jahren, dass die traditionellen Instrumente der Frauenförderung nicht ausreichten." Derartige deutliche Worte sind äußerst wichtig in einer Zeit, in welcher die meisten Medien schweigen und in antidemokratischem Geist Politiker die Bevölkerung manipulieren – etwa durch die Bestrafung von Eltern, die ihrem Kind das Theaterstück „Mein Körper gehört mir" ersparten *(ideaSpektrum, 23/08)*.

Bedauerlich ist, dass konservative Zeitungen auch einknicken. Die FAZ hat sich dem Urteil der führenden Feministin Alice Schwarzer unterworfen. Sie darf entscheidend dabei mitwirken, ob Gedanken von Kritikern der Gender-Ideologie in dem Blatt Gehör finden oder nicht. Kompensiert wird dies dadurch, dass die Ehefrau des FAZ-Herausgebers Frank Schirrmacher, Rebecca Casati, in Schwarzers Gazette „Emma“ schreiben darf. Ist die bisherige – die Linkslastigkeit der Meinungsmacher durchschauende – Elite nun auch der Verdummung anheim gefallen? Wo gibt es in den Medien noch wirkliche Aufklärung? Nur teilweise in der „Frankfurter Allgemeinen Zeitung“ und im „Spiegel“, am ehesten in der „Jungen Freiheit“. Diese Wochenzeitung wird aber in den übrigen Medien weitgehend bekämpft, obgleich sie – durchaus im Sinne des Antidiskriminierungsgesetzes – eine vergleichsweise winzige „Minderheit“ darstellt, wenn man die Auflage in Augenschein nimmt. Der Hass richtet sich offensichtlich nur vordergründig auf die bereits erwähnten Ungereimtheiten des Wochenblatts, sondern weil es sich hier letztlich um die einzige intellektuell anspruchsvolle Opposition gegenüber dem destruktiven Zeitgeist handelt. Interessant ist das Beispiel des Schweriner Parlaments. Die CDU-Fraktion im Landtag von Mecklenburg-Vorpommern hatte unter Hinweis auf die Landesverfassung versucht, einen Antrag der NPD-Fraktion zum Thema Gender Mainstreaming zurückzuweisen. Nun befindet sich in der Landesverfassung seit Dezember 2007 eine sog. Antifa-Klausel. Danach sind verfassungswidrig „Handlungen, die geeignet sind und in der Absicht vorgenommnen werden, das friedliche Zusammenleben der Völker und der Bürger Mecklenburg-Vorpommerns zu stören und insbesondere darauf gerichtet sind, rassistisches und anderes extremistisches Gedankengut zu verbreiten“. Nach Ansicht der CDU-Fraktion treffe dies auf den NPD-Antrag zu, weil die Partei eine Bundesinitiative mit dem Ziel der Beseitigung aller Gender Mainstreaming-Programme anstrenge. Ein Aufschrei gegen den Meinungsterror bei Politikern und Medien in Deutschland konnte bislang nicht wahrgenommen werden. Natürlich hängt das damit zusammen, dass die Idee von der NPD stammt, im übrigen aber mit dem Antrag offensichtlich religiöse Gefühle der gleich geschalteten Politiker, leider auch aus der CDU, verletzt worden sind. Dabei war doch die alternative Idee vernünftig: statt GM Familienförderung, vor allem die kindliche Daseinsvorsorge. Die „Junge Freiheit“ wagt es, darüber zu berichten, auch mit dem Risiko, Nazi-Gedankengut zu fördern. Sie spottet darüber, dass GM längst den Segen Brüssels, Berlins und aller Machtzentren der EU besäße und sämtlichen europäischen Ländern als eine Art progressiven Herzschrittmachers implantiert worden sei. Es handele sich um eine so gute Sache, dass infolge dessen Skeptiker, Warner und Mäkelnde ausschließlich Reaktionäre und rechtsextremistische Zeitgenossen seien. Die „Junge Freiheit“ empfindet, dass die CDU weder Verrenkung, beflissene Unterwerfung noch Selbstentwürdigung scheue, um zu demonstrieren, dass sie keinesfalls „rechts“ sei *(12/08).*

Der Widerstand der unionsregierten Länder gegen GM ist erschreckend gering. Dabei sind die Gender-Ideen letztlich verfassungswidrig. In Artikel 6 des Grundgesetzes heißt es: „Ehe und Familie stehen unter dem besonderen Schutze der staatlichen Ordnung". Es handelt sich bei der Ehe um eine Beziehung zwischen einem Mann und einer Frau, wobei gleichgeschlechtliche Verbindungen aus dem Ehebegriff ausgeschlossen sind. Ähnlich steht es um die Familie. Sie ist „die umfassende Gemeinschaft zwischen Eltern und Kindern", wie es das Bundesverfassungsgericht immer wieder bestätigt hat. Voraussetzung für die Elterneigenschaft ist die Verbindung zwischen Mann und Frau. Nach unserer Rechtsordnung ist jede Beeinträchtigung und Aufweichung, auch Relativierung des Familienbegriffs verboten. Durch GM werden die Betroffenen, die Artikel 6 schützt, diskriminiert.

Es sieht so aus, als ob die CDU das Spiel, das mit unseren Kindern getrieben wird, gar nicht erfasst hat. Dabei heißt es doch – völlig aufgeklärt – noch im Grundsatzprogramm vom 23.02.1994: „Jährlich werden mehr Stunden Haus- und Familienarbeit als Erwerbsarbeit geleistet. Wir Christliche Demokraten setzen uns dafür ein, dass diese Leistung stärker anerkannt wird". In diesem Kontext wird auch deutlich hervorgehoben, dass es „Sicherheit und Geborgenheit für Kinder" bedeutet, wenn sich die Eltern ganz der Arbeit in der Familie und der Kindererziehung widmen *(S. 24)*. Im Jahre 1999 wussten die CDU-Verantwortlichen noch, dass Kinderbetreuungseinrichtungen nach dem Prinzip der Subsidiarität für besondere Konstellationen vorgesehen waren, und zwar für „Kinder Alleinerziehender vorrangig" *(„Lust auf Familie – Lust auf Verantwortung", Bundesausschuss vom 13.12.1999 S. 6)*. Der Eindruck wird verstärkt, dass der Wandel der Auffassung auf einer Verblendung beruht. Durch die neue Ideologie wird kaum noch differenziert, die alten auf Vernunft beruhenden Planungen werden über den Haufen geworfen; herrschen soll nur noch das mit dem Gender-Begriff verbundene Gefühl.

Völlig außer Acht gelassen wird – wie bei Vereinseitigungen üblich – der Blick auf andere Errungenschaften der CDU und anderer Parteien, nämlich das Bestreben, Ausländer zu integrieren. Es wird nicht gefragt, wie diese die europäische Kultur über Bord werfenden Ideologien auf Einwanderer wirken. Die schöne Seite der Multikultur wird verdrängt, nämlich das Bemühen, Gemeinsames aus den jeweiligen kulturellen Hintergründen zu finden und zu praktizieren. Es wird z. B. nicht bemerkt, dass mit derartigen Indoktrinationen wie der o. g. Aufklärungsbroschüre des Familienministeriums indirekt der Islamismus unterstützt wird. Das ist auf den ersten Blick eine gewagte These, man halte sich aber vor Augen, was ein überzeugter und gebildeter Moslem über derartige Deformierungen der Kinder und die Förderung des Lustprinzips Erwachsender denkt! Der CDU-Ministerin von der Leyen dürfte man empfehlen, sich bei Besuchen in islamischen Ländern ein wenig Zurückhaltung aufzuerlegen. Bereits nach deutschem Recht liegen die objektiven Voraussetzungen für die „Verführung Minderjähriger“ oder für den „sexuellen Missbrauch unter Ausnutzung einer Amtsstellung“ nach den §§ 174 ff StGB vor.

Das Missverständnis bei den geplanten Kindertagesstätten

Natürlich muss in Bezug auf den Krippenausbau eingeräumt werden, dass es sich zunächst einmal um eine nachvollziehbare Idee handelt, einerseits Alleinerziehende zu unterstützen, andererseits Frauen mit einer umfassenden Berufsausbildung die Chance zu bieten, ihre Kenntnisse auch in der Praxis umzusetzen. Wenn aber Leitprinzip die Gender-Ideologie ist, dann müssen diese Planungen wirklich gründlich überprüft werden. Die Unionsparteien haben übersehen, dass sie letztlich dem Trick der SPD aufgesessen sind. Die Ministerialbürokratie hatte der Familienministerin das geschnürte Paket so geschmackvoll serviert, dass sie es unkritisch in Empfang genommen hat. So hat sie verkannt, dass sie einen Kulturkampf entfachen würde, zwar auf Begeisterung in den Medien stoßen würde, aber von CDU-Mitgliedern und Christen zu Recht scharf kritisiert werden würde. Zunächst einmal hatte sie nicht bemerkt, dass der Feminismus wie alle Ismen grundsätzlich eine Ideologie darstellt, die sich nur vordergründig am christlichen Menschenbild orientiert. Hinzu kommt die Unwissenheit, dass diese Ideologie marxistischen Ursprungs ist, was sich auch nicht mit den CDU-Grundsätzen deckt. Bereits der Gedanke der Gleichmacherei und der Kollektivierung bis zu der Gefahr der Familienzerstörung hätte sie eigentlich hellwach machen müssen. Der quasi durch Bestechung veranlasste Verzicht auf Privatheit musste ihr eigentlich zu denken geben, denn die Subventionen für einen Krippenplatz sind immens.

Ursula von der Leyen hätte eigentlich gewisse Bedenken zeigen müssen, dass bereits vor mehr als 50 Jahren die Feministin Simone de Beauvoir den Satz geprägt hat: Man werde nicht zur Frau geboren, sondern zur Frau gemacht. Als Freundin des marxistischen Philosophen Jean Paul Sartre war sie augenscheinlich keine Opponentin kommunistischen Denkens. Sie war zusammen mit Sartre Protagonist der 68er Protestbewegung und lieferte die Basis für den modernen Feminismus. In ihrem Buch „Das andere Geschlecht“ aus dem Jahre 1949 zeigt ihr Unverständnis dafür, dass die Frauen von dem männlichen Geschlecht, das aus ihrer Sicht oft dümmer und emotional ärmer sei, fremdbestimmt werde. Als Existenzialistin empfand sie sich als vollkommen freie Person, musste aber später ihre Irrtümer einräumen, etwa dass es doch genetische und anatomische Unterschiede zwischen Mann und Frau gebe. Gleichwohl werden durch die Feierlichkeiten zu ihrem 100sten Geburtstag 2008 die Gender-Ideologen sich eher bestätigt fühlen, als sich kritisch mit den Errungenschaften der zweifellos begabten, aber doch in weiten Teilen verantwortungslosen Französin auseinanderzusetzen. Es wirkt schon merkwürdig, wenn sich eine CDU-Ministerin an die Spitze einer Bewegung setzt, die Gefahr läuft, eine linksradikale antifamiliäre Politik zu betreiben und sich von dem vormals christlich und antimarxistisch geprägten politischen Gedankengut meilenweit entfernt. Simone de Beauvoir war nun wirklich kein Vorbild in ihrer „wilden Ehe" mit Sartre und einem Feminismus, der speziell kaum Konstruktives für Kinder bot und bietet. Natürlich ist der französischen Schriftstellerin zuzugestehen, dass sie mit ihren Einseitigkeiten und Übertreibungen positiv dazu beigetragen hat, dass Politiker und Kulturschaffende den im Grundgesetz verankerten Gedanken der Gleichberechtigung ernster nahmen. In Bezug auf Mutterschaft und Kinder hat sie auf keinen Fall vorbildlich gelebt, ihre Ideen waren eher familienfeindlich.

Der Gedanke ist zulässig, dass Simone de Beauvoir und Jean Paul Sartre bei der Zerstörung der Familie mitgewirkt haben. Es soll nicht sofort – wie es Spötter so gern unterstellen – vom „Untergang des Abendlandes" gesprochen werden. Allerdings ist ein Blick auf einen der bedeutendsten Denker des 20sten Jahrhunderts über diese Fragen, nämlich Oswald Spengler, erlaubt. In seinem gleichnamigen Werk lässt er sich verschiedentlich über die Familie betreffende Fragen aus. Im Kontext mit der Malerei äußert er sich wie folgt: Es „zählt die abendländische Kunst Kinderporträts und Familienbildnisse zu ihren besten und innerlichsten Leistungen". Auch wenn Spengler anfänglich ein wenig mit dem Nationalsozialismus geliebäugelt hatte, wird man ihn nicht – im Sinne der Unterstellungen zulasten von Eva Herman – als Erfinder des Mutterkreuzes ansehen dürfen. Er schreibt *(auch auf S. 341 in der vollständigen Sonderausgabe, München, 1963):* „In der Idee des Muttertums ist das unendliche Werden begriffen. Das mütterliche Weib ist die Zeit, ist das Schicksal. Wie der mystische Akt des Tiefenerlebnisses aus dem Sinnlichen das Ausgedehnte und also die Welt bildet, so entsteht durch die Mutterschaft der leibliche Mensch als einzelnes Glied dieser Welt, in der er nun ein Schicksal hat. Alle Symbole der Zeit und Ferne sind auch Symbole des Muttertums. Die Sorge ist das Urgefühl der Zukunft und alle Sorge ist mütterlich. Sie spricht sich in den Bindungen und Ideen von Familie und Staat aus...". Da können Weltveränderer wie die beiden Frauen Simone de Beauvoir und Ursula von der Leyen nicht mithalten, weil sie entweder ihr Leben ohne Kinder realisieren oder zwar mit vielen Kindern, aber sich der mutterfremden Erziehung öffnen. Was soll der schlichte Bürger von dieser Kinderkollektivierung und -sexualisierung halten? Rational und emotional gibt es dafür keine Rechtfertigung. Der Jurist denkt an die Beweisgrundsätze: Wenn jemand eine neue Idee hat, so muss er den Nachweis dafür führen, dass diese besser als etwas Bestehendes, das sich Jahrtausende lang bewährt hat, ist.

Das Volk spürt, dass durch den Gender-Begriff mehr und mehr die spezifische Würde von Mann und Frau in Frage gestellt wird sowie vielseitige sexuelle Orientierungen und kurzzeitige Bindungen gefördert werden. Das Kapital der Familie „ist der glücklich erlebte Augenblick, nicht das irgendwann erreichte Ziel, der abgearbeitete Dienstplan. Sie gehorcht dem Herzens-, nicht dem Effizienzprinzip" *(Die Zeit 8/07)*. Die Krippen-Ideologie erinnert an die Politik des ehemaligen ostdeutschen Unrechtsstaats. „Ich bin im Deutschen Familienverband seit 15 Jahren und habe mich intensiv damit beschäftigt, welche Probleme die frühe Fremdbetreuung mit sich bringen kann. ... Dem Staat steht es nicht zu, durch Subventionen eine Vorentscheidung für die Eltern zu treffen. Doch genau das geschieht durch die einseitige Finanzierung von Kinderbetreuung" *(so der sächsische Kultusminister Stefan Flath in ideaSpektrum 8/07)*.

Dass der Koalitionspartner SPD den Plan, 750 000 Betreuungsplätze für Kleinkinder bis zum Jahre 2013 zu schaffen, also eine Verdreifachung des jetzigen Zustands durchzusetzen, bejaht, liegt somit auf der Hand. Juristische Probleme werden zur Seite gedrängt, etwa der Hinweis des baden-württembergischen Ministerpräsidenten Oettinger darauf, dass das Problem Länderbetreuung Ländersache sei und es nicht angehe, dass der Bund Versprechungen mache, die die Bundesländer dann finanzieren müssen. Der Unions-Fraktionschef Volker Kauder verweist darauf, dass das Budgetrecht das vornehmste Privileg des Parlaments sei *(Der Spiegel, 46/07)*. Brandenburgs Innenminister Jörg Schönbohm kritisiert zu Recht, dass Frau von der Leyen einseitig berufstätige Mütter bevorzuge. Zwangsläufig werden die Frauen unter eine Art Rechtfertigungszwang gesetzt, wenn sie sich dafür entscheiden, auf die berufliche Tätigkeit zu verzichten und sich um die Kinder zu kümmern. Nicht ernst genommen werden die Warnungen christlicher Politiker, gerade aus dem bayerischen Raum. Der Kotau der CDU-Regierungsmitglieder vor der SPD ist erschreckend.

Bereits im Jahr 2002 verlangte der damalige SPD-Generalsekretär und jetzige Bundesarbeitsminister Olaf Scholz, seine Partei solle die „Lufthoheit über den Kinderbetten" erobern. Kein Wunder, dass der Koalitionspartner Vorschlägen der Union, vertreten durch die Familienministerin, uneingeschränkt zustimmt. Die Empfindungen des tiefgründigen familienpolitischen Experten Jürgen Liminski sind wohl nicht ganz unberechtigt, wenn er von der Instrumentalisierung der Familie spricht und staatliche Unterstützungsleistungen unter Berücksichtigung der Rechtsprechung des Bundesverfassungsgerichts als „Rückgabe von Beutegut" bezeichnet. Sein Buch „Die verratene Familie – Politik ohne Zukunft" sollte Pflichtlektüre der Unionspolitiker werden. Bei allem Respekt vor den Ideen des ehemaligen Planungschefs der SPD Malte Ristau-Winkler, von dessen Ideen die Bundesfamilienministerin vereinnahmt ist: Sie darf sich allein schon um ihrer Autorität willen nicht von etwas so tief beeindrucken lassen, was früher als „DDR-Erziehungssozialismus" verspottet worden ist.

Umso unverständlicher ist es, dass Ursula von der Leyen von einem „historischen Schritt“ gesprochen hat. Sie meinte, nun könnten endlich „die ellenlangen Wartelisten“ bei Jugendämtern und Kitas abgebaut werden. Es gebe einen „Krisen-Nachholbedarf“. Im Mai 2008 wurden bundesweit 321 000, also 15,5 % der unter Dreijährigen betreut, allerdings bei einem besonders hohen Nachholbedarf im Westen (9,9 % gegenüber 41 % in den Neuen Bundesländern). Der Städtetag forderte die Länder auf, zusätzliches Geld für die erweiterte Kleinkindbetreuung bereitzustellen *(sh:z 02.05.2008)*. Unterstützt wird die Bundesregierung durch eine Studie der Bertelsmann-Stiftung, nach welcher der Besuch einer Kinderkrippe zu größeren Bildungschancen führe. Die Wahrscheinlichkeit, ein Gymnasium zu besuchen, erhöhe sich von ca. 35 % auf ca. 50 %. Das gegenüber der Krippenidee äußerst kritische „Familiennetzwerk Deutschland“ erachtet die Untersuchung als unwissenschaftlich und unseriös. Bemängelt wird vor allem, dass die einzige sichere Aussage der Studie darin bestehe, dass Eltern ihre Kinder öfter bei einem Gymnasium anmelden als Eltern, die ihr Kind selber betreuen. Übersehen werden wesentliche Voraussetzungen für Erfolge in Beruf und Leben, die etwas mit der stabilen Persönlichkeitsstruktur und der emotionalen Intelligenz zu tun haben.

Um die Bundesregierung zu retten, sah sich auch „Der Spiegel“ genötigt, die bislang so unwissenschaftlich erscheinende Auffassung des Familienministeriums mit Forschungsergebnissen zu untermauern. In dem Artikel „Glaubenskrieg ums Kind“ *(9/08)* wird anfänglich der kritische Augsburger Bischof Walter Mixa zitiert: „Es könnte sein, dass Frau von der Leyen gar nicht diese tiefe Mutterbeziehung zu den Kindern hat, weil diese von Ammen erzogen wurden“. Es heißt dann spöttisch. „Nach wie vor stehen sich eifernde Krippengegner und höhnische Gluckenverdammer unversöhnlich gegenüber“. Das zeugt zumindest von Humor. Im Übrigen werden den bekannten Krippengegnern wie der Ehefrau von Oskar Lafontaine Christa Müller, der schwedischen Bestsellerautorin Anna Wahlgren oder der Kinderpsychotherapeutin Christa Meves die dänischen Verhältnisse entgegengehalten, nämlich dass 87 % außerhalb der Familie betreut werden. Gepriesen wird die Aufteilung der häuslichen Aufgaben zwischen den Eltern. Nun darf nicht übersehen werden, dass im nördlichen Nachbarland in Bezug auf die Kindertagesstätten die „Qualität den deutschen Standard bei Weitem übertrifft“; dort kommt auf vier Kinder eine Erzieherin, in Westdeutschland muss sie sich um doppelt so viele kümmern. Der Erziehungswissenschaftler Wassilios Fthenakis meint, dass in die Betreuung der unter Dreijährigen flächendeckend mehr Geld fließen müsse, als es die Bundesregierung vorsieht. Damit ähneln die dänischen Verhältnisse eher den deutschen Tagesmüttern, deren Aktivität von der Psychologie positiver bewertet wird. „Der Spiegel“ will aber dem Leser weismachen, dass die Forschung so gut wie nur positive Ergebnisse zugunsten der Krippenkinder erbracht habe, vor allem die grundlegende „Bindungstheorie“ überholt sei. Die Auswahl der Wissenschaftler erscheint aber als recht selektiv, zumal eine wirkliche Auseinandersetzung mit den bewährten wissenschaftlichen Erkenntnissen nicht erfolgt ist. Die Bemühungen des Nachrichtenmagazins wirken letztlich als recht verkrampft, um den Berliner Gender-Ideologen ein wenig an geistigem Fundament zu liefern. Der Jurist weiß: Im Zweifel für die jahrtausendealte Weltkultur, nach welcher sich die Mutterbindung der Kleinkinder voll bewährt hat!

Unverständlicher Boykott des Meinungsaustauschs

Für die Bevölkerung gravierender ist das Unterlassen einer offenen Diskussion darüber, wieweit Unterbringung von Kleinkindern in Krippen deren Wohl entspricht. In den Äußerungen der Ministerin wurde diese Frage nicht hörbar angeschnitten. Nach den psychologischen Erkenntnissen ist das Beste für das Kleinkind allemal die ständige Verfügbarkeit eines Elternteils. Man denke etwa an den Brief von 110 Kinderpsychologen, Ärzten und Pädagogen an die englische Zeitung „Daily Telegraph“ aus dem Jahr 2006. Darin wurde auf die Schäden durch Fremdbetreuung der Kinder unter drei Jahren in aller Deutlichkeit aufmerksam gemacht. Gewarnt wurde vor emotionalen Störungen und einer Beeinträchtigung der Gehirnentwicklung. Zu frühe Fremdbetreuung ziele in einem erheblichen Maß Verhaltensauffälligkeiten der Kinder nach sich. Erschütternd sind die Langzeitstudien des Heidelberger Präventionsmediziners Professor Ronald Grossarth-Maticek: Für einen Menschen gebe es nichts Besseres als eine ununterbrochene Mutter-Kindbeziehung in den ersten Lebensjahren. Von 1000 Kindern, die diese gesunde Beziehung erleben durften, würden später nur 48 rauchen, 34 alkoholsüchtig sein, 13 vor dem 60sten Lebensjahr an Krebs erkranken. Wurde die Beziehung zur Mutter hingegen unterbrochen, so sah es ganz anders aus: Von 1000 Kindern würden dann 330 Raucher, 212 alkoholsüchtig und 117 vor dem 60sten Lebensjahr krebskrank. Hinzu kommt, dass bei den Menschen mit ununterbrochener Mutter-Kindbeziehung und gesunder Ablösung 85,8 % religiös, bei denen mit Unterbrechung der Beziehung zur Mutter es gerade 3 % seien *(ideaSpektrum 8/07)*.

Die Pläne der Bundesregierung, die Kinderkrippen massiv auszubauen, stoßen auf massive Kritik der Deutschen Psychoanalytischen Vereinigung. Diese hat ein Memorandum veröffentlicht, das von einer „innerseelischen Katastrophe“ für solche Kinder warnt, die zu abrupt aus der Familie in die Fremdbetreuung gebracht werden. Nach Überzeugung der Vereinigung stellt die ganztätige Trennung von den Eltern für kleine Kinder „eine besondere psychische Belastung“ dar. In den ersten drei Lebensjahren seien sie stattdessen „ganz besonders auf eine schützende und stabile Umgebung angewiesen“. Trennungserfahrungen würden in sehr frühem Alter im Körper gespeichert, sie würden in späteren Situationen als Ängste wieder auftauchen. Das Memorandum äußert auch Vorbehalte gegenüber dem Tagesmuttermodell, und zwar wegen häufig auftretender Spannungen zwischen Mutter und Betreuungsperson. Vor allem aber werde ein früher Wechsel der Betreuung in der psychoanalytischen Therapie oft als ein „verdrängtes oder bagatellisiertes Fremdbetreuungsschicksal" wahrgenommen. Die Vereinigung wirbt dafür, bei Kindern zunächst fachlich ihre „Krippenreife" beurteilen zu lassen, bevor man sie der Fremdbetreuung ausliefert *(ideaSpektrum 1/2/08).*

Bestätigung erhalten diese wissenschaftlichen Erkenntnisse durch die neue Studie des UN-Kinderhilfswerks Unicef über die Lage der Kinder in den Industrienationen. Untersucht wurden u. a. Gesundheit, Kontakt zu den Eltern, materielle Lage sowie Bildung und soziales Verhalten. Unter 21 Ländern hat Deutschland den Mittelplatz 11, Frankreich - das angebliche Vorbild in Familienbetreuung - nur Platz 16. Natürlich geht es hier nicht um einen durchgreifenden Beweis zugunsten der Krippengegner, aber es fehlt die wissenschaftliche Auseinandersetzung mit diesen und anderen gegenüber den Krippenexperimenten skeptischen Forschungsergebnissen. Wo bleibt die kritische Hinterfragung seitens des Familienministeriums? Darüber hinaus gibt es noch Unterschiede in den einzelnen Bundesländern: Diejenigen, in denen es die wenigsten Ganztagsangebote gibt, nämlich Baden-Württemberg und Bayern, geht es den Kindern in fast allen Bereichen am besten *(sh:z vom 15.02.2007).* Hier steht das Wohl der Kinder ganz im Zentrum; die eigenen Interessen der Eltern sowie rein materielle Interessen des Staates müssen bei den anstehenden Entscheidungen zurückgesetzt werden. Gefordert sind intakte Familien, denen der Staat auch seinen Beitrag leisten kann, gerade in Bezug auf den ideellen Bereich.

Das schließt nicht aus, dass Alleinerziehende die erforderlichen Rechte und umfassenden Schutz erfahren sollen. Für sie müssen die Betreuungsmöglichkeiten verbessert werden. Das ist eine Selbstverständlichkeit. Es ist auch die Frage erlaubt, was der Staat dazu tut, um die Zahl der Alleinerziehenden zu reduzieren - etwa Programme zur Förderung der Ehen. Über die Erfordernisse zugunsten der Alleinerziehenden hinaus ist ein nachgewiesener Bedarf an den Surrogaten, nämlich den Betreuungs- und Ersatzlösungen für Kleinstkinder nicht vorhanden.

Kaum wird in der Regierung oder in der CDU gefragt: „Was ist das Beste für das Kleinkind?" Die Partei mit dem „C" müsste interessieren, dass es hier auch um den Parteinachwuchs geht: Bei Personen, die sich über eine ununterbrochene Mutter-Kind-Beziehung und gesunde Ablösung freuen konnten, sind nach Untersuchungen ca. 85 % religiös, bei denen mit Unterbrechung der Beziehung und fehlender Ablösung nur 3 %. Es wird der CDU auch nicht entgangen sein, dass die Bundesländer, in denen es die wenigsten Ganztagsangebote gibt, nämlich Bayern und Baden-Württemberg, fast in allen Lebensbereichen am besten dastehen.

Der CDU dürfte klar sein, dass christliches Denken und Handeln für die Bevölkerung konstruktiv sind. Sie hat auch die neueste Hirnforschung auf ihrer Seite. Die Stresshormone Adrenalin und Cortisol werden ausgeschüttet, wenn das Kind z. B. in der ersten Lebenszeit allzu oft und immer wieder von der Mutter getrennt wird. Umgekehrt lässt sich bei Trennungserlebnissen die Angst des Babys durch die Erhöhung des Cortisolspiegels im Speichel nachweisen. Untermauert ist, dass durch immer vermehrte Trennungen dieser Stresspegel chronisch erhöht bleibt und später seelische und körperliche Beeinträchtigungen hervorrufen kann, wie z. B. chronisch erhöhten Bluttdruck, Alkoholismus, Depressionen oder Diabetes. Gerade die liebevolle Verbundenheit von Mutter und Kind stellt das entscheidende Stimulans der Hirnentwicklung dar, sowohl des Intellekts als auch der Leistungs-, Gemeinschafts- und Ehefähigkeit. Man wird erinnert an junge Tiere, die von der Mutter entfernt worden sind. Das Weinen wegen des Verlassenseins ist unüberhörbar. Dann kommt es zu Merkwürdigkeiten, etwa die Fresssucht, ein Phänomen, was zu der Erkenntnis geführt hat, dass Ferkel sich durch Isolation von den Säuen besonders gut mästen lassen. Interessant sind hier die Erfahrungen der Universität Magdeburg (Professorin Braun). Bei der CDU spielen offenbar die Bedürfnisse der Kleinsten nur eine sehr geringe Rolle! Zwar denkt man über ein spezielles Grundrecht zugunsten der Kinder nach, aber nicht über das Klagerecht von Kindern, die Betreuung durch die Eltern durchzusetzen. Babys sind offenbar weniger wert als die Berufstätigkeit der Mutter, was eine Güter- und Pflichtenabwägung der CDU vermissen lässt. Es gibt wohl das Postulat: „Weg mit der Karrierebremse!“ Wissenschaftlich ist es so gut wie bewiesen, dass die Mutterbindung im ersten Lebensjahr für das Kind besonders vorteilhaft ist. Eine Tagesmutter kann einen gewissen Ersatz bieten, das Wechselpersonal in Kinderkrippen auf keinen Fall.

Das hat wohl auch Bundesministerin von der Leyen gespürt, als sie mit Christa Müller, familienpolitische Sprecherin der Partei Die Linke im Saarland, mit dem „Spiegel“ diskutierte. Sie hat wenig argumentiert, umso mehr diffamierende Totschlagvokabeln benutzt wie „vorgaukeln“, „Unsinn“, „schöne Luftschlösser“ oder „Sie fordern für Familien nur die Verhältnisse der 50er“ und „Hören Sie auf mit der Negativdebatte“. Es ist schon sehr interessant, dass die für das „Wohl der Kinder“ Engagierte einer Partei mit unzweideutig marxistischem Hintergrund angehört, während die Vertreterin der christlichen Partei dem christlichen Menschenbild widersprechend einerseits ihrer Lust auf Verbalinjurien keinen Einhalt zu gebieten vermag und andererseits marxistischem

Gedankengut huldigt. Frau von der Leyen dünkt sich auf dem richtigen Weg wegen der hohen Zustimmung in der Bevölkerung für ihre Familienpolitik *(Der Spiegel 31/07)*. Dass sie hier in Populismus verfällt, ist ihr offensichtlich kein Problem.

Es ist kein Wunder, dass z. B. in Großbritannien mangels Interesses Krippenplätze wieder abgebaut werden. In Schweden will die Regierung mit finanziellen Anreizen dafür sorgen, dass wieder mehr Frauen zuhause bleiben *(Der Spiegel 11/07)*. Die CDU will aber etwas nicht Bewährtes dem Bürger aufoktroyieren. Sie fühlt sich von den Verhältnissen in Frankreich bestätigt. Das ist aber auch ein Irrtum. Im Vergleich zu Deutschland hat dieser Nachbarstaat eine deutlich höhere Geburtenquote, nämlich nicht nur 1,3 sondern 2,1 %. Es sind allerdings nicht die Kinderkrippen, die zu der erhöhten Kinderzahl führen, sondern sonstige bessere materielle und ideelle Bedingungen. Ausschlaggebend ist vornehmlich die unübersehbare Unterstützung von Tagesmüttern durch den Staat, ferner die Abzugsfähigkeit der Betreuungskosten bis zu € 15.000, in Deutschland hingegen nur bis zu € 4.000. Aus gesetzlichen Gründen ist es in Frankreich auch verboten, eine Aufschlüsselung in der Weise vorzunehmen, dass der Anteil derjenigen mit Migrationshintergrund erkennbar wird. Interessant ist, dass in Deutschland zumindest teilweise Mütter mit fünf Kindern deshalb keinen Krippenplatz bekommen, weil sie nicht berufstätig sind.

Es ist nun kaum vermittelbar, dass die Regierung den Familien ein echtes Wahlrecht vorenthält. Zwar spricht die CDU von der „Wahlfreiheit für Familien“ im Grundsatzprogramm, diese ist aber sehr einseitig. Gefördert werden nur Krippenplätze, nicht im Wege der Kompensation auch die Kinderbetreuung zuhause. Das Gutscheinsystem wird zumindest nicht in den kommenden Jahren eingeführt. Der monatliche Erziehungsbonus von € 150,00 pro Kind soll allenfalls ab 2013 ermöglicht werden - quasi um die Einseitigkeit noch zu unterstreichen. Immerhin hat sich die Familienministerin dazu durchgerungen, wenn auch nicht aus tiefster Überzeugung. Der neue bayerische Ministerpräsident Günther Beckstein verwies auf die Koalitionsvereinbarung, nach welcher man erwarten könne, „dass die Bundesfamilienministerin sich an so etwas hält. Und wenn das nicht der Fall ist, dann wird der bayrische Löwe seine Zähne und Krallen sehr, sehr deutlich zeigen“ *(pro-Kompakt, 41/07)*. Eine Einschränkung des Betreuungsgeldes dürfte erfolgen, weil die subjektiven und objektiven Leistungsvoraussetzungen erst durch ein Bundesgesetz geregelt werden sollen. Natürlich darf nicht verkannt werden, dass eine Förderung der Berufstätigkeit von Müttern die Chance bietet, die Kinderquote zu erhöhen, allerdings gibt es kaum Studien, die dies in einer Weise unterstreichen, dass mit einem zählbaren Erfolg gerechnet werden könne.

Die CDU ließ sich lange Zeit offensichtlich von dem abfälligen Begriff „Herdprämie" abschrecken – immerhin das „Unwort des Jahres 2007". Für Bibelleser in der CDU kann man mit Humor vielleicht von „Herodes-Prämie" sprechen (Kindermord von Bethlehem). In jedem Fall haben sich in der geistigen Auseinandersetzung diejenigen durchgesetzt, die das von der CSU favorisierte Betreuungsgeld ideologisch diffamiert haben, worauf die FAZ hinwies. Bei den Medien fand das Äquivalenzprinzip kaum Anklang. Man darf natürlich nicht außer Acht lassen, dass Journalisten grundsätzlich für die Frage von Kindern nicht zuständig sind, zumal sie selbst - wie erwähnt - kaum persönliche Erfahrung haben und als befangen in Familiensachen angesehen werden müssen (nur ein Viertel der durchschnittlichen Kinderquote pro Paar von 1,3). Kein Wunder, dass Personen wie die - vielleicht nicht gerade glücklich agierende - Moderatorin Eva Herman mit ihren kinderfreundlichen Äußerungen ihren Arbeitsplatz verlieren, wobei es nicht einmal zu einer juristisch tragbaren Begründung für das Berufsverbot gekommen ist. „Da zeigten die Daumen konsequent nach unten, als Eva Herman auffällig wurde", *(so der Direktor des Journalistenkollegs Günther von Lojewski in „Cicero" 1/08 S. 16).* Das erinnert an Harald Schmidts „Nazometer", das immer dann anschlug, wenn ein Wort auftauchte, das auch von den Nazis verwandt worden war; der wohl renommierteste Kabarettist im letzten Drittel des 20sten Jahrhunderts Dieter Hildebrandt wunderte sich, dass der ARD-Comedian nach dem Verbot durch die Leitung des Senders das Gerät aus dem Verkehr zog: „Da hätte ich ihm schon mehr Durchhaltevermögen gewünscht – ihm zugetraut" *(Der Spiegel, 52/07).* Natürlich darf nicht unerwähnt bleiben, dass der ZDF-Moderator Johannes B. Kerner sich bei Eva Herman entschuldigt hat – wenn auch mit allzu dürren Worten, nämlich dass der Hinauswurf der Kollegin ein Fehler gewesen sei. Diese meinte, dass eine wirkliche Entschuldigung etwas anders klinge *(ideaSpektrum 1/2/08).* Die Orientierung der Medien am Nationalsozialismus - ob positiv (siehe Übernahme des Gesinnungsterrors im Antidiskriminierungsgesetz) oder negativ (wenn das Hitler-Regime Familien gefördert hat, könne so etwas ja nicht gut sein), kann einfach nicht vorbildlich sein.

In Bezug auf das Betreuungsgeld musste die Bundesfamilienministerin gegenüber dem konservativen Flügel in der Union nachgeben. Es fand Eingang in das Grundsatzprogramm trotz ihrer Beteuerungen, das führe zu einer „bildungspolitischen Katastrophe". Natürlich hat Frau von der Leyen Recht, dass manche Eltern das Geld vergeuden könnten. Sie unterschätzt aber den Diffamierungscharakter in ihrem ausgesprochenen Generalverdacht. Ganz und gar ist ihr offenbar immer noch nicht deutlich geworden, dass die mittelbare Wirkung eine entscheidende Rolle spielt. Eine verantwortungsbewusste politische Partei, die die Regierungsgewalt im Familienbereich innehat, darf – bereits aufgrund des in Artikel 6 Grundgesetz verfassungsmäßig festgelegten Elternrechts – auch nicht ansatzweise den Eindruck in der Gesellschaft vermitteln, dass Mütter, die nicht erwerbstätig sind und ihre Kinder daheim erziehen, als irgendwie zurückgesetzt erscheinen. Trotz des (späten) Betreuungsgeldes ist dem Familienministerium offensichtlich die Kraft der indirekten Effekte nicht bewusst geworden. Die vernünftigen Worte aus dem Grundsatzprogramm von 1994 werden ins Gegenteil verkehrt und ernten nun aus ideologischen Gründen Hohn und Spott. Einer intelligenten Ministerin ist zuzutrauen, dass ihr zum „Katastrophenschutz" etwas Gescheites einfällt. Unterstützt wird das Familienministerium immerhin von 25 Millionen Katholiken, deren Bischöfe den Beschluss des CDU-Parteitags für ein Betreuungsgeld begrüßt haben *(epd-Wochenspiegel, 50/07).*

Gemäß der alten Ansicht müsste das Ministerium konsequenterweise auch das Kindergeld abschaffen. Seine Leitlinie war ja: Mehr Betreuungsangebote statt mehr Kindergeld *(Der Spiegel, 47/07).* Richtig ist zweifellos, dass sämtliche Gelder zugunsten von Familien missbraucht werden können. Derartige Unterstellungen wirken aber als plump, ja als hilflose Verteidigungsstrategien, um das eigene Gesicht zu wahren. Warum greift die CDU dafür nicht die Ideen vom Bundesausschuss aus dem Jahr 1999 auf, etwa Preisnachlässe für Familien durch die Deutsche Bahn, Einführung einer Kinderkomponente in den kommunalen Tarifen für die Ver- und Entsorgung, flächendeckende Einführung eines Familienpasses für die Nutzung öffentlicher Einrichtungen oder familiengerechte und zugleich preiswerte Wohnungen *(S. 30).* Ein mit einer Fülle von Beamten ausgestattetes Ministerium sollte in der Lage sein, Ideen zu entwickeln, um dem Missbrauch der Staatsgelder vorzubeugen. Die Behörde darf auch nicht übersehen: „Das Erziehungsgehalt ist keine Sozialleistung, sondern dient der Honorierung einer gesellschaftlich notwendigen Tätigkeit. Wenn wir Erzieher, Lehrer und Kinderpsychologen bezahlen, müssen wir aus Gründen der sozialen Gerechtigkeit auch Eltern für ihre Erziehungsleistung honorieren" *(so die Familienpolitische Sprecherin der Linken im Saarland Christa Müller, FAZ vom 29.11.2007).* Im Vergleich zu den Nachbarstaaten haben die Deutschen durchaus noch „Luft", um den Familienetat deutlich anzuheben. In den nordischen Ländern, Frankreich und den Niederlanden werden 40 % bis 60 % des Gessamtbudgets für die Familienförderung ausgegeben, in Deutschland hingegen nur 25 % *(so 2003, epd-Wochenspiegel 49/07).*

Negative Bilanz der Regierungspolitik

Man muss der Großen Koalition zugute halten, dass die Bundesfamilienministerin sehr beliebt ist. Sie verfügt auch über ein sympathisches Wesen, ihre hohe Kinderzahl ist bewundernswert. Die Krippenidee wäre grundsätzlich auch nachvollziehbar, wenn die ideologische Überhöhung nicht vorhanden und es zu einem gesunden wissenschaftlichen Diskurs gekommen wäre. Auch der Gedanke des Elterngelds ist nicht frei von den modischen Gender-Vorstellungen. Die Unionsparteien haben sich von ihren SPD-Vorgängern im Familienministerium geradezu „vernaschen lassen". Konstruktiver wäre vielleicht für die CDU die schlichte christliche Buße. Christliches Gedankengut wird in den letzten Jahrzehnten kaum vertreten. So dürfte bekannt sein, dass im weltweiten Durchschnitt religiöse Menschen 2,1 und nicht religiöse 1,6 Kinder haben. In Deutschland gilt: Wer religiös erzogen wird, hat durchschnittlich ein Drittel mehr Nachwuchs als andere Personen. Wer häufig betet, hat durchschnittlich zwei Kinder, also ein Drittel mehr. Es drängt sich der Gedanke auf, christliches Gedankengut wieder mehr ins Zentrum zu rücken. Das gilt insbesondere in einer Zeit, in welcher die Familie in der Politik einen niedrigen Stellenwert hat. Hinzu kommt, dass dort, wo die Familie eine zentrale Rolle spielt, die Bevölkerung im Schnitt deutlich zufriedener ist.

Und dann sollen die Krippen aus Steuergeldern finanziert werden! Zu berücksichtigen ist auch, dass die Finanzierungsprognosen als nicht redlich erscheinen, statt der behaupteten 4 Milliarden Euro wird man mit dem Drei- bis Vierfachen rechnen müssen, wie ernst zu nehmende Studien ergeben haben. Im Juni 2008 müssen die Verantwortlichen einräumen, dass es viel zu wenig Fachkräfte gibt, um die Krippenversprechen einzuhalten.

Nun könnte die Familienministerin ja behaupten, sie habe zumindest mit dem Elterngeld Erfolg gehabt. Immerhin gab es 200 000 Anträge im ersten Halbjahr 2007. Sie kann sich auch zugute schreiben, dass das Elterngeld von Vätern häufiger in Anspruch genommen wird als das Ende 2006 auslaufende Erziehungsgeld. Nicht so gern wird darüber gesprochen, dass 50 % des Elterngelds an Hartz IV-Empfänger ausgezahlt werden. Es sind also nicht die Wohlhabenden, obgleich es ja Intention war, den Akademikerinnen die Arbeitstätigkeit schmackhaft zu machen *(„Hart aber fair", WDR vom 29.08.2007).* Interessant ist auch, dass die meisten Empfänger des Elterngeldes niemals an die Maximalsumme von € 1.800 heranreichen, nach den Veröffentlichungen des Ministeriums bekommt mehr als die Hälfte der Bezieher zwischen € 300 und € 500 monatlich. Gleichwohl reicht der für das Jahr 2007 veranschlagte Betrag in Höhe von 1,6 Milliarden Euro nicht aus. Für 2008 sind 4 Milliarden Euro vorgesehen *(epd-Wochenspiegel 2/08).* Zu erwähnen ist in diesem Kontext auch, dass die Freiberufler leer ausgehen *(NJW-Editional 4/07).* Ähnlich steht es um Arbeitslose oder Erkrankte hinsichtlich des Problems eventueller Anrechnungen. In Schleswig-Holstein waren von den Antragstellern nur 8,1 % Männer. Juristisch sind so manche Probleme noch nicht gelöst, man denke etwa an die verfassungsrechtlichen Fragen in Bezug auf die einkommensbezogene Staffelung *(NJW 2007 S. 177, 178).* Zu Recht wird kritisiert, dass Eltern aus gebildeten

Kreisen gegenüber ärmeren bevorzugt würden, weil im Gegensatz zum Gleichbehandlungsgebot aus Steuergeldern eine Leistung finanziert wird, bei der Gutverdiener mehr als arme Eltern bekommen *(epd-Wochenspiegel 51-52/07).*

Man kann nicht behaupten, dass die CDU sich in Bezug auf die Familienförderung in den ersten zwei Jahren der Koalition besonders hervorgetan hat. Die Erhöhung der Mehrwertsteuer um 3 % - einschließlich bei Ölprodukten – sowie Streichen von Pendlerpauschale und Eigenheimzulage treffen ganz besonders die Familien. Das Engagement gegen die drastischen Erhöhungen von Grundnahrungsmitteln und Energiekosten vonseiten der CDU-geführten Bundesregierung ist sehr unauffällig - bislang erfolglos. Es geht dabei nicht um marktwirtschaftliche Eingriffe, sondern um umfassende Aufklärung und indirekte Beeinflussung der für die Schieflage Verantwortlichen, notfalls durch Brüskierung und Pranger. Zuzustimmen ist Bundeskanzlerin Angela Merkel und den Ministerpräsidenten der Länder, dass sie bei dem Treffen am 19.12.2007 nicht die Weichen für ein besonderes Kindergrundrecht in der Verfassung gestellt haben. In der Tat genügt die vorzügliche Bestimmung des Artikel 6, der Ehe und Familie besonders schützt. Die ehemalige Ministerpräsidentin von Schleswig Holstein (SPD) und Unicef-Vorsitzende Heide Simonis verwies darauf, dass ein Grundgesetzartikel nicht alle Probleme lösen könne. Sie plädierte - wie auch Politiker aus anderen Parteien - für einen besonderen Kinderschutz. Nach Auffassung der CDU sollen bundesweit die Eltern zu Vorsorgeuntersuchungen der Kinder eingeladen werden. Beim Fernbleiben sollte das Jugendamt eingeschaltet werden. Hauptsächlich geht es darum, Missbrauch und Vernachlässigung frühzeitig zu erkennen *(epd-Wochenspiegel 1/08)*. Diese Ideen sind verständlich unter Berücksichtigung der Kindermorde in der Vorweihnachtszeit im schleswig-holsteinischen Darry und sächsischen Plauen durch alleingelassene Mütter. Dass die Bundeskanzlerin das Wohl von Kindern zur Chefsache erklärt hatte, war ganz gewiss vernünftig. Ob wirklich die Vorsorgeuntersuchungen eingeführt werden sollen, steht auf einem anderen Blatt. Zu bedenken ist immerhin, dass das Bundeskriminalamt seit der Jahrtausendwende von jährlich sinkenden Tötungsdelikten an Kindern ausgeht, nämlich von 293 auf 202 im Jahre 2006. Wichtiger erscheint dem Verfasser, dass die Regierungen mehr zur Förderung von Ehe und Familie leisten. Es geht nicht nur um den materiellen, sondern auch den ideellen Bereich. Zu oft sind es die fehlenden oder schwachen Väter, die zu den Familientragödien beigetragen haben. Eltern sind nach wissenschaftlichen Untersuchungen durch nichts zu ersetzen. Das muss auch eine teilweise feminisierte Gesellschaft einsehen. Zum 90sten Geburtstag des Literaturnobelpreisträgers Heinrich Böll wurde man an seinen Roman „Gruppenbild mit Dame“ aus dem Jahr 1970 erinnert. Der bedeutende christlich orientierte Schriftsteller sah in der Hauptfigur Leni Pfeifer das Idealbild einer liebenden Frau und Mutter, die gerade ohne Ehemann nicht zufrieden sein konnte.

Ernst zu nehmen sind Politiker aller Parteien, die sich Gedanken über ein durch den Staat gewährleistetes Grundeinkommen, zumindest eines Erziehungsgehalts machen. Die Grünen wünschen die Zahlung von € 800 pro Monat und Person, und zwar ohne Bedarfsprüfung. Zweifellos wird dadurch der Kinderwunsch gefördert. Das Hauptproblem besteht darin, dass die Realisierung als unbezahlbar erscheint. Das Erziehungsgehalt soll monatlich € 1.600 betragen. Christa Müller von der Linken ist sich dessen bewusst, dass mit jährlich fast 50 Milliarden Euro zu rechnen sei; eine Finanzierung stellt sie sich durch die Wiedereinführung von Vermögens- und Börsenumsatzsteuer sowie einem Solidaritätszuschlag für Familien vor, der von kinderlosen Alleinstehenden und Ehepaaren zu entrichten sei. Dieser Vorschlag ist nicht nur interessant, sondern auch keinesfalls völlig unrealistisch. Darüber machen sich unterschiedliche Institutionen Gedanken, etwa die Thüringer Landesregierung, die Evangelische Allianz mit Geschäftsführer Hartmut Steeb oder das renommierte Wochenblatt „Die Zeit". Götz W. Werner hat in seinem Artikel „Befreitsein zur Arbeit" *(Ausgabe 28/08)* ausführlich auf diverse Einzelfragen aufmerksam gemacht: „Jeder Bürger, gleich, ob Kind, Student, Erwerbstätiger, Arbeitsloser oder Rentner, bekommt einen – gegebenenfalls altersabhängigen – Betrag. Dieses Grundeinkommen muss vom Einzelnen nicht gerechtfertigt und begründet werden, es muss keine Bedürftigkeit nachgewiesen und auch keine Sozialarbeit im Austausch geleistet werden. Diskriminierende und verwaltungsaufwändige Prozeduren der Anspruchsprüfung entfallen. Das Grundeinkommen steht jedem zu und sichert jedem ein ausreichendes Einkommen für seine materielle Existenz und kulturelle Entwicklung. Es ist kein erweitertes Sozialgeld, sondern entstammt dem unbefangenen Blick auf die Priorität: Freiheit und Würde jedes Menschen". Die Folgen wären z. B., dass die Menschen eher bereit seien, eine Familie zu gründen, wenn Kinder kein Armutsrisiko mehr darstellten. Erfreulich wäre die Freiheit zur selbstbestimmten Gestaltung von Zeit, ja von Lebenszeit. Natürlich ist die Finanzierung nicht einfach, allerdings werden schon heute „jährlich durch die Transfersysteme über € 7.500 pro Bürger verteilt", und zwar in Form von Zuschüssen an Rentenkassen, Kinder- und Wohngeld, Arbeitslosengeld, BAFöG etc., ferner kommen durch gewährte Steuerfreibeträge noch einmal ca. 200 Milliarden Euro hinzu. Natürlich ist es für die CDU schwierig, die genannten Steuern der Wirtschaft wieder aufzuoktroyieren, in jedem Fall ist dieser Denkanstoß einer Vertiefung wert.

Auch die Planungen der Koalition sind nicht unbedingt familienfreundlich im Sinne des Grundgesetzes, das sich in Bezug auf den Familienbegriff an das bürgerlich-rechtliche Institut der Familie angeglichen hat. Die Kombination von „Ehe und Familie" in Artikel 6 ist unzweideutig. Schon deshalb darf das Ehegattensplitting nicht beseitigt werden, wieweit kumulativ auch ein „Familiensplitting" eingeführt wird, muss gründlich überdacht werden. Die CDU neigt dazu. Der Gedanke ist nachvollziehbar, dass dort, wo Kinder sind, auch steuerliche Vorteile gewährt werden sollen. Übersehen wird dabei aber, dass die Ehe nicht nur wegen Artikel 6 des Grundgesetzes als solche förderungswürdig bleibt, zumal sie nach den wissenschaftlichen Erkenntnissen in der Regel die einzige Institution ist, die für eine gesunde Entwicklung der Kinder bürgt. Die Patchwort-Familien mit ihren wissenschaftlich erwiesenen Nachteilen werden indirekt gefördert. Das starke Band der Familie wird durch solche Maßnahmen in Mitleidenschaft gezogen. Der Leiter des Hauptstadtbüros der „Wirtschaftswoche“ Michael Inacker hat bezüglich des Nachwuchses auf das mangelnde Vorbild von Unionsabgeordneten aufmerksam gemacht: „Verschmitzt weisen Jungpolitiker der FDP darauf hin, dass es die FDP-Fraktion auf eine höhere Kinderquote als die Union bringe“ *(38/07).* Bei allen konstruktiven Modernisierungsbestrebungen der CDU darf die Partei nicht außer Acht lassen, dass nicht verheiratete Eltern mit Kindern nach dem Grundgesetz durchaus auf manche Privilegien der Artikel 6 Absatz 1 Grundgesetz geschützten Ehe und Familie verzichten müssen. Es heißt in Absatz 5 nur, dass die nichtehelichen Kinder den ehelichen gleichgestellt sein sollen, nicht die Eltern!

Natürlich hat sich im 21sten Jahrhundert eine Partei, vor allem wenn sie um die „Mitte“ bemüht ist und sich für die Interessen aller Mitbürger einsetzen will, um eine weitgehende Zustimmung in der Bevölkerung zu bemühen. So hat sie auch den Gegebenheiten Rechnung zu tragen, etwa den zunehmenden nichtehelichen Partnerschaften oder dem Scheidungsbedürfnis, das in der Gesellschaft zunimmt. Es geht aber insoweit nicht um Anerkennung oder eine Form der Akzeptanz, die sich damit abfindet. Im Grundsatzprogramm ist außer einigen prinzipiellen Äußerungen zugunsten von Ehe und Familie nichts enthalten darüber, wie die Keimzelle der Gesellschaft gestärkt werden kann. Was fällt der CDU ein, um die zum großen Teil staatsabhängigen öffentlichen Rundfunk- und Fernsehanstalten zu mehr ehefreundlichen Spots zu animieren? Gibt es Beispiele in Richtung Subvention von kulturellen Beiträgen, sei es in Schule, Theater oder Filmwirtschaft? Welche Ideen hatte die CDU bisher, um Eheleute in Schwierigkeiten zu unterstützen, etwa weil sich ein Ehepartner langweilt? Der Reigen der Fragen lässt sich beliebig fortsetzen. Es lohnt sich in der Tat, darüber nachzusinnen, was Kinder heute auszuhalten haben, wobei die Politiker keinesfalls unschuldig sind. Dr. Henning Schmidt aus Flensburg hat sich im Zusammenhang mit den Kindertragödien darüber Gedanken gemacht *(sh:z vom 13.12.2007):* „Sie werden abgetrieben, anonym geboren, weggegeben, getötet, wenn es sozial nicht passt. Sie müssen als Beziehungskit herhalten, sind Schachfiguren im Patchworkgeflecht, Scheidungswaisen, vaterlos, dienen der Selbstverwirklichung, müssen für Sorgerechtsegoismen herhalten, sie müssen ‚coole Kids’ sein, weil ihnen das Kindsein genommen wird. Sie sind Opfer einer skandalös unentschlossenen Schul- und Bildungspolitik, Opfer von Wohlstands- und Armutsverwahrlosung, Opfer von Erziehungsunfähigkeit und Bequemlichkeit. … Die strukturellen Voraussetzungen für eine unbelastete Kindheit und gleiche Bildungschancen kann nur ein verändertes Bewusstsein der Gesellschaft schaffen".

Wenn in Deutschland fast jede zweite Ehe geschieden wird, so sind mehr als 50 % der daraus resultierenden Kinder in erheblicher Weise betroffen. Seriöse Untersuchungen zeigen, dass sie sich bis ins hohe Alter immer noch schuldig an der Trennung ihrer Eltern fühlen. Die CDU hat im Bundesausschuss 1997 darüber nachgedacht *(S. 5)*, aber kaum etwas zur Lösung der Problematik geboten. Es besteht ein erheblicher Nachholbedarf. Dann kann auch das Ziel der Familienpolitik, die Voraussetzungen dafür zu schaffen, dass sich möglichst viele junge Menschen für ein Leben mit Kindern entscheiden, wie es im Grundsatzprogramm heißt, eher erreicht werden. Bei allem Respekt vor den großen Leistungen alleinerziehender Mütter oder Väter darf nicht übersehen werden, dass die Kinder im Vergleich zu denjenigen aus vollständigen Familien benachteiligt werden. Es geht – um Missverständnissen vorzubeugen – nicht um eine irgendwie geartete Diskriminierung dieser tapferen Elternteile, sondern um die Schaffung eines allgemeinen Klimas, das unter Rücksicht auf die Kinder den Vätern und Müttern das Verantwortungsempfinden verleiht, nicht nach dem Lustprinzip oder aufgrund von vorübergehenden, heilbaren Spannungen die Kinder im Stich zu lassen. Erschreckend sind die Studien, die bezeugen, dass Jugendliche gerade in „Ein-Eltern-Familien" besonders gefährdet sind, nämlich Selbsttötungen, Depressionen, Kriminalität und Drogensucht zu einem ganz überdurchschnittlichen Prozentsatz jenen entstammen.

Es ist zweifellos in Ordnung, dass die CDU die Entscheidung von Menschen, die in anderen Partnerschaften und nicht in der Ehe leben wollen, respektiert. Ein Anerkenntnis dieser Lebensentwürfe ist aber überflüssig. Die feine Unterscheidung ist ganz wichtig: Jeder Mensch verdient Achtung vor seinen Lebensentscheidungen, man muss diese aber nicht in einer Weise akzeptieren, dass eine Generalisierung im Sinne des Philosophen Immanuel Kant (Kategorischer Imperativ) damit verbunden ist. Der Staat hat nicht nur nach dem Grundgesetz, sondern auch nach den wissenschaftlichen Erkenntnissen die Ehe anzuerkennen und zu fördern. Gewiss werden in alternativen Partnerschaften auch Werte gelebt, es fragt sich nur, ob die CDU zu einer solchen Huldigung verpflichtet ist.

Dies gilt auch für die im Grundsatzprogramm erwähnten gleichgeschlechtlichen Partnerschaften. Natürlich sind diese nicht zu diskriminieren, allerdings auch nicht zu fördern. Dass die Homosexuellen im Jahre 2008 das lang ersehnte Denkmal erhalten haben, nämlich um die verfolgten und ermordeten Opfer zu ehren, ist nachvollziehbar; dass allerdings darin auf einem Video zwei sich küssende Männer gezeigt werden, kann nicht als kulturelles Highlight gedeutet werden, zumal diese Idee auf keinen Fall für Ausländer mit anderem kulturellen Hintergrund als integrationsfördernd angesehen werden kann. Das Lebenspartnerschaftsgesetz ist ein Missgriff und unterminiert die Ehe. Das anerkennende Bundesverfassungsurteil ist in intellektueller Hinsicht wohl die schwächste Leistung der höchsten deutschen Rechtsinstanz. Die Kritik der Rechtswissenschaftler ist sehr scharf; besonders peinlich ist, dass die Richter die Gesetze der Hermeneutik missachtet haben und nicht vom Wortlaut, sondern von der Historie ausgegangen sind. Eine wirkliche Begründung im Sinne einer juristischen Argumentation besteht überhaupt nicht, nur in einem einzigen von dem Initiator Volker Beck abgeschriebenen Satz deutet das Gericht ansatzweise an, was mit Urteilsgründen eigentlich gemeint ist. Sowohl Bundesverfassungsgericht als auch CDU lassen das Differenzierungsvermögen des Volks der Denker und Dichter vermissen. Es ist doch so leicht, den Homosexuellen zu vermitteln, dass sie die Wahlfreiheit zwischen Single-Dasein und dem Leben in einer Partnerschaft ohne weiteres haben. Das wird respektiert, aber nicht subventioniert. Das Lebenspartnerschaftsgesetz ist ein Auslaufmodell! Wenn die CDU meint, verantwortungsvolles Handeln zweier Homosexueller untereinander sei förderungswürdig, so wird verkannt, dass es sich nicht um eine Lebensform handelt, welche Familie und Kultur steigert, sondern um bewusste Entscheidungen zweier Personen, die – was an sich löblich ist – auch füreinander sorgen. Die Partei lässt sich hier allzu sehr vom Zeitgeist leiten. Wo war der Widerstand der CDU, als die homosexuellen Beamten im armen Berlin – entgegen dem BVG – 2008 den Verheiratetenzuschlag erhielten?

Bestätigt wird dies durch wissenschaftliche Untersuchungen. Mit einer gewissen Regelmäßigkeit verkündet das Robert-Koch-Institut, dass ca. zwei Drittel der Aidskranken der homosexuellen Szene entstammen. Die CDU muss ja nicht von der „Geißel Gottes“ sprechen, doch hat sie als intellektuelle Partei die Pflicht, auf die wirklichen Zusammenhänge aufmerksam zu machen. Wie der Apostel Paulus in Römerbrief Kapitel 1 deutlich hervorhebt, ist homosexuelle Praxis gerade nicht natürlich, was nicht ausschließt, dass die Betroffenen Verständnis und Liebe verdienen. Dass die Grünen, die sich immer wieder für Natur und Schöpfung einsetzen, bewusst auf wissenschaftliche Untersuchungen verzichtet haben, ist eigentlich unfassbar. Die Angst, dass die negative Einstellung junger Menschen zur homosexuellen Praxis wächst, ist verständlich. Ungefähr zwei Drittel der Jugendlichen findet diese nicht gut, wie Studien ergeben. Auch das Lebenspartnerschaftsgesetz ist missglückt, wenn man den Urheber Volker Beck ernst nimmt: Vor 17 Jahren hat er in einer juristischen Fachzeitschrift auf die Gefahr aufmerksam gemacht, dass sich sicher fühlende Homosexuelle im Schoß und in der Geborgenheit der Lebenspartnerschaft erst recht promisk verhalten würden *(Zeitschrift für Recht und Demokratie, 4/91, S. 446,457,458)*. Das ist auf den ersten Blick schwer verständlich, wird aber durch die Aids-Quote, überhaupt durch die Lebenswirklichkeit bestätigt.

Die Privilegierungen Homosexueller sind Ausfluss des „Gender-Mainstreaming". Es ist allzu logisch, dass bei einer Nivellierung des biologischen Geschlechts auch die Vorstellungen von Ehe und Familie durcheinander geworfen werden. Man kann auf dieser Grundlage leicht behaupten, dass Homosexualität etwas Gesundes und Natürliches sei. Dass die herrschende Auffassung in der Wissenschaft davon ausgeht, Homosexualität werde bei einer gewissen Prädisposition in den ersten Lebensmonaten, allenfalls in den ersten drei Lebensjahren „anerzogen", wird von Medien und Politikern bewusst ignoriert. Ursache ist in der Regel bei den Männern der fehlende oder schwache Vater, bei den Frauen eher die dominante Mutter oder Missbrauchserfahrungen mit Männern. Über diese Fragen mögen die homosexuellen Protagonisten nicht sprechen, ihnen ist es ein tiefes Bedürfnis gewesen, das Lebenspartnerschaftsgesetz zu verabschieden, und zwar nicht wegen der angeblichen Menge der daran interessierten Männer und Frauen, die in den Genuss der Ehevergünstigungen gelangen wollten, sondern um allgemein die Akzeptanz der Homosexualität in der Republik durchzusetzen. Wichtig war den Lobbyisten, Gegenpositionen zu unterdrücken, und zwar unter Zuhilfenahme der ohnehin familienfeindlich gesonnenen Medienvertreter. Homosexuelle Betroffene könnten hier einwenden, die Problematik sei erheblich komplexer. Das stimmt. Es erscheint als sinnvoll, auf diese Fragen etwas näher einzugehen.

Als Beispiel für die Unsicherheit der Homosexuellen mag die Forcierung des von ihnen stammenden Antidiskriminierungsgesetzes dienen, auch die massive Kritik an der CDU, die den Gleichheitssatz nicht auch auf die sexuelle Ausrichtung ausgedehnt hat. Unterstrichen wird die Sorge der Protagonisten, durch „Einzelleistungen" aus dem Jahr 2007, etwa die von Volker Beck gegenüber dem Kölner Erzbischof Joachim Kardinal Meißner. Der Parlamentarische Geschäftsführer der Grünen-Bundestagsfraktion bezeichnete ihn als „selbstgerechten Hassprediger", nachdem der Kirchenführer zuvor Kritik an den alternativen Modellen des sexuellen Zusammenlebens geäußert hatte und ihn die Sorge begleitet hatte, die Menschheit richte sich hier selbst zugrunde. Das Bistum Köln erreichte beim Kölner Landgericht eine einstweilige Verfügung, nach welcher Beck diese Äußerung nicht mehr machen dürfe. Der Politiker konterte mit einer Klage vor dem Landgericht Berlin, um vor allem den Eindruck zu verwischen, er akzeptiere die Kölner Entscheidung. Beck hat Recht, dass das Klima in Europa und weltweit nicht mehr so homosexuellenfreundlich ist. Man denke an die Übergriffe in Amsterdam durch marokkanischstämmige Männer. Vielleicht mögen solche Umstände die CDU bewegen, milder mit den

„Schwulen und Lesben" umzugehen. Positiv bei dieser Partei ist gewiss, dass bei ihnen die Politiker nicht so stolz auf ihre angebliche Identität sind wie der Berliner Bürgermeister Klaus Wowereit mit dem Satz „Ich bin schwul, und das ist gut so". Aber auch in seiner Biografie wird deutlich, dass er in einer Familie mit mehreren Vätern aufgewachsen ist *(Der Spiegel, 48/07)*. Das ist für diesen begabten Politiker zweifellos ein Handicap, er ist verständlicherweise bemüht, das Beste daraus zu machen und dreht den Spieß einfach um. Mögliche homosexuelle CDU-Politiker verhalten sich richtiger: Sie schweigen.

Die CDU könnte nach Auffassung des Verfassers intellektuell führend in Deutschland sein. Was die Homosexualität betrifft, so werden von Medien und Politikern regelmäßig die wissenschaftlichen Erkenntnisse ignoriert. Zunächst einmal bleibt wichtig: Jegliche Diskriminierung Homosexueller ist schon deshalb unzulässig, weil es sich um Geschöpfe Gottes handelt. Das schließt aber nicht aus, nach den Ursachen zu forschen. Interessant ist zunächst die Selbstbezeichnung von Homosexuellen mit dem Wort „Gay". Entwickelt ist es aus dem Katalanischen und kennzeichnet in vielen europäischen Sprachen die Ungebundenheit, allerdings unter Hinweis auf die Übersetzung des englischen Wortes „fröhlich" *(Richard C. Friedman, „Männliche Homosexualität", Berlin 1986 S. 4, 5)*. Das mögen Äußerlichkeiten sein. Friedmann legt Wert auf Forschungsergebnisse, nach welchen die Verhaltensunterschiede des spielerischen Raufens in der Kindheit den Einfluss pränataler Androgynisierung widerspiegeln sowie Homosexuelle dies weitgehend gemieden haben *(S. 19)*. Das gilt auch für die Verweigerung der Teilnahme an Kampf- und Wettspielen, z. T. aus Angst vor Verletzungen *(S. 42)*. Die Feminisierung von Jungen in der Frühadoleszenz spielt eine erhebliche Rolle *(S. 48)*. „Meiner Ansicht nach sollten bei einigen Männern homosexuelle Phänomene an sich (wie erotische Fantasien, Sexualität mit anderen, Identitätsgefühl und soziale Rolle) als Symptome angesehen werden. Wie die klinische Erfahrung zeigt, können unter bestimmten Umständen homosexuelle Vorstellungen pathologische Funktionen erfüllen. Ist dies der Fall, ist die bewusste Wahrnehmung solcher Vorstellungen vermutlich durch unbewusste, irrationale Angst motiviert" *(S. 201)*. Es soll nur angedeutet werden, dass namhafte Autoren nicht von der Normalität der Homosexualität ausgehen. Auch die berühmten Wissenschaftler William H. Masters und Virginia E. Johnson sind in ihrem Buch „Sexualität" *(Frankfurt 1979)* kritisch. Sie sprechen – entgegen den Vorstellungen der homosexuellen Protagonisten – von „Behandlungserfolgen" *(S. 215)*. In den USA sind in jedem Fall noch erwähnenswert Joseph Nicolosi mit seiner Reparationstherapie *(„Healing Homosexuality", Neukirchen 1995)* und Richard Cohen *(„Coming out stright", Winchester 2000)*. In Europa dürfte der bedeutendste Forscher Gerard J. M. van den Aardweg sein, der in seinem Standardwerk „Das Drama des gewöhnlichen Homosexuellen – Analyse und Therapie" *(Stuttgart, 1993)* darauf verweist, dass Homosexualität nicht angeboren, sondern hauptsächlich auf den Verlust des Vaters zurückzuführen ist *(S. 67 f)*. Veränderung in Richtung Heterosexualität gelang ihm in mehreren hundert Fällen mit der so genannten Antiselbstmitleidmethode *(S. 259)*. Diese Andeutungen indizieren in jedem Fall, dass die Frage der Anerkennung homosexuellen Lebens – im Gegensatz zum Respekt vor den betroffenen Menschen – vertiefter wissenschaftlicher Untersuchungen bedarf. Die Lobbyisten geben selbst zu, dass – nur ein kleines Beispiel – 94 % der Partnerschaften innerhalb von sechs Monaten scheitern *(siehe z. B. das eigene Publikationsorgan „Du&Ich", März 2002)*. Die CDU muss sich dafür einsetzen, dass vor einer politischen Akzeptanz der Homosexuellen - z. B. durch Gleichrangigkeit in Schuldbüchern - erheblicher Handlungsbedarf besteht.

Man fragt sich auch, was die CDU für das Problem von Knaben und männlichen Jugendlichen sich hat einfallen lassen. Dass es kaum Erzieher in Kindergärten und Lehrer in Grundschulen gibt, muss doch zum Nachdenken anregen, wenn man sich vor Augen hält, dass Mädchen in Bezug auf Leistungen im Abitur und Studium vergleichsweise immer erfolgreicher werden. Es genügt nicht zu sagen, das seien eben die Früchte der Gender-Enthusiasten. Frauendominierte Bildungseinrichtungen brauchen dringend eine Kompensation. Man kann in Bezug auf die Jungen von einer positiven Diskriminierung sprechen und wird erinnert an jene Harvard-Psychologin: „Es ist heute politisch unkorrekt, ein Junge zu sein". Die Regierung tut nichts dagegen, dass die neuen Vorzeigemädchen mit Lobeshymnen überhäuft werden, während die Vertreter des anderen Geschlechts in Filmen, Theaterstücken und selbst in der Werbung als Vollidioten hingestellt werden. Es mag ungewöhnlich klingen: Vielleicht sollten die Deutschen insoweit von den Muslimen lernen. In islamischen Gesellschaften haben Jungen und Männer noch ein gewisses Ansehen. Es geht auf keinen Fall um eine irgendwie auch nur angedeutete Unterstützung einer Macho-Haltung oder gar der Ehrenmorde. Aber in Bezug auf die Gleichberechtigung der Männer ist es allemal lohnenswert, über die alternative Kultur, die uns in manchen Bereichen Schwierigkeiten bereitet, vertieft nachzudenken. Es ist durchaus interessant, dass in der Großen Koalition bereits über die totale rechtliche Gleichstellung von homosexuellen Partnerschaften mit Eheleuten nachgedacht wird, während sich gerade junge Menschen aus Einwandererfamilien sehr kritisch gegen homosexuelle Praxis wenden, wie durch eine Studie der Universität Kiel belegt wurde *(sh:z vom 23.10.2007)*. Es wird differenziert: „Er ist zwar schwul, aber trotzdem ganz nett." Wenn es um gleiche Rechte für Homosexuelle etwa in Bezug auf die Ehe geht, dann sind die Einwandererfamilien weitgehend sehr konservativ.

Schließlich sollen noch kurz die Alten erwähnt werden: Die Pflegeversicherung kann nicht als gelungen angesehen werden. Die Idee der CDU, den Buß- und

Bettag dafür abzuschaffen, hat sich nicht bewährt, man denke nur an die im Volke zunehmende Unfähigkeit, Falsches einzusehen und wieder gut zu machen. Das erlebt der Rechtsanwalt sogar in der Justiz. Auf die vielen Defizite der Pflegeversicherung muss hier nicht hingewiesen werden. Entsprechendes gilt auch für die Alten- und Pflegeheime. Initiativen vonseiten der CDU sind nicht geläufig. Die Reform der Pflegeversicherung zwölf Jahre nach ihrer Einführung wird zwar als „großer Schritt" seitens Gesundheitsministerin Ulla Schmidt bezeichnet, zumal die Pflegesätze bis auf 1.918,00 Euro in der Pflegestufe III angehoben werden, es bleiben aber die Defizite wie die Ablehnung bezahlten Urlaubs für die Betreuung oder die Bildung von Rücklagen. Gerade für jüngere Menschen sind die Zukunftsaussichten in der Pflegeversicherung nicht ermutigend, zumal der Beitragssatz deutlich steigen wird. Zunächst geht es um 0,25 Prozentpunkte ab Juli 2008. Positiv ist die Erhöhung der Leistungen, insbesondere für Demenzkranke. Letztlich wird man auch nicht behaupten können, dass der Bereich Altersvorsorge, Rentensicherheit, ruhiger Lebensabend programmatisch von der CDU erfasst sind. Beruhigt ist das Volk auf keinen Fall, zumal ca. drei Viertel der Bürger befürchtet, im Rentenalter seinen Lebensstandard nicht mehr halten zu können. Viele werden als Rentner nur noch Leistungen auf Sozialhilfeniveau erhalten *(Der Spiegel, 7/08)*. Nun hat die Bundesregierung die Altersbezüge im Jahre 2008 um 1,1 % erhöht, was zu umfangreichen Diskussionen geführt hat. Das reicht niemals aus, um die Inflation auszugleichen. Problematisch bleibt natürlich, dass der sog. Riesterfaktor, der in der deutschen Rentenformel zur Entlastung der erwerbstätigen Generation den Zuwachs dämpft, damit zerstört wird. Das Problem bleibt faktisch unlösbar. Gleichwohl wird von der christlichen Partei im Sinne des biblischen Gebots mehr erwartet, um die Alten zu ehren. Der Gedanke des nordrhein-westfälischen Ministerpräsidenten Jürgen Rüttgers, niedrige Renten für langjährige Beitragszahler dadurch auszugleichen, dass Politikerdiäten und Beamtenpensionen gekürzt werden, ist gewiss populär und wirkt gerecht, doch kaum zu realisieren. Die Senioren werden es sich künftig wohl gründlicher überlegen müssen, stereotyp die CDU zu wählen, wenn sich nichts Grundlegendes ändert.

Wegen der demografischen Krise muss die Rentenversicherung grundlegend umgestaltet werden, worauf der Wirtschaftswissenschaftler Hans-Werner Sinn in seinem Buch „Ist Deutschland noch zu retten?" aufmerksam macht. „Eine Rentenversicherung nach dem bisher praktizierten Umlageverfahren ist eine Zwangsmaßnahme, die sicherstellen soll, dass Kinder ihre Eltern im Alter finanzieren, und sie ist zugleich eine Versicherung gegen Kinderlosigkeit, weil sie diejenigen, die selber keine Kinder haben können, in die Lage versetzt, sich von den Kindern anderer Leute ernähren zu lassen. Die Sozialisierung der Rentenbeiträge der Kinder ist die rationale Entscheidung einer Gesellschaft, die ihre Mitglieder vor wirtschaftlichen Konsequenzen individueller Kinderlosigkeit schützen wollte. Die Sozialisierung der Beiträge der Kinder hat aber den Nachteil, dass der Zusammenhang zwischen der individuellen Erziehungsleistung und der eigenen Rente ausgeblendet wird. Um im Alter auskömmlich leben zu können, reicht es, wenn andere Menschen Kinder großziehen. Auf die eigenen Kinder kommt es nicht an. Der Rentenanspruch hängt davon nicht ab, sondern nur von dem Geld, das man zur Finanzierung der Renten der Generation seiner eigenen Eltern beigesteuert hat. Die Folge ist, dass das natürliche ökonomische Motiv, Kinder in die Welt zu setzen, um sich von ihnen im Alter ernähren zu lassen, vollständig aus dem Bewusstsein junger Paare verdrängt wurde“ *(S. 473).* Neben anderen Ideen schlägt der Autor des tiefgründigen Buchs vor, eine Kinderrente für Eltern einzuführen. Sie soll unabhängig davon gewährt werden, ob sie gearbeitet haben oder nicht, und auch selbstständigen und nicht erwerbstätigen Ehefrauen zur Verfügung stehen *(S. 475).* Sinn erachtet das neue Rentensystem als gerecht, da die arbeitende Generation wie bisher in der Menschheitsgeschichte zwei Lasten tragen muss, erstens die Eltern ernähren, zweitens für das eigene Alter vorsorgen, und zwar durch das Großziehen der Kinder oder die Bildung von Realkapital. Durch das neue Rentensystem werde nach Auffassung der Wirtschaftsexperten trotz demografischer Krise eine Sicherung der Renten eintreten *(S. 475).*

Löblich ist schließlich das Bemühen von Ministerin Ursula von der Leyen, die Großfamilie wieder zu fördern. Gedacht ist an Familien, die drei und mehr Kinder haben. Der christliche Ansatz ist unverkennbar, das gilt erst recht als erster Schritt zur Lösung des demografischen Problems. Zu diesem Kontext gehört auch eine andere Idee der Familienministerin, nämlich das Mehrgenerationenhaus. Natürlich wird man den traditionellen Zustand nicht mehr wieder herstellen können. Allein der Gedanke, die Generationen wieder zusammenzuführen, ist lobenswert. Der fünfstellige Betrag für das wunderschön renovierte „Schloss“ beim Wohnsitz des Verfassers (genannt „Volkshaus“) in Neumünster ermutigt bereits Jung und Alt zum Gemeinsinn. Die Älteren werden dadurch auch wieder aufgewertet. Das ist auch der CDU zu empfehlen: „Die Senioren sind ein schlafender Riese. Wir müssen erst noch lernen, unsere Interessen und Positionen zu bündeln – dann könnten wir ganz entscheidend diese Gesellschaft nach unseren Vorstellungen prägen“ *(so der Politiker Rolf Olderog am Deutschen Seniorentag im Mai 2008).* In der Tat ist es sinnvoll, dass sich Regierung und Parlament mehr für das Wohl der Alten interessieren. Verbunden wird damit auch die Empfehlung, die „Senioren Union“ als jüngste Vereinigung der CDU ganz bewusst bei Entscheidungen zu Rate zu ziehen.

4. Bildungs- und Kulturnation Deutschland – Antworten auf die Wissensgesellschaft

Einzuführen in dieses wichtige Kapitel vermag den Leser eine Szene aus dem Öffentlichen Fernsehen: Wegen der aufkeimenden Kritik an der ARD-Spaßsendung „Schmidt & Pocher" erschien überraschend Harald Schmidt selbst in dem Gremium, das über seine Tätigkeit zu befinden hatte, wodurch die Kritiklust geschmälert wurde. Der Comedian plauderte über Dostojewskij und Shakespeare, um auf Nachfragen über seinen Bildungsstand zu antworten: Sein Wissen habe er aus dem Schauspielführer, aber für ein Gremium wie dieses sei das doch Bildung genug. Die Rundfunkratsmitglieder kapitulierten, wobei die eine Hälfte lachte, die andere wie versteinert dasaß *(Der Spiegel, 49/07).* Das Gremium mag Recht haben, dass die Gemeinschaftsproduktion von Schmidt und Pocher kritikwürdig sei; bezeichnend ist aber, dass dies zunehmend für das gesamte öffentliche Fernsehen gilt. Die Angleichung an die Privatsender ist offenkundig. Da die Fernsehanstalten das Bildungsniveau in der Bevölkerung mitbestimmen, wird die CDU aktiv werden müssen.

Zu Recht heißt es im Grundsatzprogramm, dass Bildung der Schlüssel für individuelle Lebenschancen sei und überragende Bedeutung für die Werte, die zu bewahren und zu entfalten sind, habe. Eine Wissensgesellschaft lebt allemal davon, dass sämtliche Begabungen entdeckt und gefördert werden. Die Intention, Qualität und Leistung auf allen Gebieten zu verbessern, ist zu begrüßen. Das gilt auch für das Bestreben, junge Talente möglichst früh zu fördern. Sinn hat insoweit auch die Beibehaltung des gegliederten Schulsystems. Lehrer müssen ermutigt werden, musische und religiöse Bildung sind unverzichtbar. Hochbegabte bedürfen besonderer Unterstützung; Ganztagsschulen haben sich nicht bewährt und sollten nur geschaffen werden, soweit Bedarf besteht. Lernschwache und Behinderte brauchen Hilfeleistung. Der Allgemeinbildung ist wieder mehr Bedeutung beizumessen, Kreativität ist Grundlage für ein Mithalten im globalen Wettbewerb. Dabei verweist die CDU zu Recht darauf: „Die Freiheit der Forschung findet ihre Grenze dort, wo die unantastbare Würde des Menschen berührt und die Schöpfung gefährdet ist".

Wuchern mit intellektuellen Ressourcen

Die CDU hat zu Recht erkannt, dass der wichtigste Rohstoff unseres Landes der Geist darstellt, also optimale Voraussetzungen zu schaffen sind für Bildung und Ausbildung. Das von ihr mitverantwortete AGG ist auf keinen Fall ein Produkt des Verstandes, das ideologische Fundament ist einfach zu offensichtlich. Man kann beim besten Willen nicht einen Akt der Vernunft oder Aufklärung positiv unterstellen. Eher ließe sich von Dummheit sprechen, denn hierin manifestiert sich der bewusste Wissensverzicht. Im Einzelnen verweist der Verfasser auf sein o. g. Buch. Dass obendrein ein Wahlversprechen nicht eingehalten worden ist, erinnert an den Scherz: „Ich verspreche, ich versprach, ich habe mich versprochen“.

Allgemein wird deutlich, dass Geist und Christentum sich in letzter Zeit immer mehr paaren. Man muss nicht nur an den katholischen Professor und Papst Benedikt XVI. denken, sondern auch an den evangelischen Ratsvorsitzenden und Professor Wolfgang Huber. Beide sind durch ihre ständigen Äußerungen in den Medien und ihren Büchern für die CDU inspirativ. Dass das konservative Denken wieder Anklang findet, zeigt die Prämierung von Martin Mosebach. Er hat 2007 den höchsten deutschen Literaturpreis (Büchner) erhalten, obgleich er als „Reaktionär“ gilt. Die Medien regen sich teilweise darüber auf, wenn dieser geistvolle Autor von seinem „Glauben an die Erbsünde, die Imperfektibilität des Menschen, die Unmöglichkeit, das Paradies auf Erden zu schaffen“ spricht *(Der Spiegel, 43/07)*. Das erinnert ein wenig an die Äußerungen der beiden deutschen Nobelpreisträger 2007, die sich zu ihrem christlichen Glauben bekennen; der für Chemie prämierte Gerhard Ertl sagt: „Wir sind Romantiker und Realisten“. Die Humboldt-Universität zu Berlin bekennt: Zwischen Wissenschaft und Glaube bestehe kein Widerspruch. In der Tat kann der Dialog miteinander nur befruchten, und zwar zum Wohle der Menschen und der Gesellschaft.

Es gibt also Ermutigendes im Bildungsbereich, auch wenn die Pisa-Studien – trotz der Verbesserungen 2007 – Deutschland nicht gerade glanzvoll erscheinen lassen. Um das Niveau sichtbar anzuheben, ist zunächst einmal eine Bewältigung vergangenen Fehlverhaltens erforderlich. Eine wesentliche Rolle spielen die „Wohltaten“ der 68er Studentenbewegung, die einer Kulturrevolution gleichkommt. Ein aufschlussreiches Beispiel dafür ist die Karriere von Daniel Cohn-Bendit. In der Anfangsphase gibt sich der Deutsch-Franzose bescheiden, er wolle nicht auf einer Stufe mit „Che Guevara“ stehen. Er bezeichnet sich ehrlich als Anarchist und genießt seine Auftritte in den Medien. Sein Anliegen ist es, alternative Lebensformen zu entwickeln, aber nicht auf Konsum zu verzichten. Er ist wohl mehr ein Verbalradikaler als ein Aktionsradikaler, auch wenn er sich in der Frankfurter Szene an Hausbesetzungen beteiligt hatte. Der EU-Bürger ist ein starker Befürworter der Sexualisierung der Gesellschaft und hat dabei sich nicht gescheut, auch für die Freiheit der Pädophilie zu plädieren. Bei der Gründung der „Grünen“ war er beteiligt, um die Machtverhältnisse zu ändern. Er sah darin die letzte Gelegenheit, „an die Pfründe dieses Staats zu gelangen“. Es reichte ihm die Stellung des Vorsitzenden der Grünen im Europaparlament, sein Ziel ist eine EU-Regierung, im europäischen Kräftespiel möchte er eine Position als Hauptdarsteller innehaben. Seine Freude am Polarisieren und Provozieren hat ihn nicht verlassen. Auch wenn er grundsätzlich die Freiheit des Individuums als unantastbar hinstellt, so hat er sich immerhin nicht geniert, den christlich Argumentierenden Rassismus vorzuwerfen. Seine bildungsarmen Bekenntnisse hatte er im deutsch-französischen Bildungs-Sender „Arte“ am 20.10.2007 publiziert.

Die CDU wurde vom Geist Cohn Bendits nicht unerheblich beeinflusst. Man denke nur an die Anerkennung der homosexuellen Lebensgemeinschaft als Alternative zur Ehe, die Konsumfreude und die zunehmende Neigung zur Provokation. Dem „Kampf gegen Rechts“ hat sie kaum etwas entgegenzusetzen, sie beugt sich dem Diktat der Politischen Korrektheit, die die 68er weitgehend dominiert. Der nachdenkliche Beobachter sieht in dieser Kehrtwendung ein intellektuelles Problem! Man kann mit dem Schriftsteller Martin Walser davon sprechen, dass auch die CDU die von den „politisch-korrekten Meinungssoldaten vorgestanzten Kommentare“ wiedergibt. Besonders scharf ist die betroffene Publizistin Bettina Röhl – die bereits erwähnte Tochter des RAF-Mitglieds Ulrike Meinhof: „68 ist ein geschlossenes System, das alles und jeden bewertet und das absolute Monopol der Beurteilung seiner selbst als immanente Größe für sich reklamiert und dies seit 1968 bis heute ununterbrochen… Abgesehen davon, dass es keine große Heldentat war, sich 25 Jahre nach Hitlers Tod als mutige, antifaschistische Widerstandskämpfer vor sich selbst und vor den Medien aufzuspielen, muss es als einigermaßen realitätsverlustig bezeichnet werden, wenn eine Jugendrevolte in den nicht nur satten, sondern auch demokratisch, rechtsstaatlich und sozialstaatlich geradezu überbordenden 70er Jahren sich anheischig macht, diese Bundesrepublik nach Maos oder Che Guevaras oder Lenins Vorbild gewaltsam in den Zustand versetzen zu wollen, der in allen kommunistischen Ländern zu besichtigen war. Die Bundesrepublik mit ihrem Kanzler Willi Brandt als ‚faschistisches Monster’ zu bezeichnen, dass mit Terror und Revolution eine Umerziehung zu unterziehen sei, war irrsinnig“. Bettina Röhl spottet über den „politisch korrekten Mainstream, der Tabus aus härtestem Granit setzt und der selektiert, wer sich überhaupt in den Medien und in der Geschichtsschreibung äußern darf“ *(Cicero, 6/08 S. 92 f)*.

In diesen Kontext gehört auch die erwähnte Begeisterung für die Übernahme der Kinderkrippen aus dem sozialistischen Lager. Hierzu fehlt nahezu vollständig die geistige Auseinandersetzung mit dem Pro und Contra. Dass Schweden Buße tut, in Großbritannien Kindertagesstätten boykottiert werden, interessiert die CDU-Familienministerin offensichtlich gar nicht. Zum Gebildetsein gehört auch die Kenntnis der Beweislastregeln: Wenn in sämtlichen Kulturen und über viele Jahrtausende die Gewohnheit bestand, dass Kinder in den ersten Lebensjahren weitgehend ununterbrochen bei den Eltern, vor allem bei der Mutter lebten, so müssen die Krippenbefürworter restlos nachweisen, dass die sofortige Übernahme der Jüngsten in die Kindertagesstätten unwiderlegbar deren Wohl dient.

Denkt man in dieser Phase gegen Ende des Jahres 2007 an das Deutsche Historische Museum in Berlin, könnte einem in den Sinn kommen, es gibt in Deutschland Geistesblitze. Gewürdigt wird der mit mehr als 200 Millionen verkauften Büchern auflagenstärkste deutschsprachige Schriftsteller Karl May. Dieser hat es verstanden, mehr als ein Jahrhundert auch nicht so Lesefreudige zu begeistern, darüber hinaus Werte im Sinne des „C" bei den Unionsparteien zu vermitteln. Nicht nur der Spaßvogel Hape Kerkeling tritt mit seinem Pilgerbuch in dessen Fußstapfen, auch die Philosophie denkt wieder mehr über Gott nach, so dass Robert Spaemann sich nicht mehr so einsam vorkommen muss. Der Suhrkamp Verlag hat einen weiteren Verlag speziell für die Weltreligionen geschaffen. Geplant sind Ausgaben religionsgeschichtlich bedeutender Werke, bis hin zu den jüngsten soziologischen und psychologischen Bemühungen modernster Religionstheorie, sowie aktuelle Essays mit religionswissenschaftlicher Thematik. Gedacht ist an mehr Tiefe und Wissenschaftlichkeit, als es z. B. die bisherigen Versuche der historisch-kritischen Auslegung der Bibel geschafft haben.

Trotz der offenkundigen Säkularisierung der europäischen Gesellschaft ist das Christentum hier weiterhin prägende Religion. Zu dieser Erkenntnis kommt immerhin der US-amerikanische Professor für Religion und Geschichte Philip Jenkens in einem Gastkommentar der „Süddeutschen Zeitung". Beeindruckt ist der Wissenschaftler u. a. von der Wiederentdeckung des Pilgerns und der Begeisterung der Europäer für christliche Massenveranstaltungen. Nach seiner Überzeugung besteht kein Grund, dass die Christen in Europa sich als verachtete Minderheit empfinden müssen. Unterstützt wird diese Auffassung durch das Buch von Hermann Sautter „Wer glaubt, weiß mehr!? Wissenschaftler nehmen Stellung" *(Wuppertal, 2008).* Der Herausgeber bietet Wissenschaftlern aus unterschiedlichen Disziplinen die Möglichkeit, die Souveränität eines glaubenden Forschers unter Beweis zu stellen. Das mag auch die CDU ermutigen. Ein Beispiel dafür geliefert haben Generalsekretär Ronald Pofalla und Fraktionschef Volker Kauder, die für Kruzifixe in allen Schulen kämpfen, da dadurch der Rang christlicher Werte, die auch viele Nichtkirchgänger befürworten, symbolisiert wird.

In der Tat ist das „C" hilfreich zur Elitebildung. Auffällig ist z. B., dass allein in den USA 20 000 deutsche Wissenschaftler arbeiten *(Der Spiegel 34/05)* – und das in dem Land, in dem es fast nur fromme Präsidenten gibt. Es sieht so aus, dass christliche Ideale den Geist fördern. Interessant sind zwei US-Studien, die sich mit dem Sexualverhalten junger Menschen befassen. Je höher der

Intelligenzquotient bei den befragten Jugendlichen zwischen 13 und 18 Jahren war, desto höher war die Wahrscheinlichkeit der Jungfräulichkeit. Auch bei einer Untersuchung an den amerikanischen Eliteuniversitäten wie Harvard oder Princeton wurde das Ergebnis bestätigt *(ideaSpektrum 39/07)*. Nun haben die Deutschen ein schwieriges Verhältnis zu Eliten, die Verpflichtungsbewusstsein und hohe Leistungsbereitschaft auszeichnen. Linke Gegner von Elitekonzepten stoßen sich daran, dass der Begriff dazu dienen könnte, bestehende Benachteiligungen zu rechtfertigen *(Kulturspiegel 2/07)*. In Deutschland scheint chancenreich nur derjenige zu sein, der soziale Gerechtigkeit und Gleichmacherei vertritt. Die CDU läuft auch Gefahr, durch ihre Mitwirkung bei der Schulreform, nämlich die Ganztagsschulen flächendeckend einzuführen, im Mittelmaß zu landen. Dahinter steckt der Gedanke, Beruf und Familie besser miteinander vereinbar zu machen. Hier besteht eine Parallele zu dem Wunsch nach Kinderkrippen. Das dient aber eher der Gleichmacherei als der Elitebildung. Ähnlich steht es um die Gesamtschulen, welche nach allen Pisa-Untersuchungen besonders schlecht abgeschnitten haben. Forschungsministerin Annette Schavan verweist auf die erste Pisa-Studie, die deutlich gemacht hatte, dass es einerseits an Gesamtschulen nicht gerechter zugehe und andererseits diese auch nicht erfolgreicher seien *(Der Spiegel, 9/08)*.

Es handelt sich offenbar um ein grundsätzliches Problem. Die Frage ist berechtigt, weshalb die Schulen in freier Trägerschaft bei Pisa besser abgeschnitten haben, vor allem viele Eltern in ihnen die bessere Alternative sehen. Es klingt geradezu sensationell, dass in dem weitgehend atheistisch geprägten Mecklenburg-Vorpommern seit 1990 ca. 40 evangelische Schulen eröffnet worden sind. Es handelt sich dabei keinesfalls um Schulen für Besserverdienende, da sozial Schwache durch Fördervereine unterstützt werden *(epd-Wochenspiegel 35/07)*. Allerdings denken Politiker darüber nach, die Zuschüsse für die unabhängigen Schulen zu kürzen. Das muss die CDU in jedem Fall verhindern. Sie sollte auch tolerant sein gegenüber religiösen Schulverweigerern und ihnen den Hausunterricht – wie in anderen zivilisierten Staaten – zugestehen. Es wirkt befremdlich, wenn bibeltreue Christen mit Gefängnisstrafen rechnen müssen, wenn sie wegen nicht zu verleugnender Ideologien, die manche Lehrer beseelen, zögern, ihre Kinder auf allgemein bildende Schulen zu schicken. In Deutschland besteht eine Situation, die geradezu grotesk wirkt: In Baden Württemberg wird der Islamunterricht eingeführt, in Berlin und Brandenburg der Religionsunterricht abgeschafft! Die CDU hat sich zwar durch das Engagement von Rechtsanwalt Christoph Lehmann der Initiative „Pro Reli" formal angeschlossen, von geistiger Kampfkraft ist aber bei der Partei wenig zu spüren.

Wichtiger ist dabei folgendes Problem: Jahrhundertelang galten die „Lehranstalten" als Orte nicht nur der Wissens-, sondern auch der Wertevermittlung.

Bereits vor den großen Bildungsreformen des 19ten Jahrhunderts waren die Schulen „Stätten der Persönlichkeitsentwicklung, Orte der Reife, wo Tugenden und Werte eingeübt werden. Disziplin, Leistung und Ehre zählten hier genau so wie Rücksichtnahme, Hilfsbereitschaft und Respekt. Das hat sich seit einigen Jahrzehnten geändert. Als späte Antwort auf das autoritäre Gehabe mancher Schulmeister, bei denen das Brechen der Persönlichkeit eines Schülers stärker betont wurde als die Stärkung seiner Selbstständigkeit, fiel man auf der anderen Seite des Pferdes herunter“ *(Holthaus, a.o.St. S. 111).* Bei den Kulturrevolutionären wurden Leistung und Wertevermittlung klein geschrieben. Das änderte sich teilweise im Laufe der Jahre seit 1968, im Zentrum stand bald das reine Wissen von Fakten. Auch heute spielen das Denken in Zusammenhängen sowie Wertevermittlung eine eher bescheidene Rolle. Vielleicht ist es ein Zufall, dass im Vordergrund Fächer stehen, die mehr mit Gedächtnisleistungen zu tun haben, worauf zumindest teilweise das bessere Abschneiden der Schülerinnen und Studentinnen gegenüber den männlichen Mitbewerbern zurückzuführen ist. Eine Konsequenz ist, dass in Kindergärten 96 % der Erzieher weiblich sind, in den Grundschulen ist nur jede zehnte Lehrkraft ein Mann. So sieht es immerhin die schleswig-holsteinische Bildungsministerin Ute Ersiek-Rave *(sh:z vom 20.05.2008).* Hinzu kommt die Tatsache, dass die Schulen zunehmend über weniger finanzielle Mittel verfügen. So musste in Neumünster aus diesem Grunde die Bibliothek in der Gesamtschule Faldera geschlossen werden *(sh:z vom 17.05.2008),* wobei inzwischen unterstützenswerte Bürgerinitiativen tätig werden, um die Bildungsgrundlage aufrecht zu erhalten.

Was die Universitäten betrifft, so besteht auch Handlungsbedarf. Die Ideen zugunsten der neuen Elite-Hochschulen haben im Hinblick auf die relativ spärlichen Bundeszuschüsse mehr oder weniger nur symbolischen Wert. Der Etat der Harvard Universität liegt z. B. in dem Bereich von 2,5 Milliarden Dollar. Deutsche Bildungsanstalten können mit einigen zig Millionen Euro rechnen – eine völlig andere Dimension. Man erinnere nur daran, dass zwischen 1995 und 2004 die Vereinigten Staaten 44 Nobelpreisträger vorweisen konnten, die Bundesrepublik gerade einmal vier. Im Ausland sind Studiengebühren üblich, was psychologisch auch Vorteile hat: „Die Kinder müssen einen bestimmten Bildungsgang so sehr anstreben, dass sie die Studiengebühren selbst übernehmen wollen und die Eltern glücklich sind, wenn sie dazu beitragen dürfen“ *(Der Spiegel 34/05).* Bundespräsident Horst Köhler hat mehr Geld für die Forschung verlangt, was absolut richtig ist. Zu berücksichtigen sind dabei auch die Geisteswissenschaften, ohne die die Naturwissenschaften nur begrenzt erfolgreich sind. Es besteht eine gegenseitige Abhängigkeit, eine Trennung hat allenfalls Sinn als Arbeitsteilung. Ein gutes Beispiel für die Zusammenarbeit zwischen Wissenschaftlern und Künstlern ist der Handlungskatalog zur Unterstützung Afrikas, der im Vorfeld des G8-Gipfels 2007 erarbeitet worden ist.

Die CDU hat Recht, wenn sie auf die Bedeutung von Literatur, Musik, Theater, Architektur und Bildende Künste aufmerksam macht. Das hat in der Tat etwas mit Geist und Bildung zu tun, ist im Wege der Reflexwirkung auch in wirtschaftlicher Hinsicht keinesfalls unbedeutend. Soziale Marktwirtschaft und Bildung sind untrennbar miteinander verbunden.

Geistiger Diebstahl aus linkem Reservoir

„Wer sich von dem Grundsatzprogramm der CDU Aussagen über deren politisches Bekenntnis erhofft, wird nicht nur enttäuscht, er wird allein gelassen" *(so die Süddeutsche Zeitung online vom 03.12.2007).* Der konservativen Partei wird Farblosigkeit und Allgefälligkeit vorgeworfen. Merkel habe die Partei vor allem sozialer gemacht, aber sie habe ihre Seele verloren.

Die CDU als „bessere SPD" ist nicht nur die Idee von Satirikern. Die Verantwortlichen merken kaum noch, dass sie im „Kampf gegen rechts" – also letztlich gegen sich selbst – immer mehr führend werden. Sie unterschreiben in ihrer Harmlosigkeit nationalsozialistisches Gedankengut in dem AGG und übersehen, dass ihre diesbezüglichen Lehrer letztlich Sozialisten waren. Es heißt ja „National-Sozialismus". Der Begriff „Faschismus" entstammt den herrschenden linken Medien, um die Assoziation zu verhindern. Bei der NSDAP handelt es sich um eine Arbeiterpartei, Hitlers Start im Münchener Hofbräuhaus war auch nicht eine wissenschaftliche Vorlesung, sondern eine Zusammenkunft von Angehörigen der „Arbeiterklasse". Interessant ist nur als kleines Beispiel Hitlers Reise zu seinem Pendant in Italien Mussolini. In Rom wurde er zuerst vom italienischen Monarchen begrüßt. Dessen Anwesenheit war ihm aber sehr zuwider, da er alles Aristokratische als reaktionär empfand. Angewidert war er durch den Zwang, im Königspalast zu wohnen *(so der Fernsehsender Arte am 17.10.07).* Bekannt ist ja auch, dass Mussolini ursprünglich Sozialist war. Es geht hier keinesfalls darum, in irgendeiner Weise die Nazis aufzuwerten, die Folgen des Rechtsextremismus sollen nicht geleugnet werden, allerdings muss sich die CDU hüten, sich noch weiter vor sozialistischen Erzeugnissen zu verbeugen, auch wenn sie mehr Chancen sieht, damit die nächste Wahl zu gewinnen.

Wenn im November 2007 gerade an die russische Oktoberrevolution vor 80 Jahren gedacht wurde, so müsste der CDU erneut deutlich werden, wie menschenverachtend bereits viele der damaligen Ideen, vor allem die Umsetzung derselben gewesen waren. Es geht hier nicht darum, die Massen von Verbrechen des Kommunismus aufzuzählen, es genügt der Hinweis auf die mehr als 100 Millionen Todesopfer. Bedenkenswert ist, was sich auch die CDU immer wieder sagen lassen muss: Die kommunistische Bewegung stellt in der Tat keine ursprünglich ehrenwerte, leider fehlgetretene Gesellschaft dar. Das ist aber die Auffassung vieler Mächtiger in den Medien und leider auch mancher CDU-Politiker, die sich zumindest den Anschein der Verharmlosung des „Sozialismus" geben. Das ist für Sicherheitsstrategien von großer Bedeutung. Der Historiker Arnulf Baring äußerte sich geistvoll auf einer Gedenkveranstaltung für die Opfer der RAF: „Die wirkliche Gefahr kommt von links, nicht von rechts". Dabei war er darüber erstaunt, dass sich die Gesellschaft weniger über eine linksradikale Gruppe aufregt, die Autos in Brand setzt, als um eine rechtsextreme NPD, wenn diese Flugblätter verteilt. Dabei ist es umstritten, ob die Sozialisten tatsächlich soziale Verbesserungen in der Gesellschaft anstreben.

Bei Karl Marx war bekannt, dass er seine unsoziale Einstellung offen zugab und auch praktizierte, etwa durch die Unterhaltsverletzung gegenüber seiner Familie. Lenin wollte nach der erhofften Revolution auch nicht sozialistische Ideen vertieft realisieren, sondern strebte nach einer disziplinierten Kader-Partei, um eine neuartige Diktatur auszuüben. Kein Wunder, denn er hatte sich mit Hass gegen das „C" gewandt, nämlich mit seinen im Schweizer Exil gefassten Plänen, zunächst einmal die geistliche Elite in Russland zu ermorden. Diese terroristischen Ideen hat er in seiner Heimat umgesetzt. Das war durchaus konsequent im Sinne von Marx, nach dessen Auffassung die Kritik an der Religion die Voraussetzung aller Kritik sei. Dabei wissen Christen in völlig realistischer Weise, dass es nicht so sehr auf die Veränderung der Gesellschaft, sondern auf diejenige des Menschen ankommt. Die soziale Komponente war ohnehin den Christen vertraut. Man denke nur an die vielen einschlägigen Bibelstellen. Natürlich haben Christen und christliche Parteien versagt, indem sie dem Gewaltsozialismus überhaupt den Eingang in die Gesellschaft ermöglicht haben. Anlass zum Stolz bietet sich für sie nicht. Friedrich Engels wusste als Mitstreiter von Karl Marx, dass der bevorstehende Krieg zwischen Armen und Reichen der blutigste aller Zeiten sein würde. Der kommunistische Terror ist kein Unglücksfall, sondern konsequente Folge des sozialistischen Gedankenguts, da es sich dabei um ein Spitzenbeispiel fehlenden Realismus', ja einer reinen Utopie handelt. Der KGB war ganz ehrlich, als er darauf verwies, ihm sei alles erlaubt, als erstes mit Gewalt alle Gewalt für immer zu beseitigen.

Die Ergebnisse der proletarischen Diktatur sind unverkennbar; dass die SPD auf ihrem Parteitag im Herbst 2007 wieder für einen „demokratischen Sozialismus" plädiert, ist kaum nachzuvollziehen. Nachdem die neuen Bundesländer „volljährig" geworden sind, also 18 Jahre nach der Wende, ist es unerträglich, sich – zumindest indirekt – mit den Errungenschaften des Kommunismus zu identifizieren. Wenn schon, dann sollte man mehr Elemente direkter Demokratie einbeziehen, etwa bei der Wahl des Bundespräsidenten, bei welcher man die

Ängste über mögliche Manipulationen missachten darf, weil das Staatsoberhaupt nur mit einem bescheidenen Machtumfang ausgestattet ist.

Für die CDU ist es nicht leicht, nach dem Ausscheiden von Arbeitsminister Müntefering konstruktiv in der Großen Koalition mit der SPD zusammenzuarbeiten. Es wäre ein großer Fehler, wenn die christliche Partei jetzt noch weiter nach links rückte. Keinesfalls soll sie stattdessen mit „rechten Parolen" aufwarten. Allerdings muss sie sich etwas einfallen lassen, um den politischen Gegnern und den Medien die Lust zum „Kampf gegen rechts" zu nehmen. Dass auch die CDU keine sichtbare Abwehrbereitschaft mehr zeigt, wenn „rechts" und „Rechsextremismus" gleichgesetzt werden, ist im höchsten Maße verwunderlich. Eine Partei, die von ihrer Herkunft so viel Substanz aufweist, muss es doch schaffen, eine Hochachtung durch Publikationen zu erzeugen. Natürlich sind die Medien links, zum großen Teil auch links außen. Geistig ist die CDU zumindest diesen Medienvertretern alles andere als unterlegen. Interessant in diesem Kontext ist das Buch des französischen Autors Eric Brunet „Etre de droite – un tabou français". In der Tat handelt es sich hier um einen Tabubruch, wenn man gerade in Frankreich sich zum „Rechts-Sein" bekennt. Nur 6 % der französischen Journalisten bezeichnen sich als „rechts". Der mutige Franzose verweist auf den Archipel Gulag im Zusammenhang mit den Erkenntnissen Solschenizyns, den kommunistischen Völkermord in Kambodscha, prangert die Fehlleistungen Sartres und die Unzulänglichkeiten Mitterands an, um dann den Multikulturalismus in Frage zu stellen. Er wehrt sich gegen die Gesinnungskontrolle und bezeichnet die Hüter als „kleine Robespierres", die die Einhaltung der neuen Tugenden überwachen und gegen Abweichler, wenn auch ohne Guillotine, Terror ausüben. Für Brunet kommt alles Böse, und zwar auch Faschismus, Kolonialismus und Rassismus von links. In ähnlicher Weise rechnet Morgan Sportès mit den Propagandisten der 68er-Bewegung ab, zu. B. Sartre und Foucault, die Menschenleben auf dem Gewissen gehabt hätten *(Der Spiegel, 23/08).*

Das wirkt als geradezu dreist, muss in jedem Fall die CDU ermutigen, dem Christlichen im Vergleich zum Sozialistischen mehr Raum zu geben. Unterstützt wird sie durch einen bedeutenden Theologen, nämlich Hans Lachenmann. Dieser schreibt in seinem Aufsatz „Paradise now" über die „neue Ideologie des Bösen". Der evangelische Denker bezieht sich auf den verstorbenen Papst Johannes Paul II und dessen Buch „Erinnerung und Identität". Darin werden Kommunismus und Nationalsozialismus als die „Ideologien des Bösen" bezeichnet, da sie das vergangene Jahrhundert des zivilisatorischen Fortschritts in ein Jahrhundert der größten Menschheitskatastrophen verwandelt haben. Kühn war die Frage des katholischen Kirchenoberhaupts, ob nicht in der Gegenwart schon eine „neue Ideologie des Bösen" am Werke sei, welche „heimtückischer und verhohlener“ als die gescheiterten Ideologien des vergangenen Jahrhunderts sei *(„Erinnerung und Identität – Gespräche an der Schwelle zwischen den Jahrtausenden“, Augsburg 2005 S. 26).* Unter anderem denkt der polnische Papst an die „legale Vernichtung gezeugter, aber noch ungeborener menschlicher Wesen“ und an andere „schwere Formen der Verletzung des Gesetzes Gottes“, etwa die Akzeptanz homosexueller Verbindungen als alternative Form der Familie, der auch noch das Recht der Adoption zustehen soll. Natürlich sind die homosexuellen Protagonisten sehr wachsam, vor allem der Fraktionsgeschäftsführer der Grünen Volker Beck, dem nachgesagt wird, dass er permanent im Internet nach homosexuellenkritischen Aussagen forscht, um entweder mit scharfen Worten zu reagieren oder die Justiz einzuschalten. Er erwiderte: „Die Politik zur Beseitigung der Diskriminierung von Homosexuellen als Ergebnis einer ‚neuen Ideologie des Bösen' zu bezeichnen, ist Volksverhetzung. ... Ich fordere den Papst auf, das Buch zurückzuziehen“ *(Netzzeitung-de vom 10.02.2005).*

Der Papst fragte nach den Wurzeln der Ideologien des Bösen und kam zu dem Ergebnis, dass diese sich gegen die Schöpfung Gottes und die Wirklichkeit der göttlichen Liebe richteten *(a. o. St. S. 19 – 21).* Nach Auffassung von Lachenmann wird damit das Geheimnis des Bösen offenbar: und zwar im Menschen, der „sich selbst für Gott hält“ *(Artikel „Die Tagespost“ vom 08.10.2005).* Der evangelische Theologe hat wie viele Menschen Schwierigkeiten, sich den „zauberischen Bann“ zu erklären, welchen Nationalsozialismus und Kommunismus auf die Menschheit ausüben. Normale Personen, akademisch Gebildete verfielen z. B. der Vision vom germanischen Weltreich, das sich aus dem Untergang des jüdischen Untermenschentums als ein gottgleiches Licht aus der Finsternis erheben sollte. Menschen mit einem fühlenden Herzen mutierten zu Folterknechten. Den Ideologien des Bösen gemeinsam ist, dass sie sich mit dem weißen Mantel der Wissenschaft umkleiden, was besonders für den Marxismus gilt. „Die Ideologien des Bösen führten zur Diktatur, maßlosen Verbrechen, Krieg und Vertreibung, zu Realitätsverlust und einem schauerlichen Finale. Zurück blieben Gräber, Ruinen, zerstörte Seelen und verwirrte Geister“. Das ist die Schlussfolgerung von Hans Lachenmann. Nach dem Scheitern der Ideologien konnte man eigentlich Positives erwarten. „Nach dem Ende der SED-Diktatur 1989 konnte man auf Ernüchterung hoffen. Was jedoch kam, war die Resignation – und die ‚Spaßgesellschaft'. Nun lautete die Losung: ‚Ich will alles, ich will alles – und das sofort', wie damals eine Frauenstimme aus dem Radio kreischte. Das ersehnte Paradies muss hier und jetzt wahr werden: paradise now. Das Drama der Heilsgeschichte ist nämlich an sein Ende gekommen, darum muss es gar nicht mehr erzählt werden.“ Der tiefsinnige Theologe hat erkannt, dass jetzt alle in der Natur vorgegebenen Unterschiede, Regeln und Hierarchien ihr Recht verlieren. Sie sind nun alle gleich: Mann und Frau. Die

Kritiker gelten als Spaßverderber, Fundamentalisten und Homohasser. Lachenmann wundert sich darüber, dass diese Entwicklung an keinem Punkt durch solide wissenschaftliche Forschung, statistische Zahlen und glaubhafte Zahlen gedeckt ist. Verboten sind heute Fragen nach der verkürzten Lebenserwartung von Homosexuellen oder deren kaum zu überwindende Schwierigkeit, eine der Ehe vergleichbare dauerhafte Lebensgemeinschaft aufzubauen. „Die Aggression der neuen Ideologie des Bösen zielt ins Herz der Schöpfung und richtet sich deshalb gegen den Schöpfer selbst. Sie geschieht im Namen der Gleichheit. Die Frau soll nicht nur gleichberechtigt sein, sondern dem Manne völlig gleich, ihm nacheifern, ihn geradezu nachäffen. Ihre biologische Natur soll sie verleugnen. Ihr Privileg, dass sie allein Leben schenken kann und mit reichen Gaben dazu ausgestattet ist, ihr Kind zu nähren, zu pflegen und ins Leben zu führen, wird zum Hemmnis, sich im Leben verwirklichen zu können, einen Beruf auszuüben und das Leben zu genießen. Die Aggression richtet sich gegen die Polarität der Geschlechter, gegen Ehe und Familie." Man kann Hans Lachenmann nur beipflichten, dass zumindest heute nicht eine „Ideologie des Guten" herrscht, auch wenn die Ideologien des Marxismus und der Politischen Korrektheit zumindest im Ansatz nachvollziehbar sind. Durch die Übersteigerungen hat das Böse die Vorherrschaft übernommen mit dem Ergebnis, dass statt der Herstellung eines paradiesischen Zustands die Reste davon zerstört werden, z. T. schon zerstört sind.

Das mag sehr hart für die CDU klingen, die sich nach links geöffnet hat. Hinzu kommt die nicht allzu unionsfreundliche Einstellung der Publikationsorgane. Die überwiegend linken Medien (nur ca. 10 % der Journalisten sympathisieren mit den C-Parteien) beherrschen die Meinungsbildung in Deutschland, bei den Konservativen sind auffällige Resignationserscheinungen festzustellen. Hin und wieder zeigt sich etwas Wehrhaftigkeit aus der zweiten Reihe, etwa als der zurückgesetzte brandenburgische Innenminister Jörg Schönbohm die Kampagne gegen Eva Herman als Lehrstück der Macht der politisch korrekten „Sprachpolizei" bezeichnete. Während der unter Bundeskanzler Schröder begonnene „Kampf gegen Rechts" bisher mit 200 Millionen Euro gefördert worden ist, reagierte der Parlamentarische Staatssekretär Hermann Kues (CDU) mit einem schlichten Nein auf die Frage, ob es öffentlich subventionierte Projekte gebe, die sich in ähnlicher Weise mit der Gefahr des Linksextremismus auseinandersetzen. Eine Aufregung über derartige Verlautbarungen eines Parteigenossen gab es von den CDU-Größen offenbar nicht.

Es gehört wohl heute zur „Allgemeinbildung", dass „rechts" etwas Schlimmes, während „links" etwas Gutes sei. Bei den Medien ist es zur Selbstverständlichkeit geworden, bei Angriffen auf Ausländer generell zunächst einmal von „rechten Schlägern" auszugehen. Richtigstellungen, wenn sich etwa durch richtige Aufklärung andere Zusammenhänge ergeben haben, oder es sich um kompliziertere Fälle handelte, wie etwa in Mügeln (Schlägereien zwischen Indern und Deutschen), dann erfolgt allenfalls ansatzweise eine Klarstellung. Hält man sich die widerlichen Attacken von Neonazis auf Theaterschauspieler in Halberstadt vor Augen, dann ist die mediale Kritik gerechtfertigt, aber nicht Formulierungen wie „Blaskapellen gegen Rechts", um von den kulturellen Bemühungen in Richtung Kompensation zu berichten. Der Theologieprofessor Richard Schröder hat mit seinen Worten zum Tag der Deutschen Einheit 2007 Recht, wenn er sagt, Politik und Medien offenbarten eine „Inländerfeindlichkeit" gegenüber den Ereignissen wie „Mügeln". Der Verfasser erlaubt sich die These: Der Erfolg rechtsextremer Personen und Organisationen wie der NPD ist zum großen Teil darauf zurückzuführen, dass im positiven Sinne rechtes Gedankengut in Medien, leider zunehmend auch von Politikern, einschließlich CDU-Angehörigen, verunglimpft wird. Das Vakuum vergrößert sich immer mehr und muss irgendwie gefüllt werden. Die massive Ungerechtigkeit, die Konservative in unserer Gesellschaft erfahren, muss zwangsläufig dazu führen, dass Ventile geöffnet werden. Diese Abhängigkeit der Meinungsmacher und Politiker - in positiver oder negativer Hinsicht - gegenüber dem Nationalsozialismus kann durchaus die erste Ursache dafür sein, dass das Volk irgendwann einmal wieder – wenn es die äußeren Bedingungen erleichtern – nach einem „Führer" schreit.

Linke Geistesdominanz im CDU-Denken

Bereits diese Ausführungen zeigen, dass der Kampf gegen die Ideologien, ob rechts oder links, mit Engagement geführt werden muss. Das gilt umso mehr, als die Fokussierung auf den Rechtsextremismus in den Medien und den meisten politischen Parteien zu einem Ungleichgewicht geführt hat. Dass Journalisten in ihrer verfassungsrechtlich verankerten Legitimierung als Kritikinstanz durchaus linke Züge aufweisen müssen, liegt auf der Hand. Aber die Einseitigkeit, die weitgehend ideologisch verankert ist, kann überhaupt nicht gerechtfertigt werden. Gewiss muss eingeräumt werden, dass maßgebliche Philosophen und Soziologen, ja auch Theologen, den Medienverantwortlichen eine geistige Grundlage bieten. „Kritische Theorie" und „Frankfurter Schule" haben das Ihrige dazu beigetragen. Wenn, wie bereits erwähnt, der Guru Herbert Marcuse sich ereifert, um die christliche Moral zu zerschlagen, so hatte das erhebliche negative Folgen. Dass ein weltbekannter Philosoph derselben Gattung, nämlich Jürgen Habermas, 30 Jahre später in der Paulskirche auf die Unverzichtbarkeit der christlichen Theologie aufmerksam macht, haben die von der Studentenbewegung geprägten Journalisten und Politiker offenbar noch nicht bemerkt. Geistige Impulsgeber für die zunehmende Rückwärtsgewandtheit sind Personen wie etwa die Literaturmoderatorin Thea Dorn, ursprünglich Philosophiedozentin, welche in ihrem Buch „Die neue F-Klasse" mit Hilfe von Interviews versucht, eine ideologiefreie Gesellschaft zu fördern. Dafür gehuldigt wird dem weithin herrschenden Feminismus unserer Tage, gepaart aber auch mit dem Ideal der Kinderlosigkeit. Deutlich wurde dies auch in der vernichtenden Kritik an Eva Herman, etwa dass diese nun Zeit hätte, zuhause in Ruhe Apfelkuchen zu backen. Die Medien haben das Buch hochgejubelt, weil es zur Antifa-Ideologie passt. Das Eindreschen auf eine TV-Kollegin – trotz richtiger Ansätze einer Kritik daran, zu positiv über nationalsozialistische Errungenschaften zu sprechen – wirkt feige, weil die sich selbst überschätzende Kämpferin für die reine Lehre darauf aus war, einer angeschlagenen Gegnerin den Todesstoß zu versetzen. Man kann nur staunen über solche Ergüsse im Rahmen des „Aufstandes der Anständigen".

Die CDU ist offensichtlich tief beeindruckt von der – nach außen so erscheinenden – Diskursüberlegenheit der Linken. Eine irgendwie geartete Verteidigungsbereitschaft ist nicht erkennbar. Die Angst vor dem Vorwurf, als „rechts" zu erscheinen, ist zumindest mitbestimmend. Eine große Rolle spielt dabei, dass die CDU die antifaschistische Medienstrategie nicht durchschaut. Dabei könnte sie doch von den Linken, gerade von den ehemaligen, lernen. Man erinnere sich an des Schriftstellers Martin Walser geäußerte starke Worte bei der Verleihung des Dolf-Sternberger-Preises 1994 über den selbstgerechten Tugendterror mit der „öffentlichen Verurteilungskultur" und den Gewissensprüfungen durch „straflüsterne Moralgiganten"; aus allem, was den Gesinnungsterroristen misshage, würden sie einen „rechtsextremen Horrortext" fabrizieren, was zu einer „politisch-moralischen Lynchstimmung" führe – und das unter dem Deckmantel der Aufklärung. Der bereits erwähnte, inzwischen gewandelte, Jürgen Habermas bezeichnete die 68er Studentenbewegung als „linken Faschismus".

Gleichwohl hatten die 68er mit ihrem „Marsch durch die Institutionen" Erfolg, und zwar gerade durch die Synthese aus linker Schuldgemeinschaft und liberaler Spaßgesellschaft, wie der Soziologe Peter Furth meint. Der Maler Georg Baselitz spricht sehr offen: „Ich bin einer der wenigen, der nicht links ist. Es gibt diese Attribute, die zu Intellektuellen und Künstlern gehören. Kritisch zur Riege von Bush zu sein, kritisch zu Amerika zu sein, links zu sein und gegen den Markt. Das ist wie eine Krankheit, die linke Marotte. Wie Fußpilz" *(Der Spiegel 33/07).* Schärfer äußert sich der Schriftsteller Ralph Giordano in der „Frankfurter Allgemeinen Sonntagszeitung" *(12.08.2007):* „Man braucht ... kein Überlebender des Holocaust zu sein, um mit bürgerlichem Selbstbewusstsein den nach wie vor in linken Denkschablonen steckenden Multi-Kulti-Illusionisten, xenophilen Einäugigen und Apeasement-Doktrinären couragiert die Stirn zu bieten". Vielleicht ermutigt das die CDU! Allerdings hat sie es nicht leicht, wenn man bedenkt, dass nicht nur rechnerisch eine Mehrheit von rot-rot-grünen Parlamentariern besteht, die „wegen selbstverordneter sozialdemokratischer Kontaktsperre“ einstweilen folgenlos bleibt. In vielen Fragen gibt es linke Mehrheiten – und das in allen Parteien *(Die Zeit 09.08.2007)*.

Bei allem Verständnis für die ungünstige Situation bleibt der Verfasser der Ansicht, dass die Autorität der Unionsparteien erhöht wird, wenn sie von den Anbiederungen nach links Abstand nehmen. Sollen sie mit mehr Esprit in den Kampf gegen herrschendes linkes Denken ziehen! Dazu gehört auch Mut zur Satire, wie es der Generalsekretär der CDU in Nordrhein-Westfalen Hendrik Wüst vorexerziert hat: „Heute sitzen die wahren Reaktionäre in ihrer Wagenburg links von der Mitte, ergraute Kulturrevolutionäre, die viele bürgerliche Werte zertrümmert, aber nichts Tragfähiges an deren Stelle gesetzt haben“ *(Die Welt, 09.08.2007)*. Oft lohnen sich Fragen, etwa diejenige des Magazins „Cicero“ *(08/07)*, weshalb z. B. die nationalkonservative „Junge Freiheit“ vom Verfassungsschutz beobachtet wird, während die „Tageszeitung“ (taz) überhaupt nicht hinterfragt wird und wie selbstverständlich zum demokratischen Spektrum der Bundesrepublik gehört. Das Spektrum ist weit, um mit Wehrhaftigkeit der deutschen Linkslastigkeit zu begegnen. Auf den ersten Blick wirkt diese nicht als Sicherheitsproblem, bei einer Zukunftsperspektive allerdings doch.

So lohnen sich Fragen an das Informations- und Dokumentationszentrum für Antirassismusarbeit (IDA), das vom Familienministerium gefördert wird, obgleich dort die linksextremistische Vereinigung Jungdemokraten/Junge Linke (JD/JL) vertreten ist. Bereits 1999 war im Verfassungsschutzbericht die Rede über diese Gruppierung, sie sei „ständiger Partner von Linksextremisten in Aktionsbündnissen, aber auch bei militanten Störungen staatlicher Veranstaltungen“. Das ist an Blauäugigkeit kaum zu überbieten. Man muss jetzt nicht allzu sehr in die Tiefe steigen, die Zahl von 2369 linksextremistisch motivierten Straftaten, davon 268 Gewalttaten, spricht für sich. Die Gewalt von links, vor allem durch Vermummte, beim G8-Gipfel in Heiligendamm bleibt unvergessen. Die Medien haben vielfach Verständnis für das Steinewerfen, denn aus ihrer Perspektive ist „der gerechte Zorn“ bestens nachzuvollziehen. Die Anschlagserie linker Täter in Hamburg wurde in den Medien allenfalls am Rande erwähnt. Schlussfolgerungen wurden nicht gezogen. Man kann Bundesinnenminister Wolfgang Schäuble verstehen, der bereits vor 10 Jahren ein Nachdenken darüber forderte, weshalb die Institutionen so geschwächt und die Autoritäten so demontiert seien. Ein Grund ist gewiss die Ästhetisierung des linken Terrors in Theaterstücken, Kinofilmen und Ausstellungen. Das christliche Menschenbild ist der CDU offenbar peinlich. Sie schämt sich im Sinne des paulinischen Vorwurfs offensichtlich des Evangeliums. Deshalb will sie mit SPD-Themen punkten, etwa in der Familien- oder Bildungspolitik. Das Profil sollte geschärft werden durch „Räubern“ bei den Sozialdemokraten, wie die unionsfreundliche „Schwäbische Zeitung“ es zum Ausdruck bringt *(09.01.2006)*. Man könnte an den ulkigen Ausspruch denken: „Wir haben keine Chance, also nutzen wir sie!“.

Natürlich hat die Fusion zwischen Links-Partei und WASG die CDU, auch wenn längst nicht so stark wie die SPD, in Verlegenheit gebracht. Der Linksruck ist aber nicht die adäquate Antwort. Die Union verfügt, wie wiederholt vorgetragen, über ein fast unbegrenztes Potenzial an geistigen Grundlagen, um sich dem Trend zu widersetzen, auch die Links-Partei in ihre Schranken zu weisen. Den Kommunismus zu attackieren, ist rein intellektuell überhaupt gar kein Problem. Karl Marx hatte zwar in manchen Bereichen die richtige Diagnose gestellt, was den Linken auch gelingt, aber in Bezug auf die Therapie besteht allseitiges Versagen. Die Unionsparteien können auch darüber spotten, dass sich die Linken weitgehend auf ihr Gefühl verlassen. Nach den neuesten wissenschaftlichen Erkenntnissen sind die Errungenschaften der Rationalität sinnvoller: Wer zweimal überlegt, schneidet in der Regel besser ab, nicht schlechter *(Der Spiegel, 24/05)*. Es ist beim besten Willen nicht einzusehen, weshalb den Linken der „Generalschlüssel der historischen Deutungsmacht auszuhändigen“ sei und damit die Konservativen sich deren kultureller Vorherrschaft zu unterwerfen hätten *(Volker Zastrow in der „Frankfurter Allgemeinen Sonntagszeitung“ vom 29.04.2007)*. Manches spricht dafür, dass es eine typisch deutsche Krankheit ist, den Linken das geistige Übergewicht so unverdient zu überlassen. Das mag in Bezug auf den widerwärtigen Nationalsozialismus verständlich sein; eine überzeugende Begründung ist nicht leicht, ernst zu nehmen sind allerdings die kommunistischen Opfer. Der estnische Präsident Toomas Hendrik Ilves setzt sowjet- und nationalsozialistisches Unrecht gleich. Als Sozialdemokrat behauptet er, aus der estnischen Warte gebe es keinen Unterschied zwischen Nazis und Kommunisten.

Zusammenarbeit mit linkslastigen Grünen

Von großer Bedeutung für die Bildungsproblematik in Deutschland ist die Frage, wieweit es die Unionsparteien schaffen, auf hohem Niveau mit den Grünen zusammenzuarbeiten. Nach den bisherigen Erfahrungen mit dieser Partei sieht es eher so aus, dass die CDU substanzielle Einschränkungen auf sich nehmen muss. Das soll an zwei Beispielen deutlich werden:

Der Bundesvorstand Grüne Jugend hatte im November 2007 auf seinem 29. Bundeskongress in Würzburg zur Frage der künftigen Familie u. a. Folgendes beschlossen:

Der Grundpfeiler einer freien und toleranten Gesellschaft ist eine freie und tolerante Familie. Familie ist die kleinste Einheit in einer Vielzahl an Individuen und Gemeinschaftsformen. Der Begriff „Familie" wird bei uns in erneuerter Definition verwendet: Wir verstehen darunter sowohl das klassische Vater-Mutter-Kind-Bild, als auch gleichgeschlechtliche Partnerschaften mit oder ohne Kind, polygame Lebensgemeinschaften, Patchworkfamilien, Alleinerziehende aber auch Wohngemeinschaften wie Studierenden-, Mehrgenerationen-, und Senioren-Gemeinschaften oder ganz einfach der engste Freundeskreis. Im Mittelpunkt der Definition steht die Solidarität untereinander, das Füreinanderdasein. Dies wollen wir rechtlich mit einem Familienvertrag absichern und damit die Ehe ersetzen. ...

Die Berücksichtigung von Familienformen mit mehr als zwei sozialen Elternteilen ist dabei ein zentrales Anliegen von Patchwork- und Regenbogenfamilien. Auch Geschwister, die sich lieben, sollen Familienverträge abschließen und Kinder bekommen können. Sie sollten in diesem Fall an einer Familienberatung teilnehmen. Die Grüne Jugend will hier keine Straftatbestände. Für den Familienvertrag im Allgemeinen muss es entsprechende Beratungsmechanismen geben. Gerade auch vor einer „Familiengründung" sei es nun mit Kind oder mit Aufsetzung des Vertrages ist ein Gespräch mit ExpertInnen zu Grundsatzfragen des Miteinanders wichtig. Hier soll es staatliche, kostenlose Angebote geben.

Es darf in unserer Gesellschaft nicht der Anschein entstehen, dass um ein Kind erziehen zu können, es dafür einer Mutter und eines Vaters - wie es konservative Kräfte gerne hätten - bedarf. Wir leben in einer modernen Gesellschaft und in dieser soll es auch möglich sein, dass homosexuelle Paare, Alleinerziehende oder platonische Zweier- oder Dreierkonstellationen Kinder adoptieren dürfen. Der Mensch - in diesem Fall das Kind - muss im Zentrum des Adoptionsrechts stehen, nicht überkommene Familienvorstellungen! Darum sprechen wir uns für ein Adoptionsrecht für alle Menschen aus, egal in welcher Beziehungskonstellation sie leben oder welcher Sexualität sie sich zugehörig fühlen. Einzig entscheidend ist doch, ob sie für das Kind sorgen wollen und können!

Bei allem Wohlwollen für eine Aufbruchstimmung fällt es sehr schwer, hier etwas anderes zu interpretieren als die Zerstörung von Ehe und Familie.

In dem zweiten Beispiel geht es nicht nur um Äußerungen und Beschlüsse, sondern um aktives Handeln, und zwar ganz betont christentumsfeindlich.

Als er nach dem Programm des Jugendkongresses „Christival" in Bremen 2008 forschte, stieß der bereits erwähnte Grüne Parlamentarische Geschäftsführer Volker Beck auf ein Seminar (von mehr als 200) mit dem Thema „Homosexualität verstehen – Chancen zur Veränderung". Wutschnaubend wandte er sich an die Bundesfamilieministerin, die für die Jugendveranstaltung einen Betrag von € 250.000 zugesagt hatte. Es war sein Anliegen, von der Zusicherung Abstand zu nehmen. So forderte er von den Veranstaltern, das Seminar zu streichen. Diese „gehorchten", wenn auch widerwillig, um die übrigen Seminare nicht in Mitleidenschaft zu ziehen. Das genügte dem homosexuellen Protagonisten aber nicht, er belästigte Bundesregierung und Bundestag mit umfangreichen Anfragen, um die christlichen Verantwortlichen zu diskreditieren. Dabei scheute er auch nicht zurück vor Formulierungen zulasten der Veranstalter wie „Scharlatanerie". Es waren nicht Methoden, die Gedanken an demokratisches Handeln aufkommen ließen, sondern man wurde eher an Strategien aus dem NS-Regime erinnert. Obwohl die Christen nachgegeben hatten, Volker Beck also seine Wünsche erfüllt sah, ließ er nicht locker und wollte ihnen quasi „den Todesstoß versetzen". Hinzu kommt das niedrige intellektuelle Niveau: Die Veränderungsfähigkeit Homosexueller in Richtung heterosexuelle Ehe und Familie ist längst von Wissenschaftlern, die Weltruf genießen, nachgewiesen worden. Natürlich versteht der Einfühlsame, dass die homosexuellen Aktivisten Angst davor haben, dass ihre Identität, welche sie mit viel Raffinesse in diversen EU-Richtlinien durchgesetzt haben, durch derartige Seminare in Frage gestellt werden könnte. Erschütternd bleibt aber dieser Verlust demokratischen Geistes bei den Grünen. Das ist aber noch nicht alles: Sei es durch die Funktion als „Brandstifter", sei es durch geschickte Inszenierung: Es kam zu einer Vielzahl von Beweisen der Intoleranz homosexueller Aktivisten während des Jugendtreffens. So wurden die Christen verspottet mit Plakaten wie „Homosexualität ist eine Krankheit und die Erde ist eine Scheibe" oder „Heidenspaß statt Höllenqual – religionsfreie Zone" mit dem Bild der Betenden Hände von Albrecht Dürer. Die Christival-Kritiker gingen noch weiter und skandierten Sprüche wie „Kein Gott, kein Staat, kein Patriarchat" oder „Masturbieren statt Missionieren", „Evas Genitale statt Evangelikale" oder „Stopp Christival!". Weiter verursachten Internethacker die Lahmlegung der Homepage des Christival für länger als einen Tag, am schlimmsten waren körperliche Verletzungen und Sachbeschädigungen durch Randalierer.

Kann eine christliche Partei mit Vertretern dieser Gesinnung zusammenarbeiten? Nun kann man sagen, eine Koalition zwischen der CDU und den Grünen ist ja bislang nur im Stadtstaat Hamburg erfolgt, Volker Beck ist dort nicht zuständig. Das ist zutreffend, bietet eben die Chance, veränderungswillige Grüne zur Anhebung ihres intellektuellen Niveaus zu inspirieren. Es darf eben nicht verkannt werden, dass die Grüne Bewegung, gerade was den Namen betrifft, aus den Unionsparteien entstanden ist. Die vernünftigen Ideen, die Schöpfung zu bewahren, stammt von dem christlich orientierten Demokraten Herbert Gruhl. Schaut man sich das Engagement von Bundeskanzlerin Angela Merkel im Bereich Klima an, so liegt die Seelenverwandtschaft gar nicht so fern, auch wenn hier so manche Unterschiede bestehen, etwa im Hinblick auf den Ausstieg aus der Kernkraft. In Bezug auf die Schöpfung könnten sich beide Parteien gar inspirieren: So kann die CDU von den Grünen Erhebliches im Zusammenhang mit den Gentec-Gesetzen lernen, etwa über die Unzulässigkeit der Herstellung von embryonalen Stammzellen. Darüber wird noch Einiges im sechsten Kapitel über die Schöpfung zu sagen sein. Das Problem ist, dass sich die Grünen nicht nur aus Öko-Freunden zusammensetzen. Die „Anteilseigner" marxistischer Herkunft sind heute keinesfalls unterrepräsentiert. Ursprünglich sahen sich die Grünen als „Antipartei-Partei", wenn man sich an die Initiatorin Petra Kelly erinnert. Es kam allerdings doch zur Parteigründung im Januar 1980. Um die maoistisch orientierten Gruppen hereinzulassen, wurde die Doppelmitgliedschaft von Kommunisten zugelassen. Diese haben die Programmatik nicht unerheblich mitbestimmt, etwa Daniel Cohn-Bendit, Jürgen Trittin oder Joschka Fischer. So wurde z. B. im Bundesprogramm von 1989 u. a. gefordert, die Großkonzerne zu entflechten, die Aussperrung zu verbieten, die Bundeswehr abzubauen oder marxistisch geprägte Befreiungsbewegungen zu unterstützen. Einfluss hatte auch die Frauenbewegung mit der Forderung, über die Gleichstellung der Geschlechter hinaus diese „gleich zu machen": Die Feminisierung der Gesellschaft, sexuelle Freiheit, Befürwortung der Abtreibung bis zur Schaffung eines neuen Menschen (Gender Mainstreaming). Besonders profitiert haben davon die homosexuellen Aktivisten. Hinzu kam die „Friedensbewegung", die u. a. resultierte aus moskautreuen Kommunisten und christlich-pazifistischen Gruppen. Gefordert wurde der Abzug aller fremden Truppen sowie Blockfreiheit und Neutralität. Dies hing zusammen mit dem tiefen Glauben an das Gute im Menschen, auch im Feind. Das war Männern wie Herbert Gruhl zu viel, so dass er aus der Grünen Partei austrat. Marxistisches Gedankengut wurde weiter propagiert, z. T. auch umgesetzt: Förderung der Einwanderung auch in Zeiten der Arbeitslosigkeit, Förderung von frei gewählten pädagogischen Gemeinschaften, die an die Stelle der Familie treten sollten.

Es gibt in der Tat Berührungspunkte mit dem christlichen Glauben, worauf vor allem der Theologe Lothar Gassmann in seinem Buch „Grün war die Hoffnung" *(Uhldingen, 1994)* hinweist. Zunächst geht es um die Verantwortung für die Natur, gerade im Sinne von Genesis 2 Vers 15, den Garten zu bebauen und zu bewahren. Erwähnenswert ist der umfassende Tierschutz *(vgl. Römer 8 Vers 16 ff)*. Wichtig ist der Schutz von Minderheiten, gerade was die Ausgestoßenen und Verachteten, vor allem die Behinderten betrifft, wobei Jesus in der Tat ein großes Vorbild war. Letztlich besteht auch eine gewisse Übereinkunft in der Ablehnung rein materiellen Denkens, ja des kapitalistischen Systems *(S. 59 ff)*. Probleme haben Christen allerdings bereits in Bezug auf den Glauben an die gute Natur des Menschen, der nach biblischem Verständnis von Jugend an sündig ist *(Genesis 8 Vers 21)*. Aber Christen übersehen grundsätzlich nicht, dass Gott immerhin den Menschen geschaffen hat. Diese Bipolarität, das scheinbar Widersprüchliche, könnte zumindest von den Grünen auch erkannt werden. Schädlich sind allerdings die bereits erwähnten Aufhebungen der göttlichen Gebote. „In ihrer relativistischen, autoritätsfeindlichen Haltung setzen die Grünen sich in verschiedenen Punkten, vor allem auf sexualethischem Gebiet, über die Schöpfungsordnungen Gottes hinweg. Sie übernehmen die von W. Reich, H. Marcuse, H. Kentler u. a. geprägten Vorstellungen einer modernen Sexualwissenschaft, die Perversion, Homosexualität, Polygamie, vor- und außerehelichen Geschlechtsverkehr, freie Liebe und Auflösung der Familie gut heißt und propagiert. Die Grünen machen sich stark für die Streichung des bundesdeutschen § 218 StGB und damit für die Leugnung des Unrechtscharakters der Abtreibung" *(Gassmann, a.o.St. S. 85)*. Es gibt also Verbindendes, aber auch Trennendes.

Die Zusammenarbeit könnte einerseits der CDU helfen, ihr Niveau in Richtung „C" zu erhöhen, andererseits auch die Grünen auf ihre „ideologischen Missverständnisse" aufmerksam zu machen. Ungebildet – gerade im Kontext mit dem CDU-Gründungsaufruf – erscheint der Beschluss des Landesparteitags der Grünen in Augsburg, alle christlichen Symbole aus Schulzimmern zu verbannen *(pro-Kompakt 09.06.2008)*. Vielleicht kann der Parteiwechsel Oswald Metzgers von den grünen Realos zur CDU zu einer konstruktiven Zusammenarbeit verhelfen. Immerhin ist der Hamburger Bürgermeister Ole von Beust nicht ein homosexueller Propagandist wie sein Berliner Kollege Wowereit; hier herrscht noch eine vornehme hanseatische Zurückhaltung. Nicht wird man dem Hamburger vorwerfen können, er sei nicht geschmeidig genug. Immerhin hatte er anfänglich eine Koalition mit der problematischen Schill- Partei in die Wege geleitet, die zu kaum mehr als zum reinen Protestieren fähig war. Er hat es geschafft, den Koalitionspartner zu bändigen, um dann bei der nächsten Wahl die absolute Mehrheit der CDU zu gewinnen. Sein Talent zur Flexibilität dürfte ihm behilflich sein, mit den „Ökopaxen" zusammenzuarbeiten. Natürlich können sich Christdemokraten Sorgen machen über einen möglichen Substanzverlust ihrer Partei, gerade wenn Ole von Beust Konzessionen in Richtung Verzicht auf geistiges Niveau machen muss. Das gilt etwa im Hinblick auf das Zugeständnis, im Bildungsbereich nachzugeben. Auf den ersten Blick sieht es so aus, dass die Grünen davon etwas verstehen, zumal es gerade Akademiker und Beamte sind, die – früher Anhänger der CDU – sich mehr und mehr für die Grünen entscheiden. Die Schulsenatorin Christa Goetsch als Vorsitzende der Hamburger Grünen – dort GAL – verlangt, dass nunmehr alle Kinder gemeinsam in einer sechsjährigen Grundschule unterrichtet werden. Es schimmert wieder das „Gleichbehandlungsdenken" hervor, das eben zu einem Niveauverlust führt. „Droht das totale Chaos?", fragt „Der Spiegel" *(24/08)*, da z. B. das dreigliedrige Schulsystem abgeschafft werden soll. Es regt sich bereits Widerstand in Hamburg: Bürger sind besorgt, dass begabte Kinder sich nicht nur – wie bisher – in der vierten Grundschulklasse langweilen, sondern es in diesem Zustand auch noch zwei weitere Jahre aushalten müssen, bevor sie aufs Gymnasium kommen; die Qualität des Abiturs an staatlichen Schulen werde erheblich sinken, so dass der Wunsch nach Privatschulen lauter werde, was – wie sich aus Andeutungen ergibt – von den Grünen verhindert werden soll. Die Initiatoren steuern auf einen Volksentscheid über Unterschriftssammlungen zu.

Freuen können sich die Homosexuellenverbände, dass sie mit Verbesserungen zugunsten der Lebenspartner rechnen können, etwa im Hinblick auf die Hinterbliebenenversorgung. Die CDU wird sich anpassen müssen. Man hat nicht den Eindruck, dass Bundeskanzlerin Merkel dies zuwider ist. Unterstützung bekommt sie auch von ihrem Parteigenossen Roland Koch, der auch sichtbar darüber nachdenkt, eine Koalition im Bundesland Hessen mit den Grünen zu realisieren. Begibt sich vielleicht die CDU in eine „babylonische Gefangenschaft"? Man mag denken, dass der bereits beschriebene Linksruck die Verständnisebene zwischen beiden Parteien zu festigen vermag. Wenn es heißt, dass Ole von Beust sich zu billig verkauft habe *(Der Spiegel, 70/08)*, dann wird das die ohnehin in Bezug auf das Christentum liberale CDU nicht allzu sehr verunsichern. Das gilt auch für die vereinbarten Lockerungen im Strafvollzug und die Installierung einer Straßenbahn in Hamburg. Die Grüne Alternative Liste freut sich, nachdem sie mit nur relativ geringen Konzessionen nun an der Macht beteiligt ist. Beide Parteien frohlocken, dass sie „Ideologien von gestern überdacht und alte Gräben übersprungen" hätten *(sh:z 03.05.08).* Allerdings wird es der CDU nicht leicht fallen, ihren Mitgliedern zu vermitteln, dass es für Hamburg günstig sei, den Immigrantenanteil im Öffentlichen Dienst anzuheben und die Einbürgerung zu beschleunigen. Der „Erfolg", die geplante Elbvertiefung durchgesetzt zu haben, wiegt das Nachgeben nicht auf.

Es sieht so aus, dass in der CDU Schwarz-Grün fast als Selbstverständlichkeit angesehen wird. Offensichtlich bestehen wohl mehr Schnittpunkte mit den Grünen als mit der SPD, soweit es die Unionsperspektive betrifft. Es sieht nun nicht danach aus, dass die CDU sich in Bezug auf ihr Proprium wird durchsetzen können. Früher hieß es einmal „Keine Experimente!", nun hat die CDU den umfassendsten Versuch riskiert. Der Publizist und Filmautor Michael Miersch behauptet schlicht: „Es wächst erneut zusammen, was einst zusammen gehörte" *(Cicero 4/08 S. 62).* Vielleicht ist dieser Gedanke richtig, wobei allerdings vorauszusetzen ist, dass die CDU ihre Identität bewahrt. Das ist dann möglich, wenn sie sich ihrer Wurzeln wieder bewusst wird und auf dem hohen geistigen Niveau agiert, das ihr für viele Jahrzehnte die Regierungsgewalt beschert hatte. Dazu gehört auch eine geistvolle Auseinandersetzung mit den grünen Folgeerscheinungen wie den Menschen verachtenden Fernsehsendungen von Dieter Bohlen und Heidi Klum oder das zügellose Auftreten der Pornografin Charlotte Roche mit ihrem Roman „Feuchtgebiete". Ein mutiges Wort wird auch erwartet zugunsten des Wiederaufbaus der Leipziger Paulinerkirche auf dem Universitätsgelände, die das kulturlose DDR-Regime zerstört hatte.

Das Bildungsbedürfnis der Deutschen verlangt somit eindeutig eine Abkehr von der Privilegierung linken Gedankenguts und linker Untaten. Vielleicht können jüngere Unionspolitiker helfen. Sie kritisieren das bisherige CDU-Programm als „zu schwammig" und meinen in Bezug auf die Familienpolitik, dass nicht jedes Lebens- oder Gesellschaftsmodell es verdiene, im Zeichen der Pluralität gleichermaßen gefördert zu werden. Im Übrigen lehnen sie Abtreibung und Sterbehilfe ab. Die Unionspolitiker Markus Söder, Stefan Mappus, Hendrik Wüst und Philipp Mißfelder geben Anlass zur Hoffnung, auch wenn sie sich zu einer differenzierten Betrachtung der Krippenproblematik nicht vollständig durchringen können. Mappus und Söder können die Förderung der Kinderkrippen ohne Betreuungsgeld für die daheim erziehenden Mütter nicht gut heißen, Wüst und Mißfelder finden die Politik der Familienministerin von der Leyen grundsätzlich richtig und das Betreuungsgeld nebensächlich *(Der Spiegel, 37/07).* Mögen sich die älteren Unionsmitglieder mehr von den jüngeren inspirieren lassen, die die Grundsatzdebatte der CDU zu beleben verstehen, auch wenn der „Einstein-Pakt", wie die Gruppierung genannt wird, nicht über ein in die Verästelungen durchdachtes Konzept verfügt.

Man könnte hier direkt auf den Gedanken kommen, dass junge Unionschristen eine Tendenzwende herbeiführen wollen, damit die CDU sich wieder mehr der Vernunft zuwendet und vom Schielen auf den Zeitgeist Abstand nimmt. Die Kritik am legitimierten Schwangerschaftsabbruch zeugt kaum von hoher Intellektualität, gerade angesichts des demografischen Problems. Die Wiedereinführung biblischer Grundsätze im Rahmen des „C" erscheint als Zeichen des Fortschritts, was – wie manchmal auch verspätet – große Intellektuelle erkannt haben. Zu denken ist an Heinrich Heine, der zunächst als Twen meinte, der Absturz des Christentums leuchte ihm ein, um dann später zu bekennen: „Die Wiedererweckung meines religiösen Gefühls verdanke ich jenem heiligen Buche, und dasselbe wird für mich ebenso sehr eine Quelle des Heils, als ein Gegenstand der frömmsten Bewunderung" *(so in „Memoiren, Geständnisse", Schleswig 2005, S. 117).*

Eine gravierende Änderung wird gewiss nicht dadurch erfolgen, dass die Ausgaben für Forschung und Entwicklung bis zum Jahre 2015 auf 5 % des Brutto-Inlandprodukts gesteigert werden, so begrüßenswert diese Intention auch ist. Wer garantiert, dass durch größeren Einsatz von Finanzmitteln das geistige

Niveau auch erhöht wird? Was wird die CDU unternehmen, um gerade in den Geisteswissenschaften neben der linken auch „rechte" Forschung zu betreiben? Hier ist der erwähnte Mittelstand gefragt, der grundsätzlich nicht über eigene wissenschaftliche Abteilungen verfügt. Man denke auch an die Anwaltschaft, die mangels Geldmitteln nicht gründlich genug die Probleme der Justiz analysieren kann. Erinnert wird etwa an die Negativfolgen für den Wirtschaftsstandort Deutschland durch die Abschaffung einer zuverlässigen Berufungsinstanz. Es ist heute Glückssache, an ein ordentliches und verantwortungsbewusstes zweitinstanzliches Gericht zu gelangen, welches den Grundsatz des rechtlichen Gehörs nach Artikel 103 des Grundgesetzes wirklich ernst nimmt: Bei den Oberlandesgerichten wird heute öfter gefühlt und behauptet, während früher die Argumentation mehr im Vordergrund stand. Die Verstöße gegen den Grundsatz des rechtlichen Gehörs nach Artikel 103 Grundgesetz häufen sich. Das sollte durch hochqualifizierte Forschungsinstitute untersucht werden, um die Weichen für die Zukunft in konstruktiver Weise zu stellen.

Wenn die CDU von der „europäischen Kulturnation" spricht, welche vor allem durch die christlich-jüdische Tradition und die Aufklärung geprägt sei, so besteht geradezu ein Zwang, das geistige Plateau anzuheben. Dass der Beitrag der „Aufklärung" allzu oft überbewertet wird, liegt auf der Hand, weil sich doch so manch ein „Gebildeter" geniert, das christliche Abendland als wirkliche Quelle zu erwähnen. Interessant wären Untersuchungen der Parteien, wieweit die hoch bezahlten Geisteswissenschaftler, etwa in den Disziplinen Politologie, Soziologie und Philosophie, über Kenntnisse des Buchs verfügen, das in erheblicher Weise durch seine geistige Vielfalt die Weichen für die Freude an der Forschung gestellt hat. Die Heilige Schrift hat, was unbestritten ist, die größten Geister in Philosophie, Literatur, Malerei und Musik inspiriert. Es wird allzu leicht übersehen, dass die Leistungen der Aufklärung nicht in der Kreativität, sondern in der damals erforderlichen Zurechtweisung der kirchlichen Verantwortlichen lagen. Wenn dies von der CDU voll erkannt wird, dann bestehen auch keinerlei Probleme, die Fragen der Singularität des Holocaust, der Aufarbeitung der SED-Diktatur, des weltweiten Engagements für die deutsche Sprache, der Beibehaltung der freien Medien, des Einsatzes für eine wirklich rationale und emotionale Grundversorgung der Bevölkerung durch den öffentlich-rechtlichen und privaten Rundfunk zu lösen. Dabei wird es der CDU auch leicht fallen, die „Denunziationsaktion gegen Rechts", bei welcher die renommierte „Zeit" erstaunlicherweise mitwirkt, zu neutralisieren und zumindest den Linksextremismus einzubeziehen. Wie wäre es im Übrigen als Äquivalent mit der Installierung von Institutionen und Netzwerken, die sich gegen die linke Vorherrschaft wenden? Das kann sich die CDU aber ersparen, wenn sie mit den ihr gegebenen Talenten auf all die erwähnten Missstände weise aufmerksam macht.

Der CDU ist bekannt, dass eigentlich jeder Bürger über ein natürliches Bedürfnis nach Religion verfügt. Wenn das „C“ bei der Union keine Rolle mehr spielt, dann treten die Ideologien an dessen Stelle. Dabei muss nur ein Teilbereich religiös begründet werden. Die Union kann sich auf die Wissenschaft berufen, auch auf die Philosophie. Erinnert sei etwa an Karl Raimund Popper, den Wissenschaftstheoretiker. Nach dessen Vorstellungen sei das Ziel des Wissens nicht die Verifizierung, nämlich das Herausfinden der Wahrheit, sondern die Falsifizierung, nämlich das Herausfinden des Irrtums. Wie man protestiert, auch ein wenig Mut zum Polarisieren hat, zeigt der Philosoph und Bestsellerautor Richard David Precht. Sein Denk-Lehrbuch mit dem schrägen Titel „Wer bin ich – und wenn ja, wie viele?“ ist sehr anregend und umfassend, da es sowohl die Gefühle und Grenzen der Wahrnehmung einschließt als auch die Sinnfrage stellt und dabei aktuelle Fragen wie Freiheit, Gerechtigkeit und Liebe einbezieht. Der erfolgreiche Verfasser will die „eigene Faszination angesichts alles Lebendigen“ weitergeben und erachtet Kompromisslosigkeit und sehr kritisches Beurteilen der so genannten Eliten als unverzichtbar *(Der Spiegel, 28/08)*. Es dürfte der CDU in der Tat Freude bereiten, all die Gegner, gerade beim „Kampf gegen Rechts“ mit Esprit zu verunsichern.

5. Erneuerung der Sozialen Marktwirtschaft in der globalisierten Welt

„Deutschland profitiert davon, weniger deutsch zu sein“, das meint zumindest das nicht einfallslose Magazin „Der Spiegel“. Er lässt den Schweizer Publizisten und Intellektuellen Roger de Weck behaupten, dass es der Bundesrepublik noch nie so gut gegangen sei wie heute, und zwar trotz all des Jammerns. „Das Wehklagen ist die besondere deutsche Form des Wohlbehagens“ *(20/07)*.

Rückwärtsgewandtheit mit Hilfe der Medien

Nun sprach Bundeskanzlerin Angela Merkel vor gar nicht langer Zeit vom „Sanierungsfall“ und bezog sich damit auf die wirtschaftliche Lage in Deutschland. Es waren zukunftsorientierte Debatten zu erwarten. Das hat sich aber z. T. im Laufe des Jahres geändert. Der „Spiegel“-Artikel stammt aus der ersten Jahreshälfte, die Skandale um Eva Herman folgten erst in der zweiten. Sie erwecken den Eindruck, als ob die Retrospektive der Deutschen wieder leitend ist. Dafür gibt es in der Tat Anhaltspunkte. Die Kündigung der NDR-Moderatorin durch den öffentlichen ARD-Sender und der Rausschmiss der Kämpferin für die Familie durch den ZDF-Moderator Kerner können nicht als allgemeine Auffassung angesehen werden, zumindest soweit es die Meinung der Bevölkerung betrifft (allenfalls als veröffentlichte Ansicht). Die Bürger halten zwar die Verknüpfungen zwischen NS-Regime und Familie seitens der Frau Herman für ungeschickt, lehnen aber zu zwei Dritteln die Kündigung ab. Es sind halt die Journalisten, die den Blick in das Vergangene wach halten und, wie bei Mächtigen zumeist, sich energisch für die Meinungsfreiheit der Medien einsetzen, während sie diese ihren Opfern nicht zubilligen. Die Übermacht der Vierten Gewalt wird hier besonders deutlich. Kaum jemand hat den Mut, sich mit den Publikationsorganen anzulegen, selbst wenn sie öffentliche Gelder, nämlich die Zwangsgebühren für ihre Tätigkeit, nur begrenzt verantwortungsbewusst verwenden. Die öffentlichen Fernsehanstalten stellen eine wirtschaftliche Macht dar, die über Lebensschicksale zu bestimmen vermag. Die Unterwerfung unter die Ideologie der Political Correctness ist erschreckend. So war es in der Kerner-Sendung keinesfalls Ziel des Moderators und der von ihm gezielt eingeladenen Gäste aus der Medienwelt, über die Frage der Förderung von Ehe und Familie nachzudenken, sondern ein Tribunal über die abtrünnige Kollegin zu halten. Erinnerungen werden wach an die Vertreter vorheriger Ideologien, etwa die stalinistischen Schauprozesse oder den Volksgerichtshof. Glücklicherweise haben einflussreiche Medien die Verurteilung verurteilt, leider fiel der CDU zu den schweren Verstößen gegen Art. 5 des Grundgesetzes hierzu kaum etwas ein, im Gegenteil toppte sie das Unrecht im noch zu erörternden Fall der Jungen Union in Hamburg.

Es wird höchste Zeit, dass die christliche Partei Zivilcourage beweist und den Kampf mit den destruktiven Medien nicht scheut. In den Leitfragen zum Grundsatzprogramm geht es auch um stärkere Kontrollmechanismen. Diese sind in jedem Fall erforderlich. Dabei geht es nicht um gesetzliche Einschränkungen des Grundrechts der Pressefreiheit, sondern um die geistige Auseinandersetzung mit den die Medien beherrschenden Ideologien, insbesondere mit der Politischen Korrektheit. Da diese - wie die mitbegründende 68-Bewegung - aus dem Marxismus stammt, erscheinen die Unionsparteien als die einzigen, die denen in kompetenter Weise etwas entgegenzusetzen haben. SPD, Linke und Grüne haben sich vereinnahmen lassen, die FDP ist zu liberal und tolerant, um sich gegen die einseitige Interpretation des Toleranzgedankens – wie er in der Political Correctness vorherrscht – in überzeugender Weise wehren zu können.

„Alles darf man kritisieren, ausgenommen die Kritik“. Das meinte der Schriftsteller Ludwig Fulda, der um die Wende zum 20sten Jahrhundert wirkte. Journalisten, die gern kritisieren, schätzen es gar nicht, wenn man ihre Arbeit infrage stellt. Aus der Perspektive der Publikationsorgane darf alles kritisiert werden, vom Bundeskanzler angefangen bis zu den Päpsten, ja selbst Gott. Aber auf keinen Fall die Inhaber der Kritikgewalt. Lustig gemacht hatte sich darüber der Verfassungsrechtler Professor Kriehle. Einer christlichen Partei muss zu denken geben, dass bereits Ende der 80er Jahre, also vor der Wende, bei 87 % Kirchenmitgliedern in den alten Bundesländern ca. 50 % der Journalisten den Kirchen den Rücken gekehrt hatten und ausgetreten waren. Es fragt sich in der Tat, ob sie über die ausreichende Kompetenz verfügen, zu Werten wie Familie Gescheites sagen zu können. Gerade wenn es um die Bewältigung der Vergangenheit geht, muss diese Orientierung am NS-Regime in der Weise, wie sie gehandhabt wird, in Frage gestellt werden. Es geht nicht an, dass einerseits nahezu alles, was bei Hitler nicht kriminell war, geächtet wird, andererseits Destruktives wie die Intoleranz der Medien, die teilweise in Gesinnungsschnüffelei und Meinungsterror mündet, so mir nichts dir nichts hingenommen wird.

Die Unionsparteien haben ihre Machtstellung in Bund und vor allem in Ländern – gerade in der Phase, in welcher sie die weit überwiegende Zahl der Ministerpräsidenten stellte – kaum genutzt, um die linke Vorherrschaft in den öffentlichen Rundfunkanstalten zumindest einzugrenzen. Bei welchem ARD-Sender – außer bei den Bayern – besteht noch eine gewisse Sympathie für die Unionsparteien? Dies spürt der Zuhörer nicht nur in den Nachrichtensendungen, sondern auch in den Polit-Talks. Auch wenn in Letzteren optisch durch die Besetzung der Anschein der Gleichbehandlung erweckt wird, so sind es vor allem die Fragen und Einspielungen, die die Unionsparteien in einem schlechten Licht erscheinen lassen. Eine Kampfbereitschaft ist nicht erkennbar. CDU und CSU haben bei ihrer Medienkritik hauptsächlich die Gewaltdarstellungen im Fernsehen und Internet im Auge. Hier sollten sich die Parteien etwas Wirksames einfallen lassen. Der Weg über die Gesetze wird wenig fruchten. Im Zentrum muss die geistige Auseinandersetzung stehen. Gefragt sind wissenschaftliche Untersuchungen, exzellente Vermittelbarkeit und Brandmarkung der Untaten, wozu das christliche Reservoir durchaus hilfreich sein kann. Empfehlenswert wäre z. B. ein gezieltes Vorgehen gegen den SWR, der 2008 in zwei TV-Sendungen die Fürsorge-Organisation „Wüstenstrom“, die sich für das Wohl Homosexueller einsetzt, wegen deren christlicher Ausrichtung mit reinen Behauptungen auf niedrigstem Niveau diffamiert hat. Allein der Kampf gegen Aids ist ökonomisch bereits relevant. Nützlich ist der Union auch die – von der Bevölkerung weithin anerkannte – wirtschaftliche Kompetenz, zumal sich das Medienproblem nicht so ohne weiteres von den finanziellen Fragen trennen lässt.

Tapferkeit gegen den Übermut der Medienmächtigen wird das Zurückblicken in die Vergangenheit auf das normale Maß zurückschrauben. Der Blick in die Zukunft wird dann weniger verstellt, auch was die Frage der Globalisierung betrifft. Sie bringt nach Auffassung von Bundespräsident Horst Köhler mehr Vor- als Nachteile: „Die friedliche und faire Konkurrenz der Nationen ist gewiss nicht immer bequem, aber sie birgt unerschöpfliche Kraft.“ Gerade in der globalisierten Welt könne der Sozialstaat seine Stärke beweisen. Das Sozialmodell der westlichen Demokratie sei weltweit zum Vorbild geworden. Auch in den Entwicklungsländern habe die Globalisierung Fortschritte bewirkt, auch wenn dort noch viel zu tun sei *(epd-Wochenspiegel 41/07)*. Natürlich darf nicht außer Acht gelassen werden, dass durch die Globalisierung mehr die großen Firmen und die Reichen gefördert werden als der Mittelstand oder die Unterschichten, der Staat darf die Übersicht nicht verlieren. In der Tat vernichtet die Globalisierung Arbeitsplätze und baut Sozialleistungen ab. Es ist nicht leicht, Gegenmaßnahmen zu ergreifen. Der Spötter und Professor Wilhelm Hankel schreibt in seinem Buch „Die EURO-Lüge und andere volkswirtschaftliche Märchen" *(Wien 2007)*: „Die globalisierte Wirtschaft bestellt dem Faktor Kapital zu viel, dem Faktor Arbeit zu wenig". Gerade in der China-Politik müssen deutsche Politiker wach sein, wobei es keinen Anlass gibt zu einer irgendwie gearteten Unterwürfigkeit, zumal der bevölkerungsreichste Staat der Erde vom deutschen Markt abhängiger ist als umgekehrt. Dramatisch ist die Produktpiraterie mit jährlichen Milliardenschäden, was zur Folge hat, dass immer mehr Unternehmen ihre Patente gar nicht mehr anmelden, da mittels der Anmeldedaten der kriminelle Nachbau erleichtert wird. Dass die Hedge-Fonds („Heuschrecken") zum Risiko werden, ist den Experten klar. Spekuliert wird mit allem, was Profit bringt, von Aktien über Rohstoffe bis gar zu Schulden *(Der Spiegel 39/06)*. Vernünftig ist insoweit, dass die Deutschen die Regulierung von Hedge-Fonds und auch von Private-Equity-Gesellschaften zu einem Schwerpunkt ihres EU-Engagements machen.

Die CDU hat Recht, dass sie die soziale Marktwirtschaft deutlich betont. In der Tat geht diese „vom einzelnen Menschen als Geschöpf Gottes aus, dessen Würde unantastbar ist. Sie ist eine Ordnung, in der Freiheit, Solidarität und Gerechtigkeit einander erfordern und ergänzen". Dieser Text wirkt alles andere als rückwärtsgewandt und ist im wahrsten Sinne progressiv. Man denke nur an die Aufdeckung von korruptivem Verhalten in Weltfirmen oder die Steuerhinterziehungen von Managern. Im Wirtschaftsleben gilt es keinesfalls antiquiert, die christlichen Postulate wieder mehr ins Blickfeld zu rücken. Davon profitieren in der Tat die Unternehmer, wenn man sich etwa Beispiele vor Augen hält, die der Wirtschaftsexperte Stielau-Pallas in seinem Buch „Die 10 Gebote des Erfolgs" gebracht hatte. Wenn z. B. ein Betriebsinhaber seinen Konkurrenten unter Berücksichtigung des biblischen Neidverbots Glück und Erfolg wünscht, dann gedeiht auch sein Unternehmen. Es geht nicht um die Gier nach Geld, sondern um Orientierung an Werten. Der Gründer des „Verlag für die deutsche Wirtschaft" Norman Rentrop ist der Ansicht, dass unternehmerisches Planen und das Vertrauen auf Gottes Führung sich nicht ausschließen. Wichtig sei für ihn, in Ehrfurcht vor Gott und im Vertrauen auf Gott zu planen *(idaSpektrum 5/08)*. In einer Zeit, in welcher Wirtschaftskriminalität längst ein ernst zu nehmender

Faktor ist, lohnt es sich, darüber nachzudenken. Der Schaden beläuft sich in Deutschland jährlich auf ca. 7 Milliarden Euro *(Holthaus, „Werte", a.o.St. S. 86)*. Von großer Bedeutung ist die „soziale Verantwortung von Unternehmern. Der Abbau von Arbeitsplätzen muss immer in der Art ‚ultima ratio' sein, ein letztes Mittel. Wenn gar nichts anderes mehr hilft, dann ist Entlassung von Mitarbeitern nötig. Unverantwortlich ist es jedoch, wenn aus reiner Profitgier in gut gehenden Unternehmen, in denen die Arbeitnehmer schon große Einschränkungen haben hinnehmen müssen, eiskalt die Rationalisierungswelle läuft. Heute ist der Jobabbau in nicht geringem Maße ein Mittel zur Gewinnmaximierung des Unternehmens geworden" *(Holthaus, a.o.St. S. 92)*. Man wird erinnert an Thomas Manns berühmten Roman. Konsul Buddenbrook forderte: „Mache tagsüber nur Geschäfte, mit denen du nachts gut schlafen kannst". Umso unverständlicher ist der Kotau der Universität München (LMU) vor einem Journalisten der „Süddeutschen Zeitung": Die Fakultät für Betriebswirtschaft hat auf Intervention des Redakteurs der Vorlesung von Professor Friedrich Hanssmann „Unternehmensethik auf christlicher Grundlage" die Anerkennung als Prüfungsleistung entzogen. Wo ist die Empörung der Unionsparteien geblieben? Sie müssten doch die Übersicht haben und sich z. B. an den Geschäftsführer eines erfolgreichen Autohauses in Westsachsen erinnern, nämlich Stefan Markus, der erkannt hat: „Christen sind für jede Firma eine Bereicherung" *(ideaSpektrum 23/08)*. Christliche Prägung zeigt das zunehmende ökologische Bewusstsein in der Wirtschaft: „Es wird höchste Zeit, die Diskussion um Lobbyeinfluss auch bei grünen Themen realitätsnäher zu führen. Denn gerade in diesen Tagen lässt sich beispielhaft studieren, dass die Frontverläufe komplizierter geworden sind. Klassischen Industrielobbyismus gibt es längst auch in der Ökovariante" *(Financial Times Deutschland vom 09.06.08)*.

Dabei sind doch längst überholt die atheistisch geprägten Wirtschaftstheorien. Das gilt auch für „kollektivistische Ansätze" wie einen „Liberalismus, der allein auf den Markt setzt". Auch wenn die massenhaften Appelle für mehr soziale Gerechtigkeit – sei es von den Sozialdemokraten, Linken und Grünen – weithin monoton und routinemäßig erscheinen, so bleibt das Grundanliegen relevant. Selbst das Bundesverfassungsgericht hat Teile des Hartz-IV-Gesetzes für verfassungswidrig erklärt, und zwar durchaus einen Kernbereich, nämlich die Organisation der involvierten Institutionen *(Urteil vom 20.12.2007, BvR 2433/04)*. Soziale Sicherheit, Sicherstellung von Wettbewerbsvoraussetzungen, Unterstützung des Unternehmertums, Vermeidung von Abschottung und Überregulierung, Schaffung von Perspektiven für Menschen in weniger entwickelten Regionen, Durchsetzung der Menschenrechte und der Kampf gegen Armut, Hunger, Seuchen, Analphabetentum, Korruption und kriegerische Konflikte sind allemal unterstützenswert. Vernünftige Ziele sind Vollbeschäftigung, Förderung des Handwerks, Mittelstands und der freien Berufe sowie Abbau der

Bürokratie wie auch die Verbesserung des Verbraucherschutzes. Umfragen ergeben regelmäßig, dass die CDU in wirtschaftlicher Hinsicht von der Bevölkerung als im Vergleich zu den anderen Parteien besonders kompetent erachtet wird. Drastisch hat dies Chefredakteur Roland Tichy in der „Wirtschaftswoche" zum Ausdruck gebracht *(27/08):* „Schritt für Schritt hat seit drei Jahrzehnten eine Art intellektuelles Prekariat Mehrheit und Meinungsführerschaften in den Ortsvereinen, Parteitagen und stellenweise in den Fraktionen übernommen. Es sind die Sozialdemokraten, die niemals eine Fabrik, Bank oder ein Dienstleistungsunternehmen von innen gesehen haben. Ihnen fehlt das Verständnis dafür, dass nur das verteilt werden kann, was vorher erwirtschaftet wurde. Sie brauchen ihre Partei-, Staats- und Stiftungsämter, weil sie außerhalb dieser geschützten Werkstätten nicht erwerbstätig wären". Nun lässt es sich nicht leugnen, dass der Gründer der „sozialen Marktwirtschaft" Wirtschaftsminister der regierenden CDU war. Im Juni 2008 hatten gerade christliche Organisationen an diese großartige gesellschaftliche Errungenschaft gedacht, die 60 Jahre zuvor eingeführt worden war. Das ordnungspolitische Konzept hatte seinen Ursprung im „Freiburger Kreis", der im Widerstand gegen den Nationalsozialismus stand *(epd-Wochenspiegel 26/08).* Das klingt hart, gerade für die SPD, die sich seit ihrer Gründung in der Wirtschaft für die Realisierung des Wortes „sozial" eingesetzt hat. Unvergessen bleibt der große Sozialdemokrat Johannes Rau, langjähriger Ministerpräsident des größten Bundeslandes und späterer Bundespräsident, der die Bibel genau kannte, auch das so stark für Gerechtigkeit plädierende Buch Amos. Den Linken wird noch weniger bibelbezogenes Denken zuerkannt; man darf aber nicht außer Acht lassen, dass deren großer Rhetoriker Gregor Gysi die Heilige Schrift als für das Wohl der Menschheit unverzichtbar erklärt hat. Der Vollständigkeit halber soll nicht unerwähnt bleiben, dass der langjährige rechtspolitische Sprecher der Grünen Volker Beck – gerade im Kontext mit der Homosexuellendiskussion – sich explizit als „Christ" bezeichnet hat; dass die Partei sozial empfindet, wird nicht bestritten. Schließlich bleibt auch die FDP insoweit erwähnenswert, einerseits wegen des konstruktiven Freiheitsgeistes, der das Gleichheitsdenken überragt, andererseits aufgrund hervorragender Persönlichkeiten, die christliches und damit soziales Denken keinesfalls eliminiert haben, wie etwa Graf Lambsdorff und Justizminister Goll. In der Tat würde es sich lohnen, über das vorhandene wie auch das wünschenswerte Profil der vier anderen Parteien vertieft nachzusinnen, um christlich-wirtschaftliches Denken zu verdeutlichen.

Aufklärungsdefizite in der Wirtschaft

Die Bevölkerung stöhnt unter den Preissteigerungen, gerade was die Grundnahrungsmittel betrifft. Der Regierung ist es bislang nicht gelungen, ihr Schweigen oder vielleicht auch ihr Handeln im Verborgenen plausibel zu machen. Nach dem bedeutenden Unionspolitiker Ludwig Erhard sollte das Kartellgesetz ein scharfes Schwert zur Beseitigung von den Markt beherrschenden Stellungen mittels einer unabhängigen Monopolbehörde sein. Bloße Hinweise auf das begrenzte Angebot bei großer Nachfrage, etwa bei Milch oder Getreide, reichen zur Aufklärung nicht aus. So gönnt das Volk den Bauern erkennbare Mehreinnahmen, jedoch nicht den Schmarotzern. Dass inzwischen der Butterpreis wieder gesunken ist, dass es zu „Verramschungs-Aktionen" wie bei IKEA kommt, genügt aber nicht als Beruhigungsmittel, zumal sich – überraschenderweise – der Bauernverband darüber so aufregt. Wenn die Landwirte nur 27 Cent pro Liter Milch erhalten, lässt sich auch nachvollziehen, dass sie sich zu einem Streik entschlossen hatten. So kam es zu einem Lieferungsboykott mit der Folge, dass das wertvolle Nahrungsmittel auch in höchst bedenklicher Weise vernichtet wurde. Schließlich konnte eine vorübergehende Einigung erzielt werden, gemäß welcher die Milcherzeuger, die 43 Cent gefordert hatten, leben können.

Wo ist der Kampf der Bundesregierung gegen die Ölpreiserhöhungen, die nicht nur mit den Forderungen der Förderländer zusammen hängen? Als Trost für die Bevölkerung genügt nicht die Tatsache, dass trotz Erhöhung des Preises für einen Barrel Rohöl seit einem Jahr und deutlicher Überschreitung der 100-Dollar-Marke die Deutschen 2007 im Vergleich zum Vorjahr weniger ausgegeben haben. Das liegt hauptsächlich an dem relativ starken Euro gegenüber dem Dollar, wobei auch ein Rückgang des Verbrauchs hinzukommt. Peinlich wird es, wenn man an den Automatismus der Mehrwertsteuererhöhungen denkt. Im Übrigen wirkt es für die Bevölkerung nicht allzu beruhigend, wenn sie an die „neuen Kapitalmächte" denkt, nämlich das Anlagevermögen der größten Staatsfonds, die ca. 3 000 Milliarden Dollar verwalten. Dabei verfügen gerade die Öl produzierenden Länder über das höchste Fondsvolumen, z. B. Abu Dhabi über 875, Norwegen über 380 oder Kuwait über 250 Milliarden. Obgleich der Bürger nicht unbedingt neidisch ist, kann er nicht so recht nachvollziehen, dass sich der Ölpreis in wenigen Jahren um das Mehrfache erhöht, obgleich im Nahen Osten derzeit kein Krieg zwischen dortigen Staaten geführt wird. Die Erklärungen über eine erhöhte Nachfrage lassen die Sorgen der Bürger nicht verschwinden. Im Gegenteil erscheint ihnen das Katastrophen-Szenario des Filmemachers Stéphane Meunier als durchaus realistisch: Gemäß seiner Produktion „2018 – der Ölcrash" kommt es in dem genannten Jahr zu einem Terroranschlag mit der Folge, dass nach 10 Tagen die Ölversorgung unterbrochen wird. Der Zustand bis zur Jahreshälfte 2008 mit ca. 130 Dollar pro Barrel ist alles andere als ermutigend. Der CSU-Minister für Verbraucherschutz Horst Seehofer erwirkt nicht den Eindruck, sich zumindest für rationale Erklärungen des Besorgnis erregenden Zustands einzusetzen. Er kann nach mehr als zweijähriger Amtszeit „kaum etwas vorweisen, die Kritik an seiner dürftigen Bilanz wächst“ *(Der Spiegel, 21/08).*

Der Bürger macht sich auch Gedanken, ob die Einführung des EURO, gerade von CDU-Bundeskanzler Kohl so stark gefördert – so vorteilhaft ist. Im Jahre 1994 klagten vier Professoren vergeblich beim Bundesverfassungsgericht gegen den Vertrag von Amsterdam. Manch einer lässt sich vom gestiegenen Wechselkurs des Dollar blenden, und zwar bei allen damit verbundenen Vorteilen. Allerdings darf nicht außer Acht gelassen werden, dass nach Beendigung des Währungswettbewerbs die Inflation durch die EURO-Länder, in denen früher Jahr für Jahr die Währung abgewertet werden musste, gesteigert wird (dass der Dollar „krank“ ist, macht den EURO noch lange nicht zu einer gesunden Währung). Nach den inflationsgeübten südeuropäischen Staaten haben sich auch die Deutschen in den Reigen eingereiht. Die Franzosen haben angekündigt, das ursprünglich für 2010 angestrebte Ziel, den Haushalt auszugleichen, nicht einhalten zu können. Was bedeutet das für die europäische Stabilität? Hier besteht nicht unerheblicher Handlungsbedarf aufseiten der Union. Das gilt auch für eine bessere Aufklärung der Bürger. Immerhin hatte im Mai 2008 ein Drittel der Deutschen für eine Wiedereinführung der Deutschen Mark plädiert, wie sich aus einer Studie des Manheimer Ipos-Instituts ergibt. Nach Einschätzung des Wirtschaftspsychologen Henning Haasel ist die DM „in den Köpfen immer noch als stabile Währung verankert“. Es darf allerdings nicht übersehen werden, dass neben den Bequemlichkeiten einer Reise in andere europäische Länder der Euro den nicht mehr von Wechselkurs-Schwankungen betroffenen Handel zwischen den Mitgliedsstaaten beflügelt, worauf der Vorsitzende der CSU-Landesgruppe im Bundestag Peter Ramsauer hinweist *(sh:z 03.05.2008).*

Die Marktwirtschaft soll in der Tat sozial sein. Gedanken an den Mindestlohn sind bürgerfreundlich. Ob sie der Volkswirtschaft dienen, bleibt fraglich. Bei aller Sympathie für die Briefträger – eine Ausweitung an sämtliche Zusteller kann das Wirtschaftsgefüge in Deutschland verzerren. Nachdem die Große Koalition der Post den Mindestlohn zugestanden hat, dabei die CDU nur mit erheblichem Widerwillen, denkt die SPD bereits an eine flächendeckende Ausdehnung. Das Münchener Ifo-Institut, das den Arbeitgebern nahe steht, befürchtet einen generellen Mindestlohn wie bei den Briefzustellern (8,00 € bis 9,80 €) mit dem einhergehenden Verlust von ca. 2 Millionen Arbeitsplätzen. Die SPD wird kampfeslustig und betrachtet die Weigerung der Union zu Weiterungen als Verrat an den ehrlich arbeitenden Menschen und den ehrlich wirtschaftenden Unternehmern. Recht hat die Partei allemal, dass für einen vollschichtig Arbeitenden sich die Leistungen mindestens in der Weise lohnen sollte, dass er ohne staatliche Zuschüsse leben kann. „Mindestlohn macht Sinn, aber ein genereller, undifferenzierter Mindestlohn ist Unsinn“, erklärte das Deutsche

Institut für Kleinere und Mittlere Unternehmen. Gemeint ist eine Korrelation mit den jeweiligen örtlichen Lebenshaltungskosten *(http://librari.fes.de/pdf-files/wiso/04965.pdf)*. Bemerkenswert ist allemal, dass über viele Jahrzehnte nicht der Staat, sondern ausschließlich Arbeitgeber und Gewerkschaften über die Löhne befunden haben. Natürlich ist zu bedenken, dass in den Nachbarstaaten weitgehend Mindestlöhne gezahlt werden, und zwar zwischen 8,00 € und 9,00 € die Stunde. Gewerkschaften können sich mit 7,50 € begnügen. Zu beachten ist allerdings, dass die Franzosen mit 8,50 € Probleme haben, die Arbeitslosigkeit besonders unter jungen Menschen seit der Einführung deutlich zunimmt (Der Spiegel, 3/08). Der Mindestlohn für Postdienste hat immerhin schon zu Tausenden von Kündigungen geführt, weitere viele Tausend sind geplant. Dabei spielt die Überschreitung von € 7,50 zweifellos eine Rolle. Ein allgemeiner Mindestlohn in dieser Höhe würde bei 11 % aller Beschäftigten Lohnanhebungen notwendig machen *(epd-Wochenspiegel, 3/08)*.

Für die CDU sind derartige Entscheidungen nicht leicht, die SPD nutzt die Chance für ihre in den letzten Jahren so erfolglosen Wahlkämpfe. Zweifellos hat sie Recht, dass Arbeitnehmer teilweise erheblich ausgebeutet werden, etwa mit Löhnen unter 3,00 € die Stunde. Es gehört auch zum „C“, bei der Lohnpolitik dafür Sorge zu tragen, dass ein engagierter Arbeitender ohne Abhängigkeit von der staatlichen Führsorge seine Familie ernähren kann. Deshalb hat die Union den Mindestlohn auf weitere Berufssparten erstreckt. Die CDU ist seit Adenauers Zeiten eine Partei gewesen, die sich für die soziale Gerechtigkeit eingesetzt hat. Die SPD hat dies nicht gepachtet. Das wurde nicht nur durch die Agenda 2010 deutlich, sondern auch durch Ideen der Sozialdemokraten, die über die Schädigung der Wirtschaft auch „den kleinen Mann“ beeinträchtigen. Bei allem Verständnis für den Streik der Lokführer, die nach den Piloten und Krankenhausärzten auch eine Sonderstellung erheischen – die Mehrbelastungen für die Bahn erscheinen als kaum kompensationsfähig. Es ist bereits die Rede von Milliardenverlusten. Die Sozialdemokraten machen sich für einen flächendeckenden Mindestlohn stark, was nachvollziehbar ist. In der Tat ist es für einen Arbeitnehmer frustrierend, wenn er durch seine treue Arbeitsleistung seine Familie nicht ernähren kann und noch auf Sozialhilfe angewiesen ist. Deshalb haben sich der Deutsche Gewerkschaftsbund und einige evangelische Landeskirchen für den Mindestlohn ausgesprochen. In der Tat kann sich insofern auch die CDU auf ihre Wurzeln gründen, um für einen gerechten Lohn zugunsten der Mitarbeiter zu sorgen. Darauf verweist das christliche Wirtschaftsmagazin „Faktor C“ ausdrücklich *(Ausgabe Mai 2008)*. Zitiert wird u. a. der Brief des Jakobus im Neuen Testament *(Kap. 5 Vers 4)*: „Siehe, der Lohn der Arbeiter, die euer Land abgearbeitet haben, den ihr ihnen vorenthalten hat, der schreit, und das Rufen der Schnitter ist gekommen vor die Ohren des Herrn Zebaoth“. Die Wirtschaftszeitung schließt daraus aber noch nicht zwingend auf die Einführung des Mindestlohns: „Die Verantwortung fürs leibliche Wohl der Arbeiter liegt eindeutig in der Hand der Arbeitgeber, wenngleich man berechtigte Zweifel an staatlichen Zwangsmaßnahmen wie dem Mindestlohn haben darf“ *(S. 14 und 15).*

Schön sind die Ideen, mehr Rendite fürs Volk zu schaffen, etwa durch Kapitalbeteiligungen. Gewinnanteile der Mitarbeiter schaffen Anreize für höhere Leistungen. Bevorteilt sind Arbeitnehmer und Arbeitgeber. Man kann über die Vorzüge des SPD-Deutschlandfonds streiten – die CDU-Direktbeteiligung hat zweifellos etwas für sich. Fraglich bleibt, ob wundersame Geldvermehrungen wirklich das Glück des Einzelnen fördern. Wohlstand ist offenbar nicht alles, wenn man an arme Länder wie Bangladesch denkt: Die Bevölkerung in diesem äußerst armen Land ist glücklicher als die europäische. Diese ist immer weniger in der Lage, Konflikte zu bewältigen und betrachtet zunehmend das eigene Leben als weniger erfüllt. Die neuerliche Hinwendung zur Religion mag in diese Richtung weisen, hat allemal Sinn. Unglück und Schmerzen sollen natürlich nicht mit unverhältnismäßigen Aufwendungen, erst recht nicht mit Gewalt, ausgemerzt werden. Im Philosophischen Quartett des ZDF vom 25.11.2007 hieß es: Zwar sind die alten Krankheiten weitgehend besiegt, es gibt dafür aber schwerwiegende neue.

Der Wohlfahrtsstaat soll möglichst aufrecht erhalten bleiben. Dazu müssen viele Voraussetzungen erfüllt werden. Zunächst einmal ist höchst erfreulich, dass ethische Maßstäbe für Unternehmen weltweit nach und nach zu einem Vorteil im Wettbewerb werden. Moral zahlt sich offensichtlich aus. Die „Wirtschaftswoche“ hat *(38/07)* mit der Titelgeschichte „Die Macht des Guten“ auf die Vorzüge fair gehandelter Produkte aufmerksam gemacht. Vielleicht stimmt die Behauptung, dass der Bürger mit seiner Kreditkarte heute mehr Macht ausüben kann als mit seinem Wahlzettel. Diese Steuerungsmöglichkeit in der Wirtschaft kann von der Politik unterstützt werden. „Bisher hat Angela Merkel vor allem Wohltaten verteilt“, behauptet „Der Spiegel“ *(16/08).* Das stimmt teilweise, etwa in Bezug auf Elterngeld oder leichte Anhebung der Renten. Steuererleichterungen, die z. B. die CSU fordert, waren bisher nicht vorgesehen, auch wenn die „kalte Progression“ dem Staat jährlich Mehreinnahmen von 15 Milliarden Euro bringt. Ganz gewiss wird es der Gerechtigkeit dienen, wenn verhindert wird, dass bei der Erhöhung des Einkommens der steigende Steueranteil für zusätzlich verdiente Euro zu seinen Gunsten ausgeglichen wird, zumindest in Relation zur Inflationsrate. Der CSU kann nicht vorgeworfen werden, dass sie im Vergleich zu früheren Äußerungen widersprüchlich handele, nachdem durch die drastische Erhöhung der Lebenshaltungskosten eine neue Situation eingetreten ist. Die Juristen sprechen vom „Wegfall der Geschäftsgrundlage“. Manch ein Mitbürger muss es als schmerzlich empfinden, wenn gar wieder über Lebensmittelscheine nachgedacht wird. Die Armutsberichte wirken vielfach frustrierend und steigern eine resignative Haltung.

Der kräftige Aufschwung der Jahre 2006 und 2007 hat die Arbeitslosigkeit spürbar gesenkt. Dank der Agenda 2010 besteht auch die Chance, dass sich die positive Entwicklung fortsetzt. Dabei haben die deutschen Unternehmen sich hervorragend auf die Bedürfnisse des Weltmarkts eingestellt, allerdings haben zur Entlastung auch die Tarifparteien beigetragen *(Der Spiegel, 2/08)*. Schon deshalb muss die CDU Verständnis für die Arbeitnehmer haben, die sich jahrelang mit ihren Lohnforderungen zurückgehalten hatten. Zumindest sollte für einen Inflationsausgleich gesorgt werden. Zu beachten ist die derzeitige Gefährdung der deutschen Mittelschicht. Nach Untersuchungen des Deutschen Instituts für Wirtschaftsforschung ist es im Vergleich zur einkommensstarken sowie zur armutsgefährdeten Schicht zu einer Reduzierung von 62,3 % auf 54,1 % gekommen. Es handelt sich gerade um die soziale Gruppe, die die Bundesrepublik in besonderer Weise nach dem zweiten Weltkrieg geprägt hat. Politiker erkennen zunehmend, dass dieser Trend mit allen Mitteln aufgehalten werden müsse. Es geht in der Tat nicht an, dass durch die geplante Reform der Erbschaftssteuer mittelständische Unternehmen über Gebühr belastet werden sollen. Der Vorsitzende der CDU/CSU-Mittelstandsvereinigung wirft der Großen Koalition vor, dass sie nichts getan habe, um die Wirtschaft auf die Globalisierung vorzubereiten. Von den Mitgliedern sind wenigstens zwei Drittel mit der Regierung unzufrieden *(Der Spiegel, 16/08)*. Hier besteht erhöhter Handlungsbedarf.

Der nordrheinwestfälische CDU-Ministerpräsident Jürgen Rüttgers hat Recht, wenn er darauf aufmerksam macht, dass einem 50jährigen Arbeitslosen die soziale Sicherheit fehlt. Seine und der SPD Gedanken über die Korrektur der Agenda 2010 erscheinen als plausibel, auch wenn die Arbeitslosigkeit als solche dadurch verstärkt wird, zumal der gedachte Anreiz in Richtung Arbeitsplatzsuche vermindert wird. Dass nun dieses Gedankengut in die Realität umgesetzt worden ist, ist wirtschaftspolitisch problematisch. Wieweit hier der Gedanke der Nachhaltigkeit berücksichtigt wird, wenn die Bezugsdauer des Arbeitslosengeldes deutlich ausgeweitet wird, ist nicht erkennbar. Die Staatsschulden werden sich erhöhen. Erneute Erhöhungen der Arbeitslosenversicherung senken die Nettolöhne. Die Beitragsbelastung für Kranken-, Renten- und Arbeitslosenversicherung ist ohnehin von 14,3 % auf 17,4 % im Oktober 2007 gestiegen. „Alle Bürger sollen Existenz sichernde Einkommen erzielen können“, heißt es im Grundsatzprogramm.

Die CDU befindet sich insoweit zweifellos in einem Konflikt: Einerseits werden die Grenzen zur Sozialdemokratie immer mehr verwischt, andererseits ist die Partei konsequent, wenn man z. B. an das Ahlener Programm aus dem Jahre 1947 denkt. Es heißt darin: „Das kapitalistische Wirtschaftssystem ist den staatlichen und sozialen Lebensinteressen des deutschen Volks nicht gerecht geworden". Dieses „Vorbild" ist in der Formulierung z. T. sehr drastisch, wenn es z. B. von der Stärkung der wirtschaftlichen Stellung und Freiheit des Einzelnen oder der Verhinderung der Zusammenballung wirtschaftlicher Kräfte in der Hand von Einzelpersonen spricht. Die Jahre 1933 bis 1945 werden zu Recht ohne Wenn und Aber kritisiert, z. B.: „Der Arbeitnehmer war gegenüber seinem Betrieb machtlos. Es gab keine Lohnbewegung, keine Lohnerhöhung, keinen Wechsel des Arbeitsplatzes, kein Mitspracherecht bei der Führung des Betriebes. Es herrschte in vollem Umfang ein getarnter Staatssozialismus". Dadurch wurde auch nicht nur am Kapitalismus, sondern auch am Sozialismus Kritik geübt. Das hatte die gesunde CDU in der Nachkriegszeit in aller Klugheit konstatiert. Die Autoren vor mehr als 60 Jahren hatten nicht nur die „Ismen" kritisiert, sondern auch den Alliierten Grenzen gesetzt: „Sie haben aber kein Recht, unter Hintansetzung der notwendigen Lebensbedürfnisse des deutschen Volkes, die deutsche Industrie so zu beschneiden und zu gestalten, wie es das Exportbedürfnis ihrer eigenen Industrien verlangt". Das könnte Vorbild sein für den Umgang mit den Auswüchsen der EU und der Preistreiberei durch die Energielieferanten. Die Bevölkerung wird durch die Großkonzerne ausgenommen.

Problematisch und viel diskutiert sind die Vorstandsgehälter der Manager, gerade in den Großbetrieben. Sie erscheinen nicht als Vorbilder für die Abkehr vom kapitalistischen Wirtschaftssystem. Bundeskanzlerin Angela Merkel hat auf dem CDU-Parteitag vom Dezember 2007 deutlich die überzogenen Einkünfte der Vorstandschefs kritisiert. Allein die Zuwächse in den zwölf Monaten zuvor betrugen bis zu 75 %. Die Bevölkerung hat zwar Verständnis für Millioneneinnahmen von berühmten Sportlern und Schauspielern, kaum allerdings für die hohen Einzelgehälter in der Wirtschaft. Immer mehr ist die Rede von einer Neiddebatte. Die soziale Schere geht immer weiter auseinander, wobei festzuhalten ist, dass die unteren Schichten in den letzten Jahrzehnten meistens mehr Einkommenszuwachs gehabt hatten als die Mittelschichten, wie der Zukunftsforscher Matthias Horx festgestellt hat *(Die Zeit, 1/08)*. Nach einer Studie erachten 83 % der Bevölkerung die Vorstände deutscher Großkonzerne als überbezahlt, nur 11 % bescheinigen ihnen eine gerechte Entlohnung. Die Politiker denken über eine Begrenzung der Managergehälter nach. Das bedeutet zweifellos einen Eingriff in die Tarifautonomie und Einschränkungen der freien Marktwirtschaft. Widersprüchlich erscheinen drastische Gehaltssteigerungen bei der Konzernspitze bei gleichzeitigen Massenentlassungen in demselben Betrieb. Auch nicht nachvollziehbar sind die hohen Abfindungszahlungen an Vorstandsvorsitzende, selbst wenn sie Milliardenverluste verursacht haben. Wenn Klaus Zumwinkel, als er noch Postchef war, in dem Augenblick seine eigenen Aktienoptionen veräußert, als der Kurs der Post-AG - gerade durch die Mindestlöhne unter Ausschaltung von Konkurrenzunternehmen – deutlich zunahm, dann ist es unmöglich, sein Handeln der Bevölkerung plausibel zu machen. Die Empörung bei der christlichen Partei war trotz der Folgewirkungen eigenen Tuns kaum auszumachen. Die Verantwortlichen müssen in der Lage sein, bei allen Bemühungen immer wieder einen Ausgleich zwischen den Extremen sozialistischen und liberalistischen Denkens zu finden, gerade nach dem Zusammenbruch der kommunistischen Staaten und dem damit verbundenen Machtzuwachs der Shareholder Values. Das Kapital darf nicht die Alleinherrschaft übernehmen. Auch die CDU hat, gerade wegen des „C", eine erhebliche Verantwortung dafür, dass die Zahl der Hungernden nicht im Verhältnis zu den Einkommenszuwächsen der Reichen steigt.

Viele Bürger sind der Auffassung, dass die soziale Marktwirtschaft mehr Nachteile als Vorteile biete, und zwar mehr als 50 %. Gerade die mittleren und Kleinunternehmen stellen den Kern der sozialen Marktwirtschaft dar. Sie spüren ganz besonders, dass im Mittelpunkt der Wirtschaft der Mensch stehen muss *(Günter Rohrmoser, „Kampf um die Mitte", München 1999 S. 131 ff).* Das entspricht allemal dem Geist des Grundsatzprogramms. Dazu gehört aber auch, dass sich das Bürgertum nicht an den Besitzständen festkrallt und Politiker über den Umbau des Sozialstaats nachdenken müssen, gerade im Hinblick darauf, dass die Sozialausgaben Hunderte von Millionen Euro ausmachen. Wie wäre es mit den dänischen und britischen Modellen, dass derjenige, der eine ihm angebotene Stelle nicht annimmt, prozentual Kürzungen der Sozialleistungen erfährt? Es stellt sich die berechtigte Frage, wieweit der öffentliche Dienst überhaupt noch finanzierbar ist. Derartige Probleme sind gewiss nicht leicht zu lösen. Ein CDU-Ministerpräsident hat sich Gedanken über den Sozialstaat von morgen gemacht. Es geht – wie erwähnt – um das solidarische Bürgergeld, wodurch die soziale Marktwirtschaft erneuert werden soll. Dieter Althaus erinnert an Ludwig Erhards Kernsatz: „Ich will das Risiko des Lebens selbst tragen, will für mein Schicksal verantwortlich sein. Sorgst du, Staat, dafür, dass ich dazu in der Lage bin". Der deutsche Sozialstaat gewährt mehr als hundert unterschiedliche Sozialleistungen. Rechnet man alle Ausgaben im Sozialbudget zusammen, kommt man auf rund 700 Milliarden Euro. Die rund 28 Millionen sozialversicherungspflichtigen Beschäftigten können allenfalls 60 % der Sozialkosten bestreiten, der Rest wird aus Steuermitteln finanziert. Der Freistaat Thüringen ist in seiner Broschüre sehr ehrlich und verweist darauf, dass das Rentenniveau 2030 auf unter 40 % des durchschnittlichen Bruttoeinkommens sinken werde. Vorgeschlagen wird ein minimales Existenzgeld von monatlich 800 Euro als bedingungsloses Grundeinkommen, auf welches jeder Erwachsene einen Anspruch haben soll. Hinzu kommt ein Kinder-Bürgergeld in Höhe von 500 Euro im Monat. 200 Euro Gesundheitsprämie für die Kranken- und Pflegeversicherung für Kinder und Erwachsene sind im Bürgergeld enthalten. Ab dem 67stenLebensjahr gibt es eine Bürgergeldrente in Höhe von bis zu 1.400 Euro im Monat. Dieses „Althaus-Modell" soll ein Bestands- und Vertrauensschutz für alle erworbenen Rentenansprüche beinhalten. Wichtig ist dem Urheber, dass die mehr als 100 Milliarden Stunden unentgeltliche Familienarbeit oder freiwilliges Engagement einen Ausgleich erhalten. Nun wird natürlich auch das Finanzierungsproblem angesprochen. Die Urheber erwarten durch das solidarische Bürgergeld ein Plus von 46 Milliarden Euro für die öffentlichen Haushalte, wobei mit einem erheblichen Rückgang der Schwarzarbeit gerechnet wird. Das hört sich fantastisch an. Die Ideen finden Rückhalt bei den Grünen, auch bei den Kirchen. Der nordelbische Bischof Dr. Hans-Christian Knuth macht sich keine Sorgen darüber, dass gerade das Engagement für eine Erwerbstätigkeit verloren gehen könnte. Er geht davon aus, dass der Mensch sozial sei. „Er will arbeiten, und zugleich flieht er aber auch die Arbeit". Und weiter: „Wir sind nicht alle Engel, aber wir dürfen uns nicht so behandeln, als wenn wir Teufel wären". Für den Bischof führt das Grundeinkommen nicht zu „Hängematten-Existenzen", denn Arbeit dient der Selbstverwirklichung *(Die Nordelbische, 47/07).* Zweifellos passt dieses Denken zum „C". Die Union sollte sich darüber flächendeckend Gedanken machen.

Dann würde zweifellos die Wirtschaft entlastet sein, denn es fehlen die Arbeitgeberbeiträge zur Sozialversicherung. Der Normenkontrollrat der Bundesregierung beziffert die Verwaltungskosten der Unternehmen mit 27 Milliarden Euro. Dieser Betrag dürfte deutlich sinken bei der Einführung des Bürgergeldes. Der Wirtschaft ist darüber hinaus zu gönnen, dass Aufwendungen, gerade im Blick auf die Steuerlasten, deutlich sinken sollten. Gerechterweise müssten Kosten für den Steuerberater nicht nur von den Steuern absetzbar sein, sie müssten von diesen abgezogen werden. Die Belastungen sind deutlich zu hoch. Gewiss hat das Bundesverfassungsgericht verlangt, dass alle Vermögen - auch das Grundeigentum - bei der Bewertung gleich behandelt werden sollen. Der gewitzten CDU wird aber hier etwas einfallen, um Unverträglichkeit zu vermeiden. Natürlich sehnt sich der Staat nach weiteren Geldquellen. Die offizielle Verschuldung der öffentlichen Haushalte wird mit 1,5 Billionen Euro angegeben, sie dürfte – einschließlich Pensionslasten – eher bei 8 – 9 Billionen Euro liegen. Das Problem der Nachhaltigkeit wird hier deutlich berührt. Umso erfreulicher ist, dass die Familie bei der Erbschaftssteuer durch Anhebung der Freibeträge und Entlastung bei der Übertragung von Unternehmen gestärkt wird. Insoweit gibt es auch die problematische Seite: Mittelständische Familienunternehmen sollen prinzipiell auch in den Genuss der Vorteile gelangen, allerdings nur, wenn es über zehn Jahre nicht zu einem größeren Arbeitsplatzabbau kommt und das Betriebsvermögen noch nach 15 Jahren besteht. Das Institut der Deutschen Wirtschaft spricht von einem erheblichen Risiko der Insolvenz, wenn die

Bedingungen nicht erfüllt werden können. Der schleswig-holsteinische CDU-Landesgruppenchef Ole Schröder wird deutlich: „In der jetzigen Form kann ich dem Gesetzesentwurf nicht zustimmen“ *(Der Spiegel 51/07).* Allemal sollte die Lust an Steuerhinterziehung und Sozialbetrug auf ein Minimum reduziert werden. Die einheitliche Identifikationsnummer mag dazu beitragen, auch wenn verfassungsrechtliche Bedenken bestehen.

Gewichtiger ist das angeschnittene demografische Problem. Die Krippenidee wirkt nett, es gibt aber keine ernsthafte Prognose, dass sich insoweit Grundlegendes ändert. Entsprechendes gilt auch für das neue Elterngeld. Auch die Betreuungsprämien für daheim erziehende Mütter wird das Bevölkerungsproblem nicht lösen. Die Union wird sich mehr einfallen lassen müssen, und zwar in einer anderen Dimension. Hierzu gehört zunächst einmal mehr geistiger Einsatz für die Familie. Eine ungeschickt auftretende Eva Herman braucht als Pionierin Unterstützung, die indirekte Herabsetzung der zuhause erziehenden Mütter gegenüber den berufstätigen durch die Krippenplätze wird von der Union nicht erkannt. Streng genommen müsste eine solche Mutter im Monat ca. € 1.000 bekommen, weil eine solche Summe auch für den Kita-Platz veranschlagt wird. Wenn nun die Chance besteht, dass derartige Mütter ab 2013 € 150,00 monatlich bekommen, dann steckt darin eine klare politische Differenzierung und Bewertung. Die verpönten Ideen aus dem NS-Regime sollten sachlich durchleuchtet werden. Es geht nicht um Abarten des „Mutterkreuzes“, sondern z. B. großzügige Ehe- und Familiendarlehen, die erst kurz vor der Pensionierung zurückzuzahlen sind. Politiker und Mediengewaltige im öffentlichen Rundfunk müssen sich dafür einsetzen, dass Spiel- und Dokumentarfilme gezeigt werden, die zur Erziehung ermutigen. Die Familie muss eine Vorzugsstellung erhalten.

Enttäuschung bei den Alten

Das demografische Problem tangiert auch den Umgang der Regierungen mit Älteren. Die Erhöhung des Rentenalters auf das 67ste Lebensjahr ist nur ansatzweise eine Ehrung der Senioren, da ihnen eben die berufliche Tätigkeit zugetraut wird. Die faktische Ausweitung der Arbeitszeit erscheint letztlich doch als unsozial. Ein besonderer Schutz der Alten durch die Große Koalition kann nicht festgestellt werden, es sei denn man meint das Antidiskriminierungsgesetz. Das AGG schließt die Senioren mit ein, sie können aber die versprochenen Privilegien nicht feststellen, dass etwa die Versicherung den Schutz zugunsten der älter werdenden Bevölkerung ausweitet. Die Bemühungen der Regierung sind auch bescheiden, um Arbeitgeber darüber aufzuklären, dass die Erfahrungen des Alters in vielen Bereichen mehr für die Wirtschaft bringt als die Frische der Jugend.

Auffällig ist, dass gerade die neuere Literatur über das Altern recht ungeschönt erzählt. Grundsätzlich sind Fitness und Wellness an die Stelle von Resignation getreten. Der Blick auf das Alter scheint unausweichlich von einer Utopie permanenter Jugendlichkeit geprägt *(Die Zeit 39/07).* Um derartiges geht es in Martin Walsers Roman „Der Augenblick der Liebe“: Der alternde Privatgelehrte erlebt Augenblicke höchster Lust, welchen er sich aber langfristig nicht gewachsen führt. Die Literatur von heute bildet das Drama des Alterns getreulich ab und zeigt seine Unausweichlichkeit *(so Ulrich Greiner in dem „Zeit“-Artikel).* Interessant ist, dass die Wissenschaft zunehmend erkennt, ältere Menschen seien den jüngeren in Bereichen überlegen, die bisher nicht so evident waren. So erforschen Psychologen, warum Senioren bei Verabredungen und Versprechungen oft besser als die Junioren abschneiden. In der Schweiz hat der habilitierte Psychologe Mathias Kliege eben festgestellt, dass das prospektive Gedächtnis, also das vorausschauende, bei den Älteren stärker ausgeprägt ist. Die Senioren vermögen zeitbasierte Aufgaben in ereignisbasierte umzuwandeln, womit Jugendliche noch überfordert sind *(Die Zeit 39/07).*

Diese Erkenntnisse müssen auch einer Christenpartei wohl tun, zumal sich viele hervorragende Vertreter des Glaubens im Laufe der Geschichte vehement für das Wohlbefinden der Alten eingesetzt haben. Selbst die Pflegeversicherung sollte in diese Richtung gehen, auch wenn sie immer noch recht problematisch erscheint. Bereits die Gründung mit der Abschaffung des Buß- und Bettags als gesetzlicher Feiertag war missglückt, da dem Volk suggeriert wird, Reue und Umkehr seien zweitrangig. Der für das Soziale zuständige CDU-Minister Blüm spottete über die protestierenden Kirchen und warf ihnen Jämmerlichkeit und Wehleidigkeit vor. Die Misere haben wir jetzt. Die angedachte Erhöhung des Beitragssatzes auf 1,95 % weicht nach Auffassung des Diakoniepräsidenten Klaus-Dieter Kottnick bei weitem nicht aus. Die „Pflege im Minutentakt“ wirft auch kein gutes Licht auf diese Einrichtung. Das bedeutet nicht, dass die Pflegeversicherung abgeschafft werden soll, sie bedarf jedoch vielfältiger Unterstützung des Staats, sei es in geistiger, sei es in finanzieller Hinsicht. Die vieldiskutierten Mängel in den Pflegeheimen müssen durch kompetente Kontrollen umgehend beseitigt werden.

Zur sozialen Marktwirtschaft gehört auch die Abschaffung des Allgemeinen Gleichbehandlungsgesetzes. So sozial auch die Idee ist, diese Weichei-Mentalität verdirbt den Charakter des Menschen. Die von homosexuellen Protagonisten und Feministinnen über die EU gesteuerte Antidiskriminierungsgesetzgebung hat sich als schwerer Fehler erwiesen. Die Chancen der EU auf dem Weltmarkt werden zweifellos verringert, die Frage zum Grundsatzprogramm ist insoweit bereits beantwortet. Die Wirtschaft rechnet mit unnützen Kosten in Milliardenhöhe, vor allem durch den Bürokratismus, etwa die überflüssigen Dokumentationspflichten. Überhaupt muss festgestellt werden, dass die Verwaltungskosten, die der Wirtschaft aufoktroyiert werden, sich jährlich auf 27 Milliarden Euro belaufen, wie der Normenkontrollrat der Bundesregierung festgestellt hat.

Schwer tun sich gerade ältere Unternehmer mit den Verwaltungsvorschriften. Insbesondere kleinere Betriebe sollten eine Entlastung erfahren. Festgestellt werden insbesondere Einkommensrückgänge bei den Jahrgängen 1942 bis 1961. Der Verband Volkssolidarität hat vor dem Abrutschen einer ganzen Generation in Altersarmut gewarnt. Die Reduzierungen werden sich besonders negativ auf das spätere Rentenniveau auswirken. Hinzu kommen noch die Beschäftigten im Niedriglohnsektor *(epd-Wochenspiegel 15/08)*. Der Deutsche Gewerkschaftsbund hat Vorschläge zur Sicherung der Rente vorgelegt und meint, alle Trends würden darauf hinweisen, „dass uns künftig Altersarmut in einem Ausmaß droht, das uns in die Anfangszeit der Bundesrepublik zurückwerfen wird“, wie Vorstandsmitglied Annelie Buntenbach am im Mai 2008 in Berlin bekundete *(epd-Wochenspiegel 21/08)*. Für die CDU, die bereits aufgrund des christlichen Menschenbildes das Ehren des Alters kennt, ergibt sich die Verpflichtung, in besonderer Weise über Lösungsmöglichkeiten nachzusinnen.

Diese Ausführungen machen deutlich, dass im wirtschaftlichen Bereich ein erheblicher Handlungsbedarf der CDU besteht. Die Symbiose aus Freiheit des Unternehmertums und sozialer Sicherheit der Menschen ist keine einfache Forderung. Die Unionsparteien haben aber das geistige und ethische Potenzial, um die Probleme zu lösen, wozu im Sinne der Nachhaltigkeit in jedem Fall die umgehende Reduzierung der erdrückenden Schuldenlast zählt. Die wirtschaftliche Angleichung der neuen Bundesländer ist zweifellos eine schwere Altlast aus den Zeiten des National- und Realsozialismus. Die CDU kann nicht umhin, diese Herausforderung anzunehmen. Es geht in der Tat um eine „Vernetzung aus technologieorientierter Wirtschaft, Wissenschaft und Kultur“. Dafür ist Bundeskanzlerin Merkel geradezu prädestiniert, was auch der allgemein CDU-unfreundliche „Spiegel“ einräumt: „Sie ist souverän, unprätentiös vor allem. Ihre Intelligenz liegt in einem Bereich, den nur eine Minderheit von Menschen erreicht. Intelligenz ist aber nicht nur hilfreich in der Politik. Politik ist oft Bauch, nicht Kopf, ist oft primitiv und grobschlächtig. Dummheit hält sie kaum aus, bei dummen Fragen muss sie sich zusammennehmen, kurz durchatmen, um nicht zu platzen“ *(49/07)*. Nun wird man kaum behaupten können, dass bei der CDU-Vorsitzenden die emotionale Seite unterentwickelt ist, gerade wenn man an ihre Menschenrechtspolitik denkt. Ein erfolgreicher Mann der Wirtschaft, Ex-Industriepräsident Hans-Olaf Henkel, bestätigt ihr die Vielgestaltigkeit ihrer Aktionen, die nicht nur der Ratio entspringen. Das gilt sowohl gegenüber China (Empfang des Dalai Lama), ferner gegenüber den USA (Guantánamo) und Russland (Putims Demokratieverständnis). Letztlich sei dieses Engagement für die deutsche Wirtschaft konstruktiv. „Hier ist mehr Selbstbewusstsein angebracht und mehr Loyalität gegenüber den Grundwerten unserer Gesellschaft. Die USA haben die Menschenrechtsverletzungen in China noch viel schärfer kritisiert, und es hat sie nicht einen Auftrag gekostet“ *(Der Spiegel, 49/07).*

6. Die Schöpfung und das Leben bewahren – für eine lebenswerte Umwelt

Es sind nicht die Grünen, die in Deutschland für das verantwortungsvolle Umweltdenken ursächlich sind, sondern die Unionsparteien. Sie haben zuerst erkannt, dass Gott den Menschen „in den Garten“ gesetzt hatte, dass er ihn „baute und bewahrte“ *(Genesis 2, 15)*. Damit werden auch die Grenzen abgesteckt; die christlich orientierten Parteien sind gegen ökologische Ideologien gefeit, wenn sie sich an der Heiligen Schrift orientieren. Es geht darum, die Schöpfung zum Wohl des Menschen zu nutzen, dabei aber gleichzeitig die Natur zu schützen. Mit kontrastharmonischem Bewusstsein wird verantwortungsvolles Handeln gelingen. Die Ideologen stellen z. B. die Interessen von Pflanzen und Tieren über den lärmgeschädigten Menschen, der sich - wohnend an einer lauten Ausfallstraße - die Stadtumgehung wünscht. Der verantwortungsbewusste Politiker wägt ab und entscheidet sich für den Menschen durch die Verlagerung des Fernverkehrs außerhalb der Gemeinden, um eine geringere Zahl von Bewohnern den lärmbedingten Gesundheitsrisiken auszusetzen. Angedeutet wird, dass das Risiko, einen Herzinfarkt zu erleiden, um 30 % zunimmt, wenn die Person längere Zeit in einem Gebiet mit höherem Verkehrslärm lebt, wie Studien des Umweltbundesamts beweisen. Dieses Beispiel zeigt die Problematik auf: Konträre Auffassungen sind oft jede für sich durchaus vernünftig, allerdings sind nicht immer Kompromisse möglich.

Das Grundsatzprogramm enthält eine Vielzahl von positiven Ansätzen. Das gilt vor allem für den Start: „Die unantastbare Würde des Menschen als Geschöpf Gottes ist allem menschlichen Handeln unverfügbar vorangestellt.“ Keine Selbstverständlichkeit ist heute die Einsicht: „Mit den viel zu hohen Abtreibungszahlen finden wir uns nicht ab“. Begrüßenswert sind ferner die Bestrebungen der Heilung und Leidminderung von Menschen, der Vorrang der Menschenwürde vor der biomedizinischen Forschung, die ökologische Bildung oder der sparsame Umgang mit den endlichen Ressourcen. Nicht nur modisch sind Klima-, Tier- und Naturschutz. Die Bedeutung von Land- und Forstwirtschaft für die Nahrungsmittelproduktion und die Erholung ist ausdrücklich hervorgehoben.

Einsatz für den Klimaschutz

In den Jahren 2007 und 2008 bewegte die Deutschen besonders die Klimaproblematik. Bereits im Jahre 1979 hatte der Bundesparteiausschuss der CDU ein „umweltpolitisches Programm" beschlossen. Helmut Kohl hatte als Vorsitzender von der großen Pflicht gesprochen: „Die Bewahrung einer gesunden Umwelt und des ökologischen Gleichgewichts ist eine konservative Aufgabe im besten Sinne des Wortes". Im Einzelnen geht es um die Umweltpolitik aus Verantwortung und im Kontext mit der sozialen Marktwirtschaft, die Stadtentwicklung und Raumplanung, Umweltforschung und diesbezügliche Zusammenarbeit international. Einbezogen sind Wasserwirtschaft, Luftreinhaltung, Lärmbekämpfung, Klima, Abfallwirtschaft, Lebensmittel, Umwelt, Chemikalien, Strahlenschutz, Landschaftspflege und Reinhaltung der Meere. Das war damals progressiv, als ob man die Grünen gar nicht gebraucht hätte. Bei der Umsetzung hatte die CDU allerdings nicht den Erfolg. Das ist heute wohl anders.

Bundeskanzlerin Angela Merkel hatte als „ehrgeiziges Ziel" angestrebt, dass die EU international „Vorreiter und Vorbild in der Energiepolitik und beim Klimaschutz" sein werde. Im März 2007 konnte sie sich auch beim Klimagipfel mit der Kompromissformel durchsetzen: 20 % erneuerbare Energien für die EU insgesamt. Dabei sollte der Anstieg der globalen Durchschnittstemperatur auf höchstens 2° C gegenüber dem vorindustriellen Niveau begrenzt werden. Hinzu kamen Reduzierung des Kohlendioxydausstoßes, Ausweitung der Bio-Kraftstoffe, vor allem mehr Energieeffizienz.

Die Lösungen hängen von den wirklichen wissenschaftlichen Erkenntnissen ab. Unter den Forschern besteht erheblicher Streit, das Spektrum ist so weit, dass sich eine irgendwie geartete Verknüpfung der unterschiedlichen Auffassungen nicht bewerkstelligen lässt. Im Sinne der Bipolarität muss aus der Fülle der Hypothesen ein Weg gefunden werden, über den sowohl der Menschheit als auch der Natur ein Maximum an Nutzen zukommt. Bedauerlicherweise spielt das Ideologische, selbst bei der CDU, eine nicht unerhebliche Rolle.

Zunächst einmal muss klargestellt werden, dass Klimaschutz etwas in der Tat Unterstützenswertes ist. Die engagierteste Vertreterin der Europäer im Kampf um die Rettung des Weltklimas ist die CDU-Bundeskanzlerin Angela Merkel. Tapfer kämpfte sie auch gegen den amerikanischen Präsidenten George W. Bush, der sich bislang insoweit recht zurückhaltend gegeben hat. Die EU stützt sich auf eine Studie des britischen Ökonomen Nicolas Stern, der die zerstörerische Wirkung des Klimawandels auf die Wirtschaft aufgezeigt hat. Nach seinen Erkenntnissen würde sich der allgemeine Wohlstand ohne durchgreifenden Klimaschutz bis zu 20 % verringern *(Die Zeit, 40/07)*. Unsere Kanzlerin verwies darauf Ende September 2007, dass die Umweltpolitik ein Gebot der wirtschaftlichen Vernunft sei. Sie kann es als einen Erfolg verbuchen, dass auch die USA sich in diese Richtung wenigstens ein wenig bewegten, nachdem Außenministerin Rice angedeutet hatte, bei der Klimakonferenz auf Bali aktiv anwesend zu sein. Die Erwartungen wurden nicht erfüllt, überhaupt waren die Bemühungen, gerade der Europäer, nicht geeignet, einen Durchbruch herbeizuführen.

Es kann nicht genug wiederholt werden: die Welt ist wunderschön, es besteht immer wieder Anlass zum Gotteslob. Das dokumentiert auch der britische Film „Unsere Erde". Vierzig Kamerateams waren an 200 Drehorten in 26 Ländern unterwegs und haben 1000 Stunden Filmmaterial zusammengetragen. Der Zusammenschnitt stellt mit z. T. atemberaubenden Aufnahmen die faszinierende Schöpfung Gottes dar. Dabei hat der Film auch eine Botschaft, nämlich dass die Menschen sich bemühen sollen, die Lebensgrundlagen der Natur zu retten *(ideaSpektrum 6/08)*. Zu Recht hat Bundeskanzlerin Merkel Milliardeninvestitionen zum Erhalt der biologischen Vielfalt angekündigt. Vor Delegierten aus nahezu 200 Ländern beklagte sie, dass jeden Tag 150 Tier- und Pflanzenarten ausstürben. Bislang stellt die Bundesregierung jährlich etwa 210 Millionen Euro für den Erhalt der biologischen Vielfalt zur Verfügung, es sollen jährlich jeweils 125 Millionen hinzukommen. Bedauerlich ist, dass andere Staaten keine diesbezüglichen Erklärungen abgegeben haben *(sh:z 29.05.2008)*. Dabei steht fest, dass sich Investitionen wirklich lohnen. Man denke nur an den unermesslichen Wert der Naturschätze. So wird der Wert der Korallenriffe mit ca. 30 Milliarden Dollar beziffert, die pflanzlichen Naturheilmittel haben einen Marktwert von rund 43 Milliarden Dollar, die Fische in Höhe von jährlich 58 Milliarden Dollar. Rund 6000 Experten haben in Bonn über den Naturschutz nachgedacht. „Im besten Fall füllen sie die Worthülsen mit Sinn, im schlechtesten Fall kommt es zu faden Absichtserklärungen" *(Der Spiegel, 21/08)*. In der Tat wurden die Erwartungen der Optimisten nicht erfüllt.

EU-Kommissionspräsident José Manuel Barroso setzt im Kampf gegen den Klimawandel auf die Unterstützung der europäischen Kirchen und Religionsgemeinschaften. Im Mai 2008 sprach er mit christlichen, jüdischen und muslimischen Repräsentanten. Die Glaubensrichtungen könnten dank ihrer Reichweite einen wertvollen Beitrag zur Mobilisierung der Bürger leisten, denn „Klimaschutz ist auch eine Frage der Ethik" *(epd-Wochenspiegel 19/08)*. Auch Musiker waren aktiv, man denke etwa an die Popsänger, die im Juli 2007 im Rahmen der Klimaschutzaktion „Life Earth" weltweit aufgetreten waren.

Nachdem die Berater von McKinsey eine Studie angefertigt haben, und zwar im Auftrag des Bundesverbands der Deutschen Industrie, ist auch die Wirtschaft hellhörig geworden. Es heißt dort u. a., dass Klimaschutz sich rechne, und zwar ohne dass deshalb die Wirtschaft langsamer wachsen und die Bürger auf gewohnte Lebensqualität verzichten müssten *(Die Zeit, 39/07)*. Allerdings gehört es zu den Selbstverständlichkeiten, dass das Sanieren von Gebäuden den Eigentümern wirtschaftlich nützen werde; problematisch erscheint nach der Studie die Idee der Bundeskanzlerin, bis 2020 ca. 40 % weniger Treibhausgase zu emittieren als 1990. Nach den Kinsey-Berechnungen sei die wirtschaftliche Grenze im Bereich von 30 % zu fixieren. Bislang hat Deutschland seine Emissionen um gerade einmal rund 19 % gesenkt, wobei die Hälfte auf den Zusammenbruch der Industrie in den Neuen Bundesländern zurückzuführen ist. Nun sollen innerhalb von 12 Jahren 21 % hinzukommen. Dabei soll der Luftverkehr in den Emissionshandel einbezogen werden, der CO2-Ausstoß der Schiffe soll sinken, die Kfz-Steuer soll nach den Emissionen bemessen werden, Bio-Kraftstoffe sollen für Kraftfahrzeuge ausgebaut werden, Autohersteller sollen die Kohlendioxidwerte angeben, der Rollwiderstand der Reifen soll durch Leichtbauweise verringert werden, schließlich werden Hersteller von Elektrogeräten zu stromsparenden Modellen verpflichtet. Das relativ kleine Umweltministerium gilt wegen des grünen Anstrichs als besonders schlagkräftig. Um die Welt wirklich zu verändern, sollen viele Regeln geschaffen werden, wobei Lobbyistengruppen wie Naturschutzverbände oder Windkraftindustrie entscheidend mitmischen *(Der Spiegel, 33/07)*. Nach Pressemitteilungen müssen die Bürger mit wenigstens 70 Milliarden Euro an Kosten bei Realisierung der Ideen rechnen.

Nun sind sich die Umweltaktivisten auch nicht immer einig. Der Friedensnobelpreisträger 2007 Al Gore engagiert sich für Bio-Sprit, was in Bezug auf den Klimaschutz voll einleuchtet, er übersieht aber, welche Auswirkungen dies für den Frieden in den südlichen Staaten der Welt haben wird. Der UN-Sonderbeauftragte für ein Menschenrecht auf Nahrung, Jean Ziegler, fordert ein fünfjähriges Moratorium für landschaftlich erzeugte Biokraftstoffe und erachtet es als ein Verbrechen gegen die Menschlichkeit, wenn Nahrungsmittel wegen Treibstoffs verbrannt werden. Man denke allein schon an die großflächige Opferung des Regenwaldes für den Anbau des Energieersatzes. Bei allem Respekt für die Aktivitäten des früheren US-Vizepräsidenten, es ist nicht so ohne weiteres vermittelbar, dass Nahrungsmittel, die die Hungernden dringend benötigen, als Ersatzbrennstoff verwendet werden, zumal der Anstieg der Getreidepreise unübersehbar geworden ist *(epd-Wochenspiegel 42/07)*. Lässt sich das mit dem christlichen Menschenbild vereinbaren, das ganz besonders das Wohl der Hungernden im Blickfeld hat? Hinzu kommt noch, dass Bio-Sprit unverhältnismäßig teuer und darüber hinaus auch schädlich ist. Autofahrer werden vielfach zum Kauf der Benzinsorte Super Plus gezwungen, die ca. 7 Cent pro Liter mehr kostet. Außerdem entsteht durch die Verbrennung von Urwäldern Kohlendioxid, das die Atmosphäre erwärmt. Bereits die Verwandlung natürlichen Graslands in Energieäcker würde fast 100 mal mehr Kohlendioxid frei setzen, als später jährlich durch die Herstellung des pflanzlichen Kraftstoffs gespart werden könnte *(Der Spiegel, 7/08)*.

Will man den Temperaturanstieg auf maximal 2° C begrenzen, so ist die von der Bundeskanzlerin ins Auge gefasste drastische Reduktion der Kohlendioxydemissionen tatsächlich erforderlich. Der heutige Zustand ist für die Bevölkerung der Dritten Welt nicht nachvollziehbar, wenn man sich bewusst wird, dass die Amerikaner pro Kopf das 20fache an CO2 im Jahr im Vergleich zu einem Afrikaner verursachen. Handlungsbedarf besteht allemal, das entspricht auch den anfangs erwähnten biblischen Forderungen, die für die CDU ja nicht irrelevant sind.

Kaum durchsetzbare Lösungen

Die Realisierung ist allerdings sehr schwer. Es geht nicht nur um die genannten wirtschaftlichen Vorbehalte, sondern auch um die Vielzahl von unterschiedlichen Erkenntnissen. So wird behauptet, dass Methan als Treibhausgas gerade durch die Viehherden in den ärmeren Staaten das Weltklima mehr als die CO2-Emissionen belaste. Verglichen wird damit gern das Pendant der zusätzlichen Klimabelastung im Zusammenhang mit dem fehlenden Tempolimit auf deutschen Autobahnen. Festzuhalten ist allerdings, dass alle Kühe zusammen nur 1,8 % der klimaschädlichen Gase bewirken, der Straßenverkehr hingegen für knapp 1/5 der CO2-Emissionen verantwortlich ist *(Der Spiegel, 43/07)*. Dass der ADAC mit seinen mehr als 15 Millionen Mitgliedern gegen eine Geschwindigkeitsbegrenzung ist, liegt nahe. Dass die Autofabrikanten über solche Ideen nicht begeistert sind, ist auch nicht verwunderlich, da das Interesse an der ausgefeilten Technik nachlassen wird, vor allem die Fahrzeuge nicht unbedingt sicherer werden, wenn sie zur Langsamkeit gezwungen werden. Fest steht allerdings, dass Spritverbrauch und Emissionen in den Geschwindigkeitsbereichen, welche über dem europäischen Tempolimits liegen (vielfach 130 km/h), drastisch in die Höhe steigen. Die Geschwindigkeitsbegrenzungen werden aber letztlich an den Unionsparteien scheitern. In Bezug auf den CO2-Ausstoß kann durch die Einschränkungen auf der Autobahn ohnehin nur eine äußerst geringe Verbesserung des Klimaschutzes bewirkt werden. Von den ca. 12 500 km in Deutschland sind weniger als die Hälfte übrig geblieben, bei denen eine freie Fahrt besteht. Berücksichtigt man noch die Überlastungen der Autobahn und die witterungsbedingten Beeinträchtigungen, so ist es nicht verwunderlich, dass in Bezug auf den Klimaschutz ein Tempolimit keine sichtbare Verbesserung bringt. Gleichwohl darf die symbolische Bedeutung nicht unterschätzt werden.

Auch in anderen Teilbereichen sind die Klimaschutzmaßnahmen keinesfalls unumstritten. Das gilt bereits in Bezug auf das Kyoto-Protokoll aus dem Jahr 1997, das verbindliche Ziele für die Reduktion der CO2-Emission bis 2020, nämlich um mindestens 20 %, vorsah. Tausende von Wissenschaftlern hatten damals den US-Präsidenten Clinton davon abgehalten, das Protokoll zu unterzeichnen. Die zu bestätigenden Thesen entstammten mehr oder weniger fehlerhaften Annahmen. Ähnlich steht es auch um die Grundlagen für die derzeitigen Pläne. Man gründet sich auf Erkenntnisse des IPCC (Intergovernmental Panel on Climate Change). Es handelt sich – wie auch in der Bezeichnung angedeutet wird – nicht um Forschungsergebnisse von Wissenschaftlern, sondern Ideen von Politikern. Die Detailerkenntnisse erscheinen z. T. als widersprüchlich. So wird von einem Temperaturanstieg bis 2100 zwischen 1,1° und 6,4° C gegenüber den letzten beiden Jahrzehnten des 20sten Jahrhunderts gesprochen, während es später heißt, dass der Golfstrom sich voraussichtlich verlangsamen werde und dadurch die Wärmezunahme abgemildert werde. Im Übrigen sollen sich Schnee und Eis deutlich verringern, auch in der Antarktis *(Kieler Nachrichten, 03.02.2007).* Letzteres deckt sich nicht mit den neuesten Erkenntnissen: Die Tiefsee der Antarktis hat sich deutlich abgekühlt, der Trend der Aufheizung sei durchbrochen worden. Das haben 58 Wissenschaftler festgestellt *(sh:z 26.05.2008).*

In der Tat ist es höchst zweifelhaft, dass der höhere CO2-Gehalt von Menschen verursacht worden sei. Ähnliches gilt auch für die Treibhaustheorie und die Behauptung, mehr CO2 heize die Atmosphäre auf. Der berühmte Meteorologe Wolfgang Tünde spricht von einem folgenschweren „wissenschaftlichen Betrug“ und führt vor allem die nächtliche Abkühlung an. Der kanadische Klimaforscher Ian Clarc spricht von einem „Erwärmungsschwindel“, da CO2 nicht eine Temperaturerhöhung bewirke, sondern eine Folgeerscheinung der Temperatur sei. Schließlich kann nur 1 % der gesamten CO2-Menge auf Verursachung durch den Menschen nachgewiesen werden. Der Wirtschaftspublizist Hartmut Bachmann bringt in seinem Buch „Die Lüge der Klimakatastrophe“ entsprechende Nachweise, zumindest Indizien. Ein Kollege von ihm, nämlich Kurt G. Blüchel hat auch ein Werk verfasst mit dem Titel „Der Klimaschwindel“. Darin bestätigt er die Erkenntnisse vieler Wissenschaftler, dass die ersten Hochkulturen der Menschheit ohne den abrupten Klimawechsel nie entstanden sein könnten.

Offenbar wird bisweilen übersehen, dass Kohlendioxyd nicht ein Schadstoff ist, sondern der wichtigste Pflanzennährstoff. Nicht überzeugend ist die Vermutung, dass CO2 eine Lufterwärmung bewirke, und zwar durch Absorption der Infrarotabstrahlung der Erdoberfläche. Diese ist allerdings bereits bei der heutigen Luftkonzentration gesättigt. Das hat zur Folge, dass auch eine Verdoppelung des Kohlendioxydgehalts keine zusätzliche Erderwärmung bewirken könnte. Ob möglicherweise Sonnenflecken für die steigende Temperatur auf der Erde ursächlich sind, wird behauptet, aber nicht nachgewiesen, im Gegenteil müsste das Klima aufgrund der Aufzeichnungen in den letzten 30 Jahren kälter werden. Somit irrt sich Edgar L. Gärtner in seinem Buch über den „Öko-Nihilismus", während er gewiss nicht Unrecht hat, wenn er auf den ideologischen Charakter des überzogenen Klimaschutzes aufmerksam macht. Die CDU ist gehalten, hier mit wissenschaftlicher Akribie, losgelöst von politischen Korrektheiten vorzugehen. Dazu gehört auch, sich vor Augen zu halten, dass zu Zeiten der größten globalen Eiszeiten die CO2-Konzentration wenigstens viermal höher als heute gewesen war. Einzubeziehen in die Erwägungen ist auch die Tatsache, dass im frühen Mittelalter eine Warmzeit bestand – Grönland heißt ja auch „Grünland" – und im Spätmittelalter eine Kälteperiode vorherrschte.

Die Union wird auch auf kritische Stimmen aus dem Ausland hören müssen. Wenn Tschechiens Präsident Václav Klaus den Nutzen von Bundeskanzlerin Merkels Klimapolitik anzweifelt, dann ist ein Aufmerken geboten. In einem Gespräch mit der „Wirtschaftswoche" wirft er ihr vor, ähnlich wie in der Planwirtschaft falsche Fünzigjahrespläne zu verfolgen. Er ärgert sich über die „unfaire und unrationale Debatte über die globale Erwärmung". Klaus rät dazu, mehr dem Markt zu vertrauen. In seinem Buch „Blauer Planet in grünen Fesseln" wirft er der veröffentlichten Meinung Einseitigkeit in Bezug auf Ursachen und Folgen vor, ferner das Unterschlagen von Tatsachen und die Ausgrenzung unabhängiger anders denkender Wissenschaftler. Er glaubt einfach nicht daran, dass der Mensch die Klimaerwärmung aufhalten könne. Im Übrigen verweist er auf die hohen Kosten und die damit verbundenen negativen wirtschaftlichen Folgen. Nach Auffassung des Politikers spielt die Ideologie in der Diskussion eine erhebliche Rolle: Es gehe weniger um einen Konflikt über die Umwelt als um die Freiheit. Die neue Ersatzreligion sei ähnlich gefährlich wie der Kommunismus, wobei oppositionelle Meinungen genau so unterdrückt werden. Der heutige „Environ Mentalismus" versuche, über den Naturschutz die menschliche Gesellschaft umzugestalten. Beachtlich ist, dass der tschechische Autor sich nicht um die herrschenden Regeln der Political Correctness kümmert. Der ehemalige nordrhein-westfälische Ministerpräsident und spätere Bundesminister für Wirtschaft und Arbeit Wolfgang Clement stellt konsequenterweise die Frage: „Spielt in der Klimadebatte, namentlich in Deutschland, nicht tatsächlich zu viel fundamentalistische Weltverbesserung eine Rolle *(Cicero, 1/08 S. 18)?* Dafür sprechen die Erkenntnisse der International Conference on Chance in New York. Im März 2008 hatten sich dort ca. 500 Wissenschaftler, Berater und Politiker aus der ganzen Welt getroffen und die Meinungsmacher des IPCC scharf kritisiert. Der erwähnte tschechische Präsident Klaus wurde offiziell geehrt. Natürlich wurde es als vernünftig angesehen, die für die Atemluft schädlichen Autoabgase einschließlich Kohlendioxid so gering wie möglich zu halten, die Verbindung mit einem möglichen Klimawandel wurde als unwissenschaftlich hingestellt. Zu bedenken ist ferner, dass jährlich mit 180 Milliarden Dollar an Kosten für Klimamaßnahmen zu rechnen ist und trotzdem allenfalls für fünf Jahre eine Verschiebung der behaupteten Erderwärmung dadurch möglich wäre. Der Kopenhagener Statistikprofessor Björn Lomborg meint, dass die ambitionierten Klimaförderer nur einen Teil der Wahrheit ans Licht brächten, dabei sich permanent Tabubrüche leisteten. In den nächsten 10 Jahren müsse mit keiner Zunahme der Klimaerwärmung gerechnet werden. Schlimmstenfalls könnte der Meeresspiegel um eine Höhe von nicht einmal 1 m steigen *(Kulturjournal, 3sat 13.05.08)*. Im bipolaren Sinne muss in jedem Fall auch diese Seite gesehen werden, vor einer allgemeinen Hysterie muss gewarnt werden.

Bei Bundeskanzlerin Angela Merkel wechseln - dem Anschein nach - Enthusiasmus und Blockierung. Im Oktober 2007 erklärte sie vor der UN-Generalversammlung, dass der Klimawandel eine zentrale Herausforderung für die Menschheit sei und nie zuvor das Einverständnis unter Wissenschaftlern so groß, die Faktenlage so eindeutig und der Handlungsbedarf so unbestritten gewesen seien. Sie forderte bis zur Mitte des Jahrhunderts mindestens eine Halbierung der globalen Emissionen. Die deutsche CDU-Spitzenpolitikerin erweckt den Eindruck, als ob sie überhaupt keinerlei Kompromisse machen wolle, wobei sie Gemeinsamkeiten mit dem Friedensnobelpreisträger Al Gore deutlich machte. Auch dieser wirkt nicht immer konsequent: So veranlasste er die Energie Baden-Württemberg AG (EnBW) dazu, ihm für einen Vortrag 118.000 Euro zu zahlen, wobei er als Auflage machte, dass akkreditierte Journalisten über seine Rede nicht berichten durften, erst recht nicht Teile zitieren durften *(sh:z vom 24.10.2007)*. Die Überzeugungskraft wird in Bezug auf die Ausgabefreudigkeit eines deutschen Energieunternehmens und eines finanziell nimmersatten Öko-Propagandisten gewiss nicht gesteigert. Die Bundeskanzlerin handelte auch nicht gerade folgerichtig, wenn man etwa an ihre ablehnende Reaktion denkt, nachdem der SPD-Parteitag ein Tempolimit von 130 km/h auf den Autobahnen gefordert hatte. Obwohl Angela Merkel aus einer Ostseeregion stammt, ist nicht ersichtlich, dass sie z. B. dem „Ostseesterben" den Kampf angesagt hätte. 70 000 km^2 des Meeresbodens, also 1/6 der Gesamtfläche, gelten heute als „Todeszone", vor allem wegen Stickstoff- und Phosphatablagerungen. Auch ihr Landwirtschaftsminister Horst Seehofer sieht keinen Anlass, die Bauern zur erkennbaren Senkung der Phosphor- und Stickstoffmengen zu nötigen.

Die Bundesrepublik hatte Hoffnung, dass bei der UN-Konferenz auf Bali im September 2007 eine grundlegende Weichenstellung im Sinne der eigenen Vorstellungen erfolgen würde. Die Meinungen über das Ergebnis sind geteilt. In jedem Fall war es ein Erfolg, dass auch die USA Verhandlungen über die

Senkung der Treibhaus-Immissionen unter dem Dach der UN zugestimmt hatten. In einem dramatischen Ringen bis zur letzten Sekunde einigten sich 107 Staaten darauf, bis 2009 über eine deutliche Senkung der klimaschädlichen Immissionen in Industrieländern zu verhandeln. Bundesumweltminister Siegmar Gabriel zog eine positive Bilanz: „Wir haben mehr erreicht als erwartet, aber weniger als Deutschland und die EU sich gewünscht hätten". Wenn man sich vor Augen hält, dass Deutschland beim Weltklimagipfel mit den radikalsten Zielen aller westlichen Nationen angetreten war, versteht man die relative Genugtuung des Umweltministeriums. In der Tat wurde für mehr Gerechtigkeit gesorgt. Nur die ganz armen Länder dürfen in Zukunft mehr fossile Energieträger verbrauchen als heute. Ein deutsches Kind müsste im mittleren Alter mit einem Fünftel auskommen. „Effiziente neue Energietechnologien machen das in Merkels Utopie möglich" (Der Spiegel, 50/07). Immerhin hat das Bundeskabinett schon einen Anfang gemacht, nämlich am 05.12.2007 mit dem umfangreichen Klima- und Energieprogramm beschlossen, z. B. den Anteil der erneuerbaren Energien im Strombereich auf 25 % bis 30 % bis zum Jahre 2020 zu erhöhen *(epd-Wochenspiegel 50/07)*. Das ist mehr als eine Verdoppelung gegenüber heute. Nach Ansicht von Bundesumweltminister Sigmar Gabriel (SPD) sind die ursprünglichen Klimaschutzziele der Koalition gefährdet. „Es gibt eine große Gefahr, dass das ganze Projekt zerfasert". Das ist nicht unrealistisch, aber auch nicht zwingend. Experten befürchten eine Versorgungslücke von wenigstens 16 %. Nun darf man nicht außer Acht lassen, dass die Wirtschaft sich auch an den Umweltschutz allmählich gewöhnt. Viele Konzerne haben ihre ablehnende Haltung aufgegeben. 2006 wurden weltweit 52 Milliarden Dollar in neue Projekte zu erneuerbaren Energien gesteckt, 33 % mehr als 2005, wie das World-Watch-Institut feststellt *(epd-Wochenspiegel 3/08)*. Die Kirchen mischen auch mit. Gerade zum Jahreswechsel haben europäische Bischöfe für einen wirksamen Klimaschutz plädiert. Deutschland kann stolz sein, dass es laut einem Index von Umweltorganisationen in Bezug auf den Klimaschutz auf Rang 2 hinter Schweden vorgerückt ist. Geklärt ist allerdings noch nicht, ob das ein Gütezeichen ist. Ist z. B. der aufgezwungene Energieausweis für Gebäude eine zu starke Reglementierung vonseiten des Staates? Könnte man nicht bald von einem, wenn auch gewaltlosen, „Klimatizismus" sprechen? In jedem Fall ist das Vorgehen der Bundesrepublik bei allem Respekt vor dem Engagement nicht in jeder Hinsicht überzeugend, geschweige denn ausgewogen.

Als Physikerin müsste die Bundeskanzlerin eigentlich ein besonderes Interesse haben, die Nutzung von regenerativen Energiequellen zu steigern. Das erscheint rein rational sehr vernünftig. Es geht insbesondere um Solaranlagen und Windkrafträder. Insoweit wurde bereits in den vergangenen Jahren äußerlich viel getan. Verkannt werden sollen keineswegs die Probleme: Die Solaranlagen rechnen sich noch nicht, vielleicht auch nie. Die Herstellung erfolgt zu

80 % in Asien, der CO2-Ausstoß bleibt unverändert *(ARD „Plus-Minus" vom 24.06.08)*. Die Bundesanstalt für Wirtschaft und Ausfuhrkontrolle (BAWA) soll für Anreize sorgen. Das gelingt nicht unbedingt, wenn man sich vor Augen hält, dass z. B. die Zuschüsse für Warmwasserbereitung auf nur noch 40 Euro pro m² Kollektorfläche reduziert worden sind. Zwar wurde eine Erhöhung im Sommer 2007 auf 60 Euro veranlasst, allerdings verdient letztlich der Staat gar durch die Mehrwertsteuer, die den Subventionsanteil von unter 10 % deutlich übersteigt. Für die Hauseigentümer ist also ein nicht unerhebliches Quantum von Idealismus vonnöten.

Die Chancen für die Windenergie sind zweifellos höher, auch wenn es noch eine Fülle von Problemen gibt. Heute stammen mehr als 12 % des gesamten Stroms aus regenerativen Energien, davon 42 % über die Windräder. Deutschland nimmt insoweit eine Spitzenposition weltweit ein, das Ziel ist aber noch längst nicht erreicht. Bis 2020 sollen die erneuerbaren Energien insgesamt 25 % bis 30 % des Stroms ausmachen, wie es das Umweltministerium vorgibt *(Die Zeit, 40/07)*. Windkraft ist wetterwendisch, die fast 20 000 Windräder in Deutschland können zwar 20 Gigawatt bereitstellen – ähnlich wie die aktiven Atomkraftwerke. Da auf den Wind aber kein Verlass ist, müssen weiter „Schattenkraftwerke" zur Verfügung stehen. Die Ingenieure grübeln über Kompensationsmöglichkeiten, der Anteil der Windenergie könnte auf 70 % gesteigert werden. Vielleicht hilft die Idee des Auricher Windradbauers Enercon: Ein Zusammenschalten kleinerer Stromerzeuger in großer Anzahl könnte zur Erstellung eines Netzes dienen, das den erforderlichen Speicher quasi ersetzt; durch europaweite Installationen sowie Einbeziehung von Gleichstromkabeln könnten die Probleme minimiert werden *(Der Spiegel, 36/07)*. Natürlich müssten die z. T. instabilen älteren Windräder modernisiert werden, um Unfälle wie das Bersten von Rotorblättern, Feuerbrunst, Umknicken oder Abreißen von Rotoren künftig zu verhindern. Es sind riesige Investitionen nötig, es bieten sich aber gerade für Deutschland Perspektiven.

Bioenergie boomt, es fragt sich aber, ob die CDU eine solche Erzeugung unterstützen kann. Zweifel bestehen, weil bei Hunderten von Millionen Hungernden weltweit die landwirtschaftlichen Erzeugnisse vornehmlich für die Ernährung bestimmt sind. In der Dritten Welt kann – wie erwähnt, eine solche Handhabung mit Gottes Schöpfung nur in äußerst begrenztem Rahmen gebilligt werden. In diesen Kontext gehören auch Gedanken über gentechnische Mutationen. Viele Mitbürger machen sich Sorgen über die Lebensmittelindustrie, der Verbraucherschutz funktioniert nur teilweise. Die CDU muss gründlich abwägen, wieweit Eingriffe in die Schöpfung möglich sind. Das kann nur der Fall sein, wenn die Konsequenzen vollständig überschaubar sind. Ehrlicherweise wird man einräumen müssen, dass derzeit die Lage recht aussichtslos ist: Kohlekraftwerke gelten als Dreckschleuder, vor Atomstrom haben viele Verantwortliche Angst, bei Gas besteht eine zu große Abhängigkeit vom Ausland, Wind und Sonne sind unzureichend. In jedem Fall gibt es keine ideale Lösung, sichere und saubere Energie in hinreichendem Umfang zur Verfügung zu stellen.

Wenn die deutschen Stromkonzerne RWE und Eon von einer „Stromlücke und deutlich steigenden Energiekosten“ sprechen, dann wirkt dies insofern nicht als übertrieben. Wenn die erneuerbaren Energien die Lücke nicht schließen, so ist die Bundesrepublik auf Einsparung angewiesen, wofür die Aussichten als gering erscheinen. Es besteht ein erheblicher Bedarf an Nachdenken und Umsetzen realistischer Ideen.

Für die CDU ist unerlässlich, dass sie im Klima- und Energiebereich in Anlehnung an den erfolgreichen Wirtschaftsminister der Union Ludwig Erhard „Maß hält“. Einerseits ist es aus christlicher Verantwortung unverzichtbar, das Erforderliche zu veranlassen, um die Schöpfung zu schonen, andererseits darf dieses Engagement nicht in eine Ideologie entarten. Greenpeace macht sich stark für ein „Menschenrecht auf Klimaschutz“. Der Trendforscher Mathias Horx spricht bereits von einer „Klima-Religion“, die die Welt erretten wolle. Er warnt vor einem „neuen Fundamentalismus für jedermann“ und eine „Mainstream-Religion“. So fragt er: „Haben Sie heute schon Ihren Kohlendioxidausstoß gezählt? Nein? Das ist schlecht“. Denn mit jedem Atemzug, dem Betätigen von Lichtschaltern, Fernbedienungen sowie Auto-, Zug- und Flugreisen bringe man die Menschen dem Untergang näher. Er spottet auch über den „Ablass mittels Geldspende“ bei Fahrten in den sonnigen Süden, um sich von den „Öko-Sünden“ zu befreien *(ideaSpektrum 47/07).* In der Tat profitieren die „Gläubigen“ davon, dass die Katastrophenthese sich nicht widerlegen lässt. Konsequent ist in diesem Sinne auch unsere Bundeskanzlerin, die den Konsens sowohl bei den Grünen als auch bei treuen Konservativen bemerkt. Keinesfalls soll die CDU Vorreiterin eines neuen Ökologismus werden. Zu warnen ist vor einem blinden Aktionismus. Für den guten Gedanken des Umweltschutzes ist es keinesfalls förderlich, dass nunmehr Tausende Dieselfahrzeuge einen nutzlosen Rußfilter erhalten haben. Die Verantwortlichen im Umweltministerium haben für ihre Bestimmungen nicht die erforderlichen Voraussetzungen erfüllt. Die 60 000 Autobesitzer fühlen sich hereingelegt und werden Schwierigkeiten haben, künftig an Sinn und Zweck von staatlichen Reglementierungen zugunsten der Umwelt zu glauben. Das Vertrauen in Klimaschutzmaßnahmen wird zwangsläufig abnehmen.

Die Thematik könnte die Wahlkämpfer im Jahre 2009 beherrschen. Nach den drastischen Preiserhöhungen von Öl und Gas sowie den Erkenntnissen aus der Klimadiskussion neigen immer mehr Politiker dazu, zur Kernenergie zurückzukehren. Diese wirken weitgehend rat- und hilflos. Sie sind offensichtlich nicht in der Lage, der Bevölkerung überzeugend zu erklären, weshalb es dazu habe kommen müssen. Nach deutscher höchstrichterlicher Rechtsprechung bedeutet eine Verdoppelung des Preises objektiv „Wucher“. Dies ist nun wiederholt geschehen, auch z. B. vom europäischen Staat Norwegen! Aus christlich-ethischer Perspektive genügt die größere Nachfrage nicht als Legitimationsgrundlage. Weltweit sind zusätzliche Reaktoren in Planung, in Deutschland will Bundeskanzlerin Angela Merkel den „Ausstieg aus dem Atomausstieg“ durchsetzen. Es wird darauf verwiesen, dass die Abschaltung der Meiler in einer Phase beschlossen worden ist, als der Ölpreis bei 10 $ lag und inzwischen 150 $ überschritten worden sind. Der SPD-Vordenker Erhard Eppler empfiehlt, einige Atomkraftwerke einige Jahre länger laufen zu lassen, wenn in der Verfassung verankert wird, dass keine neuen gebaut werden *(Der Spiegel, 28/08)*. In der Tat befinden sich die Politiker in einem Dilemma: Die Energiekosten sind drastisch gestiegen, wegen des Klimawandels muss der CO2-Ausstoß verringert werden, die erneuerbaren Energien können den Bedarf nicht decken, es bleibt die Hoffnung auf die Kernkraft. Sie gilt als sauber, die Gefahren können aber nicht wegdiskutiert werden, etwa die Leukämieerkrankungen bei Kindern, die in unmittelbarer Nähe der Atommeiler wohnen. Darüber streiten sich allerdings die Gelehrten.

Bestärkt werden Befürworter der Atomenergie durch die neuen Erkenntnisse über die Folgen von Atomunfällen. Die nukleare Verseuchung wurde in erheblicher Weise überschätzt. Die Radioaktivität selbst forderte deutlich weniger Menschenleben, als dies jahrzehntelang behauptet worden war, sei es in Bezug auf Hiroschima oder Tschernobyl. Es ist zu differenzieren zwischen den unmittelbar Getöteten und denjenigen, die in den Folgejahren verstorben sind. Der Anteil Letzterer ist entgegen allen Behauptungen zuvor maßlos übertrieben, wie sich aus Studien des Strahlenschutzinstituts in Neuherberg bei München ergeben hat *(Der Spiegel, 47/07)*. Zu denken gibt, dass gerade die ölreichen Golfstaaten ohne Rücksicht auf den CO2-Ausstoß Kohlekraftwerke errichten, weil der Rohstoff so preiswert ist, während die kohlereichen Länder sich klimabewusst verhalten.

Trotz all der Fehlbehauptungen und Irritationen bleibt der Imperativ bestehen: Der Klimaschutz ist unverzichtbar, Regierungen und Parteien haben sich intensiv dafür einzusetzen. Völlig unstreitig sind die Bereiche Energieeinsparung und Aufrechterhaltung der Ressourcen. Insofern ist das „erste Klima- und Energiepaket“ der Bundesregierung vom 06.06.2008 zu begrüßen: z. B. mehr Öko-Strom, Biomasse, Auflagen für Alt- und Neubauten. Unabhängig von der Effizienz, etwa hinsichtlich der umstrittenen CO2-Erkenntnisse, reicht bereits der Symbolcharakter aus, um subjektiv die Menschen zu veranlassen, das Maximum für ein gesundes Klima zu bewerkstelligen.

Differenzieren bei der Genforschung

Zum Problemkreis Schöpfung gehört auch das Gentechnikrecht. Das Bundeskabinett hat am 08.08.2007 die umstrittene Novelle des Gentechnikgesetzes beschlossen. Mit der neuen Regelung werden strenge Regeln für den Anbau genveränderter Pflanzen festgelegt. Zugleich soll die Forschung für die Landwirtschaft vereinfacht werden. Der Präsident von Bioland, Thomas Dosch, äußerte sich kritisch: Das Gesetz lese sich wie ein Freibrief für gentechnische Verunreinigungen *(epd-Wochenspiegel 33/07).* Grundsätzlich soll die Wissenschaft auch im Bereich der Landwirtschaft nicht gemaßregelt werden, selbst wenn die Kommerzialisierung droht. Universitäten erkennen das wirtschaftliche Potenzial ihrer Ideen und die Freude an der Anmeldung von Patenten. Wenn allerdings schließlich Saatgutfirmen durch pflanzliche Gen-Patente die Landwirte durch Lizenzgebühren für den Anbau abhängig machen, dann besteht Handlungsbedarf des Staats. Man denke nur an die rigorose Überwachung von US-Farmen. Die Bevölkerung in Deutschland macht sich darüber Sorgen und fühlt sich von den Politikern nicht in vollem Umfang ernst genommen. Eine faire Diskussion mit einem Maximum an Aufklärung ist unverzichtbar.

Mehr bewegt das Volk in Deutschland die Probleme, die mit den Stammzellen, vor allem den embryonalen, zusammenhängen. In diesen Bereichen wurde seit Jahren intensiv diskutiert. Bundestagsabgeordnete wollten das im Jahre 2002 beschlossene Stammzellgesetz novellieren. Unter anderem die Deutsche Forschungsgemeinschaft (DFG) drängte darauf, die dort verankerte Stichtagsregelung zu kippen. Bisher durften Wissenschaftler aus menschlichen Embryonen gewonnene Stammzellen nach Deutschland importieren, wenn gewährleistet ist, dass die dazu zu vernichtenden Embryonen vor dem 01.01.2002 getötet wurden. Es sollte sichergestellt sein, dass deutsche Forscher nicht die Tötung von Embryonen im Ausland veranlassen, um dann hier damit zu experimentieren. Die Entscheidung ist inzwischen getroffen: Der Bundestag hat im Frühjahr 2008 beschlossen, den Stichtag um rund fünf Jahre vom 1. Januar 2002 auf den 1. Mai 2007 zu verschieben. Dabei stimmten 346 Abgeordnete dafür, 228 dagegen, 6 enthielten sich. Es wäre unfair zu behaupten, dass die Politiker es sich leicht gemacht hätten, denn rechtliche und ethische Fragen sind miteinander verquickt. Auf Details soll hier hingewiesen werden.

„Keine Dämonisierung kann gerechtfertigt werden, genau so wenig wie ein akritisches Einverständnis mit allem, was die Biomedizin in der Lage ist zu tun. Eine Alternative zu diesen extremen Polen ist die Suche nach einer verantwortlichen Regelung der neuen Eingriffsbefugnisse über das Leben. Zielsetzung dieser Regelung ist, dass diese neuen Befugnisse den Menschen dienen und nicht, dass der Mensch sich diesen neuen Befugnissen unterwirft“, so der italienische Philosophieprofessor Corrado Viafora in „Medizin und Ideologie" *(3/02 S. 8)*. Die aus der jüdisch-christlichen Anthropologie stammende Menschenwürde (= Ebenbild Gottes) fordert eine klare Position *(vgl. E. Schockenhoff, „Ethik des Lebens", Mainz 1993)*. Der Menschenzucht muss mit Vernunft und allen Kräften entgegengesteuert werden.

Die geistige Welt stößt immer wieder auf den Gegensatz zwischen Faszinosum und Tremendum. Der Mensch lässt sich gern verzaubern, verfällt aber auch zitternd dem Schrecklichen. Der Widerspruch kann in anderen Bereichen kaum größer sein als in dem der Gentechnologie. Auf der einen Seite wünscht sich jeder verantwortungsbewusste Bürger, dass unheilbare und des Menschen Würde raubende Krankheiten wie Alzheimer oder Parkinson ausgerottet würden. Man muss nun nicht darüber diskutieren, dass das Menschenwohl wesentlicher Zweck wissenschaftlicher Arbeit ist. Auf der anderen Seite nimmt die Furcht vor Manipulationen am Menschen zu.

Die Hoffnungen sind unbegrenzt. So sollen Querschnittsgelähmte sich wieder völlig normal bewegen können. Neben Parkinson erwarten Wissenschaftler Fortschritte in der Behandlung von Osteoporose, Leberzirrhose, Hautverbrennungen oder gar Krebs. Die Biochemiker hoffen auf Herzzellen für Infarktopfer und Neuronen für Alzheimer-Kranke. Die Aussicht, dass sich etwa embryonale Stammzellen in fast alle der 210 bekannten Typen menschlicher Körperzellen verwandeln können, steigert die Euphorie. Erfolge waren bislang allerdings nur mittels körpereigener, also adulter Stammzellen, überhaupt nicht durch embryonale verzeichnet.

So hat große Begeisterung hervorgerufen die gezielte Zeugung und Selektion eines Babys, um mit seinem Nabelschnurblut das Leben seiner krebskranken Schwester zu retten. Der Versuch gelang mit der Folge, dass beide Kinder wohl auf sind. Man erhofft sich z. B., mit dieser Methode Kinder zu produzieren, die als Blutstammzellspender für ihren leukämiekranken Vater dienen könnten. In Kauf genommen wird, dass die Ehefrau des Sohnes, die deshalb schwanger werden muss, unter erheblichen Druck gerät *(so die Molekularbiologin Regine Kollek in Der Spiegel 1/01 S. 147)*.

Unerträglich erscheint denjenigen, die eine Ausweitung der Forschungsfreiheit befürworten, die Rechtsprechung des Bundesverfassungsgerichts, das auch dem sich entwickelnden Leben die Menschenwürde des Art. 1 Grundgesetz gewährt. Das Embryonenschutzgesetz sieht als Beginn menschlichen Lebens den Abschluss der Befruchtung der Eizelle an. Für die deutschen Forscher ist es nun schwer zu begreifen, dass EU-Länder wie Großbritannien den Zeitpunkt verschieben. Die verwendeten Embryonen dürfen immerhin noch 14 Tage alt sein, erst dann beginnt dort das Leben.

Statt an embryonalen bietet sich alternativ die Forschung an erwachsenen Stammzellen an. In der Tat bestehen Hoffnungen, dass die „adulten“ Stammzellen, die im Körper jedes Menschen Zeit seines Lebens die Funktion eines Reparaturdienstes übernehmen, einen adäquaten Ersatz bieten.

Zu Recht wird die Frage gestellt, ob adulte Stammzellen „künftig als universelles Reparatur-Set des Körpers zum Einsatz“ gelangen. Der wesentliche Vorteil im Vergleich zum Einsatz embryonaler Stammzellen liegt darin, dass das ethisch umstrittene Klonen und Töten von Embryonen so eleganterweise umgangen wird. Natürlich muss beachtet werden, dass es nicht ganz einfach ist, der potenten Zellen habhaft zu werden. Um Abstoßungsreaktionen nach der Implantation zu vermeiden, müssten sie idealerweise vom kranken Patienten selbst stammen. Adulte Stammzellen werden bereits seit vier Jahrzehnten in der Therapie, etwa bei Blutkrankheiten, verwendet (Ausarbeitung der Wissenschaftlichen Dienste des Deutschen Bundestags WD 8 – 203/06 vom 17.01.07). Dabei werden die Patienten entweder mit eigenen oder mit fremden adulten Stammzellen behandelt. In Deutschland erfolgten z. B. im Jahr 2005 mehr als 4000 Stammzellentransplantationen. Die Erfolge mehren sich, wenn man etwa an die Behandlung von Inkontinenz, Leberkrebs, Immunerkrankungen, Brustkrebs, Morbus Crohn, Multiple Sklerose, Arthritis oder Herzinfarkt denkt.

Scheitern mit embryonalen Stammzellen

Nun behaupten die Befürworter einer Aufhebung der gesetzlichen Beschränkungen, die embryonalen Stammzellen könnten sich – im Gegensatz zu den adulten – unbegrenzt vermehren. Das stimmt aber nicht, wie Forscher des Children’s Hospital in Pittsburgh nachgewiesen haben: Adulte Stammzellen haben dieselbe Fähigkeit zur Multiplikation. Entsprechendes gilt auch für die angebliche vorzeitige Alterung der adulten Stammzellen.

Erhebliche Probleme bestehen gerade bei den Heilungsversuchen durch embryonale Stammzellen: Tötungszwang, Bildung von Karzinomen, Abstoßungsreaktionen bei der Transplantation, völlige Ungewissheit therapeutischer Erfolge *(so der Zellbiologe Volker Herzog „Forschung am Puls des Lebens. Der Wissenschaftler zwischen Neugier und ethischer Selbstbeschränkung“).* Es darf in diesem Kontext nicht außer Acht gelassen werden, dass Deutschland auf dem Gebiet der adulten Stammzellforschung zu den international führenden Nationen gehört. Die hoch subventionierte deutsche Forschungsgemeinschaft ist deshalb ganz und gar nicht zu verstehen. Man könnte gar auf den Gedanken kommen, dass bei ihr das Ideologische hineinschwingt, als ob mit der großen Hartnäckigkeit für die Forschung an embryonalen Stammzellen deshalb gekämpft wird, weil den Verantwortlichen ethische oder gar christliche Grundsätze und konservatives Denken zuwider sind. Der wichtige Gedanke im Grundsatzprogramm der CDU, nämlich das Leben zu bewahren, soll nicht tragend sein. Dabei erscheinen die Ergebnisse der bisherigen Embryonenforschung als allzu dürftig, während die „Konkurrenten" einen Sieg nach dem anderen feiern: Mit körpereigenen Stammzellen werden bisher mehr als 65 Krankheiten erfolgreich behandelt, mit embryonalen überhaupt keine. In umfassender Weise werden die Wissenschaftler, die sich auf adulte Stammzellen konzentrieren, durch die neuen Erkenntnisse japanischer und amerikanischer Forscher bestätigt. Die Japaner haben – geradezu sensationell anmutend – die Hautzellen aus dem Gesicht einer 36 Jahre alten Frau in einer Schale gezüchtet und dann vier bestimmte Proteine hinzugegeben. Nach ca. 25 Tagen waren einige Kolonien herangewachsen, die wie embryonale Stammzellen aussahen. Die Zellhaufen ließen sich in Gehirn-, Muskel-, Knorpel- und Herzzellen umzüchten. Die Forscher von der Universität Kyoto haben faktisch die embryonale Forschung als überflüssig entlarvt *(Der Spiegel, 48/07).* Interessant ist, dass der schottische Wissenschaftler Ian Wilmut - immerhin der Verantwortliche für das Klonschaf Dolly – nun erklärt hat, er werde sich der adulten Stammzellenforschung zuwenden *(Daily Telegraph vom 17.11.07).*

Man kann sich den Fanatismus in Richtung Änderung des Stammzellgesetzes vielleicht dadurch erklären, dass die behaupteten Erwartungen der Befürworter so offensichtlich erfolglos waren; man sucht schlicht die zweite Chance. Das reicht aber nicht, um sich etwa an dem weitreichenden Gesetzentwurf der FDP zu orientieren. Um so mehr gibt es keinerlei vernünftige Gründe, von den bisherigen Prinzipien unserer Rechtsordnung abzuweichen: „Im Zweifel für das Leben, die Menschenwürde und den Verzicht auf Experimente mit Menschen".

Vordergründig ist die Frage allemal berechtigt, weshalb Forscher und Politiker auf – jetzt nicht auszuschließende - wirtschaftliche Vorteile verzichten sollen, wenn dadurch Menschen möglicherweise gesundheitlich geholfen werden kann und gleichzeitig vielleicht die Staatsfinanzen in Ordnung gebracht werden können. Jeder kennt den Spruch: „Der Zweck heiligt die Mittel", auch wenn dessen Herkunft Anlass zur Skepsis bietet. Sprüche wie „Verzicht macht Spaß", „Selbstbeschränkungen fördern die Lebensqualität" oder „Selbstbeherrschung ist die Mutter gesunden Familienlebens" passen in unsere heutige vergnügungssüchtige Gesellschaft nicht hinein. Gedanken an Sekundärtugenden werden laut, oder gar an fundamentalistische Frömmelei. Auf dieser geistigen Ebene hält z. B. die EU-Kommission die embryonale Stammzellenforschung weiter für nötig. Zwar sei die gelungene Umprogrammierung von Hautzellen ein wichtiger Durchbruch, wie Forschungskommissar Janez Potocnik im März 2008 erklärt hatte, es sei in der Hoffnung auf neue Heilmittel aber unabdingbar, die Forschung an allen Arten von Stammzellen fortzusetzen *(epd-Wochenspiegel 12/08)*. In Deutschland sind sich FDP und Linke einig und fordern eine generelle Lockerung des Stammzellengesetzes, während in der Union und unter den Grünen zumindest teilweise dagegen Bedenken bestehen. In Deutschland wird der Grundsatzstreit besonders intensiv geführt *(Der Spiegel, 7/08)*. Zuzustimmen ist denjenigen, die sowohl die Forschung an embryonalen Stammzellen ganz ablehnen als auch sich gegen eine Verlängerung des Stichtags aussprechen. In einem Konflikt befindet sich Forschungsministerin Anette Schavan, die aus religiösen Gründen Lockerungen des Gesetzes eigentlich ablehnt, als Forschungsministerin aber meint, zu Konzessionen bereit sein zu müssen, weil sie grundsätzlich die Forschung entbürokratisieren will. So sagte sie wenige Tage vor der Bundestagsentscheidung, dass sie die Forderung der Wissenschaftler nicht ignorieren könne *(epd-Wochenspiegel 15/08)*. Nach bisherigen klinischen Studien gibt es noch nicht einmal Hoffnung auf Heilungswirkungen durch Einsatz embryonaler Stammzellen. Immerhin wird mit embryonalen Stammzellen seit ca. 10 Jahren geforscht, wobei hinzu kommt, dass diese dazu neigen, außerhalb des Embryos Tumore auszubilden. Umso mehr muss es gestattet sein, nach wissenschaftlicher und juristischer Betrachtung noch einige Andeutungen im ethischen und religiösen Bereich zu machen. Dieser gründet sich weitgehend auf die christlich-abendländische Kultur. Das Grundgesetz legt in der Präambel Wert auf das Handeln „in Verantwortung vor Gott".

Überwiegend kämpfen die christlichen Kirchen für die Aufrechterhaltung der bisherigen Rechtsordnung und sträuben sich gegen Veränderungen am Leben einzelner und gegen den Kommerz. Ein großer Pfarrer, nämlich Friedrich von Bodelschwingh hatte in dem durch ihn weltweit bekannten Bethel zur Zeit des Nationalsozialismus schriftlich fixiert: „Der Mensch ist nicht wertvoll, weil er Leistung bringt, sondern weil er von Gott und den Mitmenschen geliebt wird. Das heißt: Ein mongoloides Kind, ein behinderter Mensch, ein chronisch erkrankter und frühzeitig berenteter Mensch ist nicht weniger wert als ein hochbegabtes Kind, als ein vitaler Mensch, der produktiv für unsere Gesellschaft arbeitet." Hier spielt der Gedanke von der göttlichen Ebenbildlichkeit eine Rolle. Bereits im 8. Psalm heißt es: „Aus dem Munde der jungen Kinder und Säuglinge hast du deine Macht zugerichtet um deiner Feinde willen, dass du vertilgest den Feind und den Rachgierigen... Was ist der Mensch, dass du seiner gedenkst, und des Menschen Kind, dass du dich seiner annimmst? Du hast ihn wenig niedriger gemacht als Gott, mit Ehre und Herrlichkeit hast du ihn gekrönt. Du hast ihn zum Herrn gemacht über deiner Hände Werk, alles hast du unter seine Füße getan".

Aufweichung des bisherigen Gesetzes

Der Nationale Ethikrat konnte sich in Bezug auf die Änderung des Stammzellgesetzes nicht auf eine gemeinsame Linie verständigen. Eine knappe Mehrheit von 14 der 24 Gremiumsmitglieder stimmte für eine Novellierung *(epd-Wochenspiegel, 29/07)*. Am 11.09.2007 wurde der Rat von Bundesbildungsministerin Annette Schavan verabschiedet, was im Hinblick auf die keinesfalls überragenden Leistungen auch vernünftig war. Ob nun die Ersatzlösung, nämlich der Deutsche Ethikrat, Besseres bieten wird, ist noch offen.

Der evangelische „Bundesbischof", der Ratsvorsitzende der EKD Wolfgang Huber, argumentierte, die einmalige Verschiebung des Stichtags enthalte den Stammzell-Kompromiss des Bundestags von 2002; die Grundlagenforschung mit embryonalen Stammzellen sei erforderlich, um in der ethisch unbedenklichen Erforschung der Möglichkeiten adulter Stammzellen Fortschritte zu erzielen *(epd-Wochenspiegel 11/08)*. Der neue Vorsitzende der Katholischen Deutschen Bischofskonferenz Robert Zollitsch widersprach dieser Auffassung: Für die katholische Kirche sei „das Leben unverfügbar"; daher lehne er die Forschung mit embryonalen Stammzellen ab und könne folglich auch einer Stichtagsregelung für den Import nicht zustimmen *(epd-Wochenspiegel 11/08)*. Insoweit war der Katholik deutlicher. Die Unionsabgeordnete Julia Klöckner verweist unverblümt aufs Grundgesetz: „Wer die Einfuhr und Verwendung von Stammzellen frei gibt, obwohl er weiß, dass diese durch die Zerstörung menschlicher Embryonen gewonnen wurden, achtet die menschliche Würde geringer als die Interessen, die mit der Forschung an embryonalen Stammzellen verbunden sind *(FAZ vom 12.10.2007)*. Rückenstärkung erhält sie durch eine Vielzahl von Prominenten, etwa dem Bonner Rechtswissenschaftler Prof. Dr. Christian Hillgruber, Gloria Fürstin von Thurn und Taxis, Prinz Philipp von Preußen, dem Philosophen Robert Spaemann oder dem Düsseldorfer Kardiologen Prof. Dr. Bodo-Eckehard Strauer, dem Vorsitzenden des Bundesverbandes der Pharmazeutischen Industrie. Auch Grüne äußern ihre Bedenken *(z. B. Hiltrud Breyer als EU-Parlamentarierin)*. Mehr als die Hälfte der Deutschen (56,3 %) wünscht, dass sich die Wissenschaft ausschließlich auf die Forschung mit den ethisch unproblematischen adulten Stammzellen konzentriert, wie das Institut TNS Infratest festgestellt hat. Hinzu kommt, dass zwei Drittel (66,5%) es als richtig erachten, dass in Deutschland eben keine menschlichen Embryonen zu Forschungszwecken erzeugt und zerstört werden dürfen.

Die Forschungsministerin ist wirklich in einen für sie unerträglichen Zwiespalt geraten: Als gläubige Katholikin verweist sie darauf, mitten in ihrer Kirche zu stehen und zu wissen, dass sie den Erwartungen der Katholiken nicht entsprechen könnte; als Kabinettsmitglied musste sie Rücksicht auf die Bundeskanzlerin nehmen, die auf dem CDU-Parteitag im Dezember 2007 dafür plädierte, in Bezug auf den Stichtag den Forschern ein Stück weit entgegenzukommen. „Der Spiegel" findet offensichtlich an den Geschehnissen ein gewisses Vergnügen: „Unter Merkel ist die Partei, so fürchten ihre Kritiker, auf dem Weg zur Demokratischen Union. Ohne C" *(1/08)*. Nach einer Umfrage des Nachrichtenmagazins spielen christliche Werte in der heutigen Politik von CDU und CSU nur noch eine ganz geringe, lediglich 8 % glauben an eine große Rolle. Die evangelische Kirche ist offener für eine Verschiebung des Stichtags. Sowohl die EKD-Synode als auch Ratsvorsitzender Wolfgang Huber und Kirchenamtspräsident Hermann Barth befürworten eine einmalige Verlängerung (epd-Wochenspiegel 3/08). Allerdings ist der Nachweis, dass für die Forschung an adulten Stammzellen auch diejenige an embryonalen erforderlich sei – wie es Bischof Huber behauptet hatte – bislang nicht erbracht.

Die katholische Kirche zweifelt – durchaus konsequent – am ökumenischen Willen und Bewusstsein der Protestanten. Immerhin gibt es bei diesen auch Widerstand, wenn man an die Kritik der drei Bischöfe Friedrich, Juli und Weber sowie des Vorsitzenden der EKD-Kammer für Öffentliche Verantwortung Professor Wilfried Härle denkt *(ideaSpektrum, 3/08)*. Dass die CDU, vor allem Bundeskanzlerin Merkel beim Bundestag in Hannover faktisch ihr Ja für die Lockerung der Stichtagsregelung ausgesprochen haben, und zwar entgegen dem Vorsitzenden der CDU/CSU-Fraktion Volker Kauder, ist wohl nur sehr schwer mit dem christlichen Menschenbild zu vereinbaren. Natürlich war die evangelische Kirche bei ihrer Wankelmütigkeit kein gutes Vorbild. Das gilt auch für den Sozialethiker Ulrich H. J. Körtner, der meint, die Bemühungen um Heilung mittels embryonaler Stammzellen sei ein Gebot der Nächstenliebe *(epd-Wochenspiegel 14/08)*.

Im Ergebnis lässt sich Folgendes festhalten: In der Tat gibt es nachvollziehbare Gründe für die neue Gentechnologie. Gedanken der Heilung von Kranken sind zunächst einmal auch in Bezug auf Forschungen mit embryonalen Stammzellen löblich. Bei näherem Hinsehen sind die Hoffnungen aber äußerst begrenzt. Anders steht es mit den adulten Stammzellen, hier ist die finanzielle und psychologische Unterstützung ohne Beschränkung begrüßenswert. Selbst wenn sich die Erwartungen nicht erfüllen sollten und nicht alle Leiden auszumerzen sein werden, lohnt sich die Förderung der ethisch unbedenklichen Forschung. Es ist in der Tat ernst zu nehmen, dass nicht nur Christen, sondern auch eine Vielzahl von Wissenschaftlern und Politikern, auch Atheisten, äußerst skeptisch gegenüber den neuen Ideen sind. Befürworter der unbegrenzten Freiheit mögen ihren Gegnern Engstirnigkeit vorwerfen. Von einer fundamentalistischen Ecke kann beim besten Willen nicht gesprochen werden. Bei der Diskussion wird man erinnert an den Ausspruch des US-Senators Jo Wright aus Cansas: „Wir haben unsere Ungeborenen getötet und das ‚Selbstbestimmung' genannt. Wir haben Menschen, die Abtreibungen vornahmen, entschuldigt und das ‚ihr Recht' genannt. Wir haben die Werte unserer Vorväter belächelt und das ‚Aufklärung' genannt. Wir wollen keine fromme Kosmetik, sondern Mut zur Wahrheit."

Nur noch eingeschränkter Lebensschutz

Die vorher erwähnte Abtreibungsproblematik gehört sinngemäß auch unter die Rubrik „Schöpfung". In der Tat wird durch die Schwangerschaftsunterbrechung „Gott ins Handwerk gepfuscht". Das spüren immer mehr junge Menschen. So hat in der Chemnitzer Frauenklinik eine Hebammenschülerin nach drei Monaten die Kündigung erhalten, weil sie sich nicht an Abtreibungen beteiligen wollte. Sie gründete sich auf ihren christlichen Glauben und § 12 des Schwangerschaftskonfliktgesetzes, dass niemand zu einer Schwangerschaftsunterbrechung gezwungen werden könne. Sie musste lernen, dass Abtreibungen „zum Tätigkeitsfeld einer Hebamme" gehörten. Die Klinikleitung bekam erhebliche Probleme, nachdem bereits im Jahr zuvor vier Hebammen selbst gekündigt hatten, weil sie die Spätabtreibungen nicht mit ihren Vorstellungen von der Schöpfung Gottes vereinbaren konnten *(ideaSpektrum 46/07).* In den USA hatten Teenager beim Bundesgericht geklagt, weil ihre Schule ihren Antiabtreibungsverein nicht dulden wollte. Die Schulbehörde musste nachgeben, obgleich die jungen Menschen mit dem Schwangerschaftsabbruch sehr kritisch umgingen, nämlich es als Aufgabe betrachteten, „die Menschen über den größten Holocaust zu informieren, der sich hier in den USA gerade abspielt" *(ideaSpektrum 46/07).* Die „Christdemokraten für das Leben" haben im Jahr 2002 ein Grundsatzprogramm veröffentlicht, in welchem ausführlich auf mehr als 20 Seiten über die Probleme mit dem Schwangerschaftsabbruch und dem Embryonenschutz berichtet wird. Das neue Grundsatzprogramm der CDU vom Dezember 2007 ist – trotz zu Hoffnung Anlass gebenden Formulierungen – insoweit recht bescheiden, es beschränkt sich ja nur auf den Gedanken gewisser Einschränkungen. Im Sinne eigentlichen und natürlichen Rechts bleibt der Abbruch der Schwangerschaft nur wenigen Ausnahmekonstellationen vorbehalten. Dazu wurde unter Ziff. 2 ausführlich Stellung genommen.

Es ist schwer, gegen den Zeitgeist Widerstand zu leisten. So hat auch die Parlamentarische Versammlung des Europarats sich für ein Recht auf Abtreibung ausgesprochen. Abgeschafft werden sollen scharfe Vorschriften gegen den Schwangerschaftsabbruch z. B. in Polen, Malta, Andorra und Monaco *(epd-Wochenspiegel 17/08).* Konsequenterweise vermindert die lockere Handhabung des § 218 StGB in Deutschland das strafrechtliche Risiko in einer Weise, dass über die Hälfte aller sog. legalen Abtreibungen nicht den Gesetzesforderungen des Bundesverfassungsgerichts entsprechen und damit verfassungswidrig sind, worauf der renommierte Strafrechtsexperte Professor Roxin hingewiesen hat. Ist den Abtreibungsbefürwortern vertraut, dass sämtliche abgetriebene Kinder durch Adoption hätten gerettet werden können, da viel mehr Kinder zur Adoption gesucht werden als zur Verfügung stehen? Ist das Volk darüber aufgeklärt, dass beim sog. legalen Schwangerschaftsabbruch trotz medizinischer Aufsicht immer wieder körperliche Schäden auftreten: z. B. Durchstoßung der Gebärmutter, Infektionen oder dauernde Unfruchtbarkeit, wobei das Risiko für spätere Früh- und Fehlgeburten nach einer Abtreibung um das Dreifache, das Risiko für Eileiterschwangerschaften um das Achtfache zunimmt? Wird die Bevölkerung darüber aufgeklärt, dass viele Frauen nach einer Abtreibung seelische Schäden davontragen wie Schuld-, Angst- und Verlustgefühle, ferner Depressionen, Albträume, Schlaflosigkeit oder Phantomkind-Erscheinungen? Wird in den Medien verbreitet, dass 60 % aller zuerst abtreibungswilligen Frauen nach der Geburt ihres Kindes froh waren, dass ihnen – in ihrer ersten Panik – der Schwangerschaftsabbruch nicht erlaubt worden war? Ist es korrekt, dass die Pflichtversicherten- Krankenkassen mit einem dreistelligen Millionenbetrag jährlich für Abtreibungen bezahlen müssen, ohne nach ihrer Meinung gefragt worden zu sein? Derartige Fragen stellt der Theologe Lothar Gassmann in dem bereits erwähnten Buch „Grün war die Hoffnung“ *(S. 186 f)*. Er spricht offen davon, dass nach biblischem Zeugnis Gott schon vor der Geburt, ja vor der Zeugung um den einzelnen Menschen weiß, welchem er seine Liebe zuwendet *(vgl. Psalm 22 Vers 11 oder Jesaja 46 Vers 3)*. Das ist für die Partei mit dem „C“ auch nicht ganz unwichtig.

Gerade die im Koalitionsvertrag vereinbarte Gesetzgebung in Bezug auf die Spätabtreibung wurde bislang gröblich vernachlässigt. Rein statistisch kommt jedes dritte Opfer lebend zur Welt, fast alle sterben aber kurze Zeit später an den Folgen des Eingriffs. Gestattet sind Spätabtreibungen nur, wenn Lebensgefahr oder die Gefahr einer schwerwiegenden Beeinträchtigung der körperlichen oder seelischen Gesundheit der Mutter besteht. Die Bundesärztekammer fordert immer wieder den Gesetzgeber zur entsprechenden Klarstellung auf, zumal sich die Mediziner bei den schweren Entscheidungen überfordert fühlen. Eine Lösung in der Koalition ist gescheitert, die Union will eine Änderung des Schwangerschaftskonfliktsgesetzes herbeiführen. Jeder Arzt, der die Behinderung eines Ungeborenen diagnostiziert, soll verpflichtet werden, über die medizinischen und psychosozialen Aspekte, die sich aus dem Befund ergeben, zu beraten. Gefordert wird eine Bedenkzeit zwischen Befund und Abbruch. Man hofft, mit dieser Regelung die Zahl der Spätabtreibungen zu senken *(Der Spiegel 27/08)*. Man kann bereits über die pränatale Diagnostik (PND) intensiv streiten, gerade weil fast ein Automatismus besteht, dass beim Befund einer Behinderung die Abtreibung folgt. Auch wenn es heute als politisch völlig unkorrekt erscheint

– der Gedanke an vorgeburtliche Selektion oder Euthanasie liegt nicht völlig fern. Bedenkt man noch, dass ungefähr ein Drittel der Abtreibungen nicht gelingt und die Kinder überleben, besteht in der Tat Handlungsbedarf.

Die CDU könnte eigentlich im Kontext mit ihrer ursprünglich christlichen Prägung etwas mehr an geistiger Substanz zu der allgemeinen Problematik bieten. Das gilt auch für die Unterstützung von Thesen, die von Experten der Partei stammen. Ministerpräsident Wolfgang Böhmer erklärte die Serie von Kindstötungen in Ostdeutschland mit einer DDR-Mentalität. Seit 1972 war dort eine Abtreibung in den ersten drei Monaten ohne Angabe von Gründen zulässig. Es habe sich eine „leichtfertigere Einstellung zu werdendem Leben" entwickelt. Böhmer war immerhin bis 1990 Chefarzt der Gynäkologie in Wittenberg und hat zu Recht auf das nicht wegzudiskutierende Problem aufmerksam gemacht. Dabei geht es nicht um überhebliches Denken gegenüber den ostdeutschen Mitbürgern, erst recht nicht um eine Verallgemeinerung in dem Sinne, in Ostdeutschland falle den Menschen das Morden leichter, sondern um die Gefahren, die aus Ideologien resultieren. „Der Staat hat die Abtreibung als Instrument vorgegeben. Privat haben viele das dann nachgemacht: Wenn es nicht passte, wurde es eben weggemacht. Und weil darüber nicht geredet wurde, hält diese Prägung bis heute an. Mit dieser Feststellung hat Herr Böhmer sicher Recht" *(so der Theologe Richard Schröder, ehemaliger SPD-Fraktionsvorsitzender in der Volkskammer der DDR, Der Spiegel, 10/08).*

Die Beachtung des „C" im Rahmen des göttlichen Schöpfungswerks lässt sich auch auf weitere Teilbereiche ausdehnen. Das gilt z. B. für weitere Nichtregierungsorganisationen, welche beispielsweise das Insektizid DTT erfolgreich verbannt haben, allerdings mit der Folge, dass die Malariabekämpfung erhebliche Rückschläge erlitten hat *(Cicero, 1/08 S. 100).* Erwähnt werden kann noch ein Beispiel aus der nördlichsten Landeshauptstadt: Räuberische Rabenvögel haben spielende Kinder in Kiel gefährdet, weil die Tiere ihren Nachwuchs bei Flugversuchen verteidigen. Der Streit besteht zwischen Natur- und Kinderschutz. Das Landesumweltministerium empfiehlt, in Kitas und Schulen über die Vogelart zu informieren. Die Kinder sollen aber die Besuche der von den Krähen als Flugschule benutzten Kinderspielplätze unterlassen. Das klingt hilflos, letztlich auch unverantwortlich. Es reicht wirklich nicht aus, für die Rabenvögel Verständnis zu gewinnen, die schöpfungsgemäße Vorzugsstellung des Menschen ist zu beachten *(vgl. sh:z 31.05.2008).* Das erinnert an die Vorwürfe gegenüber den Grünen, die sich deutlich mehr Sorgen um Kröten machten als um das menschliche ungeborene Leben.

In den Schöpfungsbereich gehört auch das Gesundheitswesen. Der Kompromiss der Koalition wird nach dem Jahresgutachten 2006/07 des Sachverständigenrats als misslungen angesehen. Die Parteien hatten im Jahre 2006 beschlossen, den „Gesundheitsfonds" 2009 zu installieren. Gesundheitsministerin Ulla Schmidt (SPD) sieht darin ein geeignetes Mittel, um in einer Art „Bürgerversicherung" eine staatliche Einheitskasse zu schaffen. Das hat zur Folge, dass die private Krankenversicherung irgendwann einmal zerstört sein wird. Hinzu kommt, dass ab 2010 mit höheren Steuern zu rechnen ist *(Kieler Nachrichten, 03.02.07)*. Die Krankenhausreform „wird komplizierter und teurer als befürchtet" *(Der Spiegel 24/08)*. Kann die CDU das verantworten? Immerhin tragen die Privatversicherten – bei berechtigter Kritik an der Privilegierung – zur Aufrechterhaltung eines hohen medizinischen Standards bei; „teure" Ärzte bleiben somit eher in Deutschland wegen der guten Honorierung. Es lohnt sich für die Partei, sich an einen ihrer Denker zu erinnern, nämlich Friedrich Merz, den Herausgeber des Buchs „Wachstumsmotor Gesundheit". Die Wirtschaft kann angekurbelt und Arbeitsplätze können neu geschaffen werden. Es geht weniger darum, Kranke zu heilen, als die Gesundheit Gesunder zu erhalten. Dass die CDU mit einem ihrer großen Vordenker nicht versöhnen kann, ist im höchsten Maße bedauerlich. Dabei bietet der christliche Glaube hierzu doch so viel Konstruktives! Es lohnt sich zweifellos darüber nachzudenken, ob die Gesundheitskosten sichtbar gesenkt werden könnten, wenn christliches Denken und Handeln in der Bevölkerung breiteren Raum gewönne; zu empfehlen ist ein Forschungsauftrag über die Frage, wieweit die unlösbar erscheinenden Krankenkassenprobleme damit gelöst werden könnten.

Der Bestsellerautor Manfred Lütz (Theologe und Mediziner) warnt davor, sich einem „Gesundheitswahn" hinzugeben. Gesundheit sei zwar eine wichtige Rahmenbedingung des Lebens, aber die derzeitige Entwicklung sprenge jedes Maß. Wenn Menschen Gesundheit zu ihrem wichtigsten Lebensinhalt machten, gehen sie in die irre *(epd-Wochenspiegel 15/08)*. Als Alternative empfehlen einige Christen den Glauben als „eine gute Medizin", z. B. auch die Einführung von Heilungsgottesdiensten. Das ist gewiss nicht jedermanns Sache, für die CDU allerdings allemal diskutabel.

Schließlich gehört in den Bereich der Schöpfung auch der Umgang mit den Alten. Hierzu wurde bereits Essenzielles unter Kapitel 3 vorgetragen. Die Horrormeldungen über deren Schlechtversorgung in Alters- und Pflegeheimen wirken beängstigend. Trotz erkennbarer Fortschritte liegen noch erhebliche Mängel vor. Ähnliches gilt auch für die zunehmenden Einbußen, worunter die Rentenempfänger leiden müssen. Ein Problem wird größer: die zunehmende öffentliche Programmierung der Bürger, die aktive Sterbehilfe zu bejahen. Mit dem „C" ist das nicht zu vereinbaren, und zwar unabhängig von den Euthanasieverbrechen der Nazis. Bereits der große – in vielen Bereichen christliche – Denker Immanuel Kant hatte als Schöpfer des Begriffs der Menschenwürde nicht nur den Suizid, sondern auch die Aufforderung, bei einer Selbsttötung zu assistieren, als groben Verstoß gegen alles, was mit Menschenwürde zu tun hat, angesehen. Die Befürworter der Sterbehilfe gründen sich eher auf Friedrich Nietzsche: Der Arzt diene dem Leben als großem Ganzen, dem Leben als prächtigem Baum, von dem die welken Blätter beizeiten zu beseitigen seien. „Es tut heute Not, sich daran zu erinnern, dass der christliche Glaube von allem Anfang an gegen diese Verrechnung des Einzelnen mit dem Ganzen, mit Volk und Staat, Gesellschaft und sozialen Beziehungen angetreten ist" *(so der Philosoph Thomas Sören Hoffmann in „Aufbruch" 6/08).* Die Union darf sich nicht von den Umfragen beeinflussen lassen, die äußerlich eine Zustimmung der Bevölkerung andeuten, jedoch allzu oft aufgrund mangelnder Aufklärung zustande kommen. Auch wenn zwei Drittel der Bevölkerung rein verbal für die „aktive Sterbehilfe" sind, so wagen die Medien es kaum, darauf hinzuweisen, dass nur 5 % der direkt Betroffenen im Krankenhaus jene bejahen!

Aus diesen umfangreichen Ausführungen ergibt sich, dass die Bewahrung der Schöpfung nicht nur einen Spleen der Grünen darstellt, sondern in jeder Hinsicht zu Recht von der CDU im Sinne eines Schwergewichts behandelt wird. Dass es hierzu wissenschaftlicher Untersuchungen bedarf, liegt auf der Hand. Der Verfasser will damit auch zum Ausdruck bringen, dass bei allem Respekt vor gefühlten Notwendigkeiten die CDU mit christlich geprägtem gesundem Menschenverstand am besten fahren wird.

7. Aktive Bürger, starker Staat, weltoffenes Land

Der Wohlfahrtsstaat braucht wirklich mündige Bürger, die Eigeninitiative ist zu fördern. Ein partnerschaftliches Verhältnis zwischen Bürgern und Staat ist nur gegeben, wenn beide Teile in gesunder Relation Rechte erhalten und Pflichten erfüllen. Das schafft auch das nötige Vertrauen. Unterstützenswert sind logischerweise demokratische Beteiligung des Bürgers, Vereinsleben, Bürgerinitiativen und ehrenamtliches Engagement. Ein starker Staat fühlt sich an die Grundrechte gebunden und bietet einen leistungsfähigen öffentlichen Dienst. Im Zentrum steht die „Freiheit in Verantwortung vor Gott und den Menschen".

So wenig wie sich Freiheit und Gleichheit ganz unproblematisch verbinden lassen, so steht es auch um das „Paar" Freiheit und Sicherheit. Die CDU hat in der Vergangenheit mit dem Slogan „Freiheit statt Sozialismus" geworben, jetzt soll ein freiheitlicher Staat Sicherheit garantieren. Grundsätzlich herrscht hier ein kaum zu vereinbarender Gegensatz. Im Wege bipolaren Denkens allerdings wird eine Kombination gewährleistet. Der Begriff „Kontrastharmonie" hilft weiter, wie der Verfasser es in seinem Buch „Hilfe, wir werden diskriminiert!“ *(S. 168 ff)* untermauert hat.

Zunahme psychischer Gewalt

In einer Zeit, in welcher terroristische Angriffe weltweit nicht im Abflauen begriffen sind, liegt es nahe, dass um der Sicherheit willen Freiheitsbeschränkungen in Kauf genommen werden müssen. In jedem Fall handelt es hier um eine ganz andere Dimension, als in dem Problembereich Freiheit/Gleichheit, der eine entscheidende Rolle beim Antidiskriminierungsgesetz gespielt hat. Dort ging es um die Umsetzung einer Ideologie in eine Rechtsordnung, nämlich der Political Correctness. Durch die Allgemeinen Gleichbehandlungsvorschriften sollte eine Verschiebung von der Freiheit zugunsten der Gleichheit veranlasst werden. Federführend waren die Grünen, vor allem der ehemalige rechtspolitische Sprecher Volker Beck. Getrieben von seinem tiefen Wunsch, die permanent bezeugte eigene so genannte homosexuelle Identität vor Kritik zu schützen, hat er mit seinen Gesinnungsgenossen und einigen lautstarken Feministen die EU-Richtlinien durchgedrückt, um die Mitgliedstaaten zu dem merkwürdigen Produkt des Antidiskriminierungsgesetzes zu zwingen. Der Verfasser hat in seinem Buch *(S. 85 ff.)* die Absurdität dargestellt, vor allem die Leihgaben aus dem Nationalsozialismus wie Gesinnungsterror, Meinungsdiktatur und zulasten der Wirtschaft eine deutliche Verstärkung des Bürokratismus. Alle Bemühungen von Spitzenjuristen in der Fachliteratur und den führenden Medien waren umsonst, auch das Engagement des Verfassers bei Politikern, leider auch bei denen, die den C-Parteien angehören. Einzelne markante Stimmen wurden geflissentlich überhört. Man denke an den designierten Dresdener Stadtschreiber Ulrich Schacht, der im Honnecker-Staat wegen seiner sozialdemokratischen Einstellung verhaftet wurde. Der Literat wetterte gegen die zeitgeistige „Diskursappartheid“ und das „Blockwartsystem der PC-Gesellschaft“ sowie der „Internet-Gestapo“ *(MDR-Kultursendung „Artour“ vom 01.03.2007)*. Nun fordert die EU über ihren Sozialkommissar, dass die Bundesregierung das AGG zugunsten Homosexueller der Ehe gleich stellt, etwa „Lebenspartnern“ den Familienzuschlag zuerkennt. Die Bundesrepublik soll bis Anfang September 2008 antworten. Es ist zu hoffen, dass sie den Verantwortlichen in Brüssel „den Marsch bläst“ und mit aller Vehemenz die geistige Auseinandersetzung führt, notfalls im Hinblick auf die zunehmende Kulturlosigkeit der EU die eigene Mitgliedschaft in Frage stellt.

Das Allgemeine Gleichbehandlungsgesetz hat in der Tat etwas mit der Sicherheitsfrage zu tun. Das spürt die Gesellschaft, nachdem das missglückte Parlamentsprodukt – entgegen den Vorstellungen der Urheber – zu einer Steigerung der Gewalt, zumindest der verbalen, in unserer Republik beigetragen hat. Man denke etwa an Volker Becks Ausbruch, in welchem er den homosexuellenkritischen Kardinal Meissner als „Hassprediger“ bezeichnete. Seine Parteigenossin Claudia Roth ergänzte ihn mit dem Begriff „durchgeknallter spalterischer Oberfundi“. Anfang 2008 hat der grüne Protagonist die Veranstalter des „Christival“ – ein Fest junger Christen – genötigt, eines von mehr als 200 Seminaren zu streichen, weil dort auch über die „Heilung Homosexueller“ geforscht werden soll; gedroht wurde damit, bei Aufrechterhaltung des wissenschaftlichen Projekts die Schirmherrin, nämlich Familienministerin Ursula von der Leyen zum Rückzug zu veranlassen. Das Denk-, Aufklärungs- und Forschungsverbot spricht für sich! Man wird direkt an Harald Schmidts - umstrittenen - „Nazometer“ erinnert, jener spaßigen Einrichtung des Satirikers, wodurch er satirisch gegenüber den politisch Korrekten den Grad der Anlehnung an das nationalsozialistische Regime zu messen gedachte. Dass das AGG viel Anlass zum Spott bietet, zumal es Benachteiligungen des Alters verhindern soll, zeigt die Anzeige des 77jährigen Berliner Playboys Rolf Eden gegen eine 19jährige Frau. Dieser fühlte sich bei seinen Bemühungen um sie zurückgewiesen, und zwar mit den Worten, er sei ihr zu alt. Im Hinblick auf nicht ganz zu übersehende sexuelle Hintergedanken könnte sich der Abgeschmetterte rein formal auch wegen Diskriminierung seiner sexuellen Identität auf das neue Gesetz gründen. Die Sache ist aber ernster. Man denke nur an das angeschnittene Problem Eva Herman. Ihr wurde einerseits ein Berufsverbot vom NDR verhängt, andererseits ein Hausverbot vom ZDF-Moderator Kerner ausgesprochen, weil sie „gegen den allgemeinen Konsens“, über den Nationalsozialismus niemals etwas positiv Klingendes zu äußern, verstoßen hatte. Dabei zeigen die Fernsehanstalten durch ihr Handeln, dass sie von Hitler viel gelernt haben, bis zum Tribunal des Fernsehgerichtshofs. Auch wenn Eva Herman Johannes B. Kerner den Schuldminderungsgrund der Überforderung zuspricht, so lässt sich nicht ausschließen, dass der Ex-Moderatorin, wäre es zulässig, die Hexenverbrennung gedroht hätte. Das Gewaltpotenzial hat sich seit dem Antidiskriminierungsgesetz gesteigert, zumindest das verbale. Unerträglich ist die flächendeckende Bürokratie, um sog. Diskriminierer – ähnlich wie in der „Verkehrssünderkartei“ – quasi lebenslang abzuspeichern.

Das wird leider auch bei der CDU, gerade in diesem Kontext deutlich: Die Junge Union Hamburg hat zwei Bezirksvorsitzende zum Rücktritt aufgefordert, weil sie in einem Protestschreiben an den ZDF-Moderator Kerner sein Verhalten kritisiert haben. Es geht um Fabian Rehberg und Tobias Hagen. Obgleich diese sich artig entschuldigt hatten, forderte der Landesvorstand, die jungen Menschen, die noch natürlich und gesund gedacht hatten, auf, mit sofortiger Wirkung ihre Ämter niederzulegen. Das passt ganz und gar nicht zu den Freiheitsbestrebungen der CDU, stärkt auch nicht die Sicherheit in Deutschland.

Im Gegenteil entfernt sich die CDU insoweit nicht nur deutlich vom „C“, sondern auch von ihrem – teilweise durchaus nachvollziehbaren – neoliberalen Programm. Erinnert wird man an den bekannten Dichter Gottfried Benn: „Das Abendland geht nicht zugrunde an dem totalitären System, auch nicht an seiner geistigen Armut, sondern an dem hündischen Kriechen seiner Intelligenz vor den politischen Zweckmäßigkeiten.“

Im Hinblick auf die Einschränkungen der Persönlichkeitsrechte, insbesondere der Meinungsfreiheit, mussten auch Versicherungen aktiv werden. Es gibt nun Rechtschutzpolicen, mit welchen sich Firmen gegen mögliche Klage im Zusammenhang mit dem AGG versichern können. Eigentlich ist es unfassbar, dass ein Staat wie Deutschland nach den fürchterlichen Erfahrungen im National- und Realsozialismus die Spitzeltätigkeit wieder so fördert. Die CDU muss eine Tendenzwende herbeiführen. Der Datenschutz ist wieder ernst zu nehmen, wobei alles zu unterlassen ist, was uns freiwillig zum gläsernen Menschen macht. Es genügt schon, dass der Bürger wegen des technischen Fortschritts allerlei Unbill auf sich nehmen muss, wie etwa durch den US-Konzern Google in seiner Funktion als unentwegter Datensammler. Es lässt sich zurückverfolgen, wer wann und wo im Internet gewesen ist. Google verknüpft diese Informationen auf seinen Seiten zusätzlich mit den Suchbegriffen – und kann so präzise sagen, ob sich der Nutzer mehr für christliche Literatur oder für Porno-Bildchen (oder für beides) interessiert. Entsprechend „bekommt er dann immer mehr fromme oder erotische Werbung“ *(ideaSpektrum 16/08).* Wenn in Kalifornien bereits die Entwicklung von Geräten betrieben wird, die Gedanken zu lesen vermögen (Magnetresonanztomografie), dann wird es höchste Zeit, einerseits die Bürger von allen überflüssigen freiheitsberaubenden Elementen zu befreien, andererseits die fortschrittliche Technik umfassend zu begleiten, um sich Auswüchsen entgegenstemmen zu können. Dazu genügt nicht ein zufälliger Impuls wie die erneute Verfilmung des Politdramas „Die Welle“, um gerade jungen Menschen die Methoden der Massenverführung in totalitären Regimen zu verdeutlichen.

Aufrechterhaltung des Rechtsstaats

Die CDU hat gut daran getan, nochmals in aller Deutlichkeit auf die Grundlage unserer Verfassung aufmerksam zu machen: „Unser freiheitlicher Staat lebt von Voraussetzungen, die er selbst nicht garantieren kann“. In diesem Kontext wird auch die Präambel des Grundgesetzes mit der Verantwortung vor Gott und den Menschen hervorgehoben. Richtig ist auch die Feststellung, dass das Grundgesetz auf Werten, die christlichen Ursprungs sind, beruht. Viele Vorschriften in der Verfassung stammen von einem der bedeutendsten Deutschen, nämlich dem Reformator Martin Luther - sei es direkt, sei es indirekt.

So „soll sich ein Fürst gegen seinen Gott auch christlich verhalten, das heißt, dass er sich ihm mit ganzem Vertrauen unterwerfe und ihn um Weisheit bitte, gut zu regieren, wie Salomo tat" *(„Von weltlicher Obrigkeit", 1523).* Das hat zur Konsequenz, dass der Regierende „gegen seine Untertanen mit Liebe und christlichem Dienst" vorgeht, ferner „gegen seine Räte und Gewaltigen mit freier Vernunft und unbefangenem Verstand", sowie „gegen Übeltäter mit bescheidenem Ernst und Strenge". So lässt sich die Präambel der Verfassung interpretieren.

Dazu passt, dass Innenminister Schäuble sich dafür einsetzt, verfolgte Christen aus dem Irak aufzunehmen, und zwar mittels Verteilung an die EU-Staaten. Dass die linken Parteien, die sich eigentlich als Migrationsexperten dünken, dagegen sind, ist kaum nachzuvollziehen. Sie sollten sich vor Augen halten, dass sie in erheblicher Weise von der christlichen Toleranz profitieren. Ihnen mag der Gedanke hilfreich sein: Wenn wir - mit unserer der Tradition widersprechenden Ideologie - in einem anderen, nicht so christlich orientierten Staat leben würden, dann hätten wir bei weitem nicht diese Entfaltungsfreiheit wie in der EU. Man denke etwa an Muslime in Nordkorea oder an Atheisten im Iran. Umso wichtiger ist es, dass der grenzenlosen Freiheit auch Grenzen gesetzt werden. Bischof Gebhard Fürst, Vorsitzender der Publizistischen Kommission der Deutschen Bischofskonferenz, hatte sich zu Recht über das TV-Programm rund um Ostern 2008 beklagt. Er empfindet es als peinlich, dass gerade die Privatsender einen Bezug zu den Feiertagen nicht erkennen lassen, im Übrigen in den Talkshows verhaltensauffällige Menschen vorgeführt werden *(Der Spiegel,* 13/08). Fortschrittlich erscheinen auch Regelungen, die den Senioren eine Ehe ohne finanzielle Nachteile ermöglichen: Ab 2009 können Paare kirchlich heiraten, ohne sich zuvor standesamtlich trauen zu lassen *(ideaSpektrum 20/08).* Damit wird der Konflikt zugunsten christlich orientierter Rentenempfänger beseitigt, da sie nicht mehr die „Onkel-Ehe" führen müssen. Ja, das christliche Denken hat etwas mit dem Leben zu tun, wie eine Emnid-Umfrage in der Aprilausgabe des evangelischen Monatsmagazins „Chrismon" gezeigt hat: Auf die Frage, was man man Gutes getan haben sollte, haben sich 94 % für das soziale Engagement, also die christliche Nächstenliebe entschieden. Diese Andeutungen zeigen, wie relevant christliches Denken heute, auch für die CDU, noch ist.

Schwieriger wird eine solche Aktivität im Kampf gegen die Ideologien. Chinas Menschenrechtsbilanz ist beschämend, wie Amnesty International feststellt: „Die chinesische Führung hat ihr Versprechen nicht eingehalten, die Lage hat sich eher verschlechtert als verbessert", sagte die deutsche Generalsekretärin Barbara Lochbihler im April 2008 *(epd-Wochenspiegel 15/08).* Bundeskanzlerin Angela Merkel hat Mut bewiesen, den Dalai Lama trotz einer Vielzahl von Kritikern, auch aus dem eigenen Kabinett, zu empfangen. Das Bekenntnis zu Werten, auch zu Personen, ist christlichen Ursprungs – übrigens haben die Homosexuellen ihre Erfolge zum großen Teil auf die Übernahme des „christlichen Zeugnisses" als Coming-out übernommen. Wer stemmt sich gegen den Linksruck in Deutschland? Gibt es nur eine Dagmar Metzger, die sich nicht drängen ließ, als SPD-Abgeordnete mit den Linken in Hessen eine Koalition zu bilden? Sie wollte glaubwürdig bleiben – eine urchristliche Eigenschaft! Der große protestantische Ethiker Max Weber hatte klargestellt, wie eng Wahrheitswidrigkeit und Verantwortungslosigkeit miteinander verknüpft sind. Dagmar Metzger war es allein um der Wahrhaftigkeit willen unerträglich, mit der Linken zusammenzuarbeiten. Sie hatte selbst in ihrer Biografie erlebt, was es heißt, linker Willkür ausgesetzt zu sein. Umso wichtiger ist es, dass die CDU – nicht nur gelegentlich – auf das Elend, das der Kommunismus für die Menschheit gebracht hat, aufmerksam macht. Dazu gehört auch die Brutalität, mit welcher christliches Denken ausgerottet wurde und wird. Zur DDR-Zeit wurde die Zahl der Kirchenmitglieder von fast 95 % im Jahr 1946 auf heute 20 % reduziert *(ideaSpektrum 5/08)*. In China gibt es geschätzte 100 Millionen Christen, welche zwar nicht mehr in Massen umgebracht werden, wie zu Maos Zeiten, aber bei kleinsten „Verbrechen gegen das Volk", nämlich der Weitergabe einer Bibel, schnell für fünf bis zehn Jahre ins Gefängnis kommen. Warum hat die CDU nicht den Mut, auf die unzertrennbare Verknüpfung (Synalagma) zwischen linkem Gedankengut und der zwangsläufigen Folgeerscheinung der Christenverfolgung aufmerksam zu machen? In den sog. sozialistischen Staaten haben die Folterungen an Andersdenkenden nicht sichtbar abgenommen, am schlimmsten steht es um Nordkorea. Die Guillotine ist in der Gedankenwelt der Linken längst nicht abgeschafft. Auch wenn bei einer Koalition zwischen SPD und der Links-Partei damit nicht zu rechnen ist, so gibt es keinerlei Anzeichen dafür, dass die autoritäre Gesinnung nicht geblieben ist. Das gilt auch für die Grünen, die für das LPG und das AGG verantwortlich sind.

Die CDU ist vielleicht neben den Kirchen die einzige Institution in Deutschland, welche vielleicht noch Abwehrbereitschaft zeigen könnte. Auch die Wochenzeitung „Die Zeit", welche jahrzehntelang über eine gewisse moralische Substanz verfügte, hat sich von der eigenen Philosophie gelöst. Unter der Überschrift „Moral der Barbaren" wurde die Entscheidung des Bundesverfassungsgerichts zum Inzestverbot in aller Schärfe kritisiert. Das höchste deutsche Gericht hatte die Strafbarkeit bestätigt. „Die Zeit" *(13/08)* konterte: „Als seien Moralvorstellungen juristisch schützenswert. Das sind sie nicht! Schützenswert ist allein unsere Freiheit." Gemeint ist die sexuelle Freiheit, für welche regelmäßig untergegangene Kulturen gekämpft hatten, aber nicht die Meinungs- und Redefreiheit. Man denke nur an den geistlosen Kampf der Wochenzeitung „gegen Rechts" (insbesondere das neue Netzwerk). Hier besteht erheblicher Handlungsbedarf vonseiten der christlichen Partei, die es gegenüber der „Zeit" nicht allzu schwer haben dürfte, da diese immer wieder Gefahr läuft, über eine sichtbare Faktenresistenz in den Bereich des Schöngeistigen abzuheben. Natürlich muss unsere Bundeskanzlerin sich ein wenig ändern: Sie sollte im Hinblick auf die Wiederwahl nicht so sehr „nach links schielen". Dabei sollte sie, auch wenn ihr das vorgeworfen wird *(Der Spiegel, 15/08)*, durchaus einsame Entscheidungen gegen manche Ihrer Parteigranden fällen.

Erfreulicherweise verweist die CDU auf die christlichen Symbole und den Sonntagsschutz. Luther hat in seiner Erklärung des 3. Gebots deutlich auf die Sonntagsheiligung hingewiesen, das findet Niederschlag in Artikel 140 des Grundgesetzes, wobei auch die detaillierten Vorschriften der Weimarer Verfassung einbezogen worden sind. Die Aufweichung des Sonntags durch den zunehmenden Kommerz ist problematisch, gerade weil sie familienfeindlich ist – vor allem die Verkäuferinnen können nicht mit ihrer Familie zusammen feiern.

Gerade Ehe und Familie waren dem Reformator so bedeutsam. Bereits zu seiner Zeit hatte der eheliche Stand „einen jämmerlichen Ruf" (wie es in den Ausführungen „Vom ehelichen Leben" heißt). Heute wird diese Keimzelle der Gesellschaft mehr verhöhnt als gewürdigt. Die CDU gibt ihr noch eine Chance und setzt nicht alle Lebensformen gleich. Bei den anderen Parteien sieht es nicht so gut aus, erst recht nicht bei den Medien. Hält man sich vor Augen, dass im Laufe der letzten Jahrzehnte die Ehe mehr und mehr nivelliert worden ist, dann ist es fast ein Wunder, dass sie heute noch Bestand hat. Der Ehebruchsparagraf wurde abgeschafft mit der Folge, dass die Strafbarkeit entfiel. Die Differenzierbarkeit zwischen verheirateten und nicht verheirateten Paaren wurde beseitigt durch die Gesetzgebung, dass Frauen und Männer nach der Heirat ihren Familiennamen behalten dürfen. Homosexuelle Partnerschaften wurden weitgehend rechtlich Eheleuten gleichgestellt. Nun steht den Verheirateten auch noch bevor, dass das Ehegattensplitting abgeschafft wird. Erfreulicherweise hat die CDU dies nach dem Grundsatzprogramm nicht gebilligt. Die entsprechende Vorschrift im Grundgesetz (Artikel 6) gehört zu den besten der Welt, die entsprechende Bestimmung in der EU-Charta erscheint demgegenüber geradezu als hohl. In der Tat müssen Ehe und Familie in ganz besonderer Weise, ja privilegierend vom Staat geschützt werden. Das passt zu Luthers Worten, dass Gott die Ehe von Mann und Frau eingesetzt habe und diese sein Gefallen finde.

Der Reformator spricht sich besonders stark für die Freiheit aus und hat damit die Artikel 2 und 5 des Grundgesetzes mit beeinflusst, nämlich die freie Entfaltung der Persönlichkeit und die Meinungsfreiheit. Er wusste den Konflikt bipolar und kontrastharmonisch auszudrücken: „Ein Christenmensch ist ein freier Herr über alle Dinge und niemandem untertan. Ein Christenmensch ist ein dienstbarer Knecht aller Dinge und jedermann untertan". Erst ein solches Denken wirkt sich konstruktiv auf die von der CDU befürwortete freiheitliche Grundordnung, Unabhängigkeit der Religionsgemeinschaften, Schutz der Überzeugungen von Minderheiten sowie Freiheit der Medien aus. Zu Recht haben im Grundsatzprogramm „Freiheit und Sicherheit im Rechtsstaat" eine besondere Würdigung erfahren. Die Ausübung staatlicher Gewalt unterliegt der Bindung an Recht und Gesetz. Ganz wichtig sind die Erläuterungen hierzu im Grundsatzprogramm: „Das Recht gibt unserer Gesellschaft einen Ordnungsrahmen. Es vermittelt Werte und zieht dem Machbaren dort Grenzen, wo Menschenwürde und Freiheit bedroht sind. Zum Rechtsstaat gehört auch Rechtssicherheit."

Der Verfasser, der es beruflich hauptsächlich mit Vertragsrecht zu tun hat, sieht die Werte und Rechtssicherheit zunehmend schwinden. Das hängt zum großen Teil mit den Zivilprozessreformen zusammen, vor allem mit der weitgehenden Abschaffung der Kontrollinstanzen. Die zweite Instanz, die früher über alle möglichen erstinstanzlichen Mängel befunden hatte, ist nur noch ein Torso, kaum mehr als eine vorgezogene Revisionsinstanz, die so gut wie gar nicht über Tatsachenprobleme und fast nur noch über Rechtsfragen nachzusinnen hat. Obwohl es wirklich gute Richter noch gibt, die sich – auch ohne einengende Auslegung der grundlegenden Vorschrift des § 522 ZPO – um eine umfassende Überprüfung des vorinstanzlichen Urteils bemühen, so werden Bequemlichkeit und Nachlässigkeit durch die Gesetzesänderung gefördert. Das Äquivalent dazu, nämlich die vorzeitigen und ausführlichen Hinweise in der ersten Instanz erfolgen nur ausnahmsweise, wie die Praxis gezeigt hat. Es ist also eine Schieflage eingetreten, entgegen den CDU-Wünschen nach Werten und Rechtssicherheit.

Die Reformer gingen vom marxistischen Menschenbild aus, nämlich dass der Mensch gut sei und von sich aus das Richtige tun werde. Richter sind Menschen mit allen Vorzügen und Schwächen wie auch die übrige Bevölkerung. Die Deutschen haben nicht von ihrem großen Philosophen Immanuel Kant gelernt, der bereits wusste, dass Annehmlichkeiten – damals die Jagd, heute das Golfspiel – durchaus geeignet sind, einen Entscheidungsträger zu einem weniger aufwändigen Urteil zu veranlassen. Es geht nicht darum, Richtern Faulheit vorzuwerfen, auch wenn es diese Erfahrungen durchaus gibt. Im Zentrum steht die vielfach festzustellende fehlende Leidenschaft für einen großartigen Beruf. Der Autor musste dies gerade in den letzten Monaten vor der Abfassung dieses Buchs mehrfach bei Obergerichten erfahren. Bei der nachfolgenden Kritik geht es überhaupt nicht um irgendwelche Pauschalierungen, zumal viele Richter ihre Arbeit ordentlich machen. Allerdings lässt sich ein gewisser Trend beobachten, im Vergleich zu früheren Jahrzehnten ein wenig großzügiger mit unserer Rechtsordnung umzugehen. Erschütternd dabei ist, dass gerade die Oberlandesrichter mitunter gar die Begründungsfähigkeit verloren haben und sich auf reine Behauptungen beschränken. Sie fühlen sich so sicher, ohne wirkliche Kontrolle, dass sie sich in ihrer Überheblichkeit teilweise gar lächerlich machen. Hier geht es nicht etwa um eine großartige Erkenntnis des Buchverfassers, dieser hatte vor der Reform von diversen hochrangigen Richtern – auch im persönlichen Gespräch - gehört, dass sie die Berufungsbegrenzung ablehnen. Ein ehemaliger Oberlandesrichter drückt sich so aus: „Die Richterschaft als Stand ist eine homogene Gruppe. Deren Rollenverständnis prägt den jungen Juristen, der den Beruf des Richters gewählt hat. Er läuft Gefahr, von der ihm anvertrauten Macht korrumpiert zu werden. Als entscheidender Richter kann er nie verlieren, sondern er spricht von seiner Funktion her immer nur ‚Recht'. Im Laufe der Jahre kann es leicht zu einem Selbstverständnis kommen, wonach er objektiv, gesetzestreu und gerecht ist, also nicht nur meint oder wünscht, es zu sein. Weil es von ihm erwartet wird, ist er schließlich davon überzeugt, so sei es. Allmählich und unbewusst kann das dazu führen, dass er bei der Ausübung seines Amtes ‚Recht' und ‚richtig' gleich setzt. Er beginnt, sich selbst unreflektiert und kritiklos zu überschätzen, wird vielleicht irgendwann überheblich oder verfällt gar in eine Art Unfehlbarkeitswahn – auch das gibt es! Ein Indiz für diese Hybris ist die immer noch anzutreffende Verteidigung der ‚Würde des Gerichts'" *(Egon Schneider, „Recht und Gesetz – die Welt der Juristen", 3. Aufl. Herne/Berlin 1992 S. 175, 176).*

Richter haben es schwer, sich selbst in Frage zu stellen. Das hat die ehemalige Bundesverfassungsgerichtspräsidentin Jutta Limbach souverän herausgestrichen: „Bereitschaft zur Selbstkritik öffnet die Augen und Ohren für fremde Kritik. Richterinnen und Richter müssen begreifen, dass ihre Tätigkeit in einer Demokratie jederzeit von jedermann kritisiert werden kann. Der ‚frei schwebende Richterkönig' ist eine aussterbende Spezies. Heute gilt es, Kritikverträglichkeit und Dialogfähigkeit zu entwickeln" *(„Im Namen des Volkes": Macht und Verantwortung der Richter, Stuttgart, 1999, S. 104).* Nun geht es hier nicht um eine irgendwie geartete Generalisierung. Es gibt, gerade in den überlasteten unteren Instanzen, immer noch hervorragende Juroren. Es darf nicht außer Acht gelassen werden, dass ein Richter es nicht jedem Recht machen kann, er kann auch Fehler machen. Hinzu kommt, dass die Medien als vierte Gewalt die Judikative immer mehr zurückdrängen. Der Autor erinnert sich an die Worte eines hohen Richters, dass es sinnlos sei, sich mit den unwissenden und überheblichen Publikationsorganen anzulegen. Zweifellos ist eine differenzierte Betrachtung vonnöten, aber die CDU tut gut, wenn sie – allein um des Wirtschaftsstandorts Deutschland willen – manchen längeren Prozess in Kauf nimmt, aber das Gleichgewicht zwischen Richterschaft und Bevölkerung wieder herstellt. Der Verfasser arbeitet an einem Buch über die Medienmacht, wobei Artikel 5 des

Grundgesetzes – die einschlägige Bestimmung über die Pressefreiheit – eine nicht unerhebliche Rolle spielt.

Immerhin hatte die CDU im Grundsatzprogramm von 1994 noch verlangt, „das Rechtsbewusstsein zu fördern". Da die Partei weiß, dass nur 26 % der Deutschen mit der Justiz voll zufrieden sind, besteht Handlungsbedarf. Besonders geht diese konservative Partei der fragwürdige Beschluss des Bundesgerichtshofs über die Haftentscheidung linksgerichteter Gewalt an. Die „militante Gruppe" sei nur schlicht „kriminell", nicht aber „terroristisch" nach § 129 a StGB. Die ca. 20 Anschläge in und um Berlin seien nicht geeignet, die Bundesrepublik im Sinne des Gesetzes erheblich zu schädigen. Generalbundesanwältin Monika Harms warnte vor einer Ungleichbehandlung rechter und linker Gewalt. Natürlich darf durch die unabhängigen Richter unterschieden werden zwischen Umtrieben gegen die ausländische Bevölkerung - etwa durch die NPD - und Anschlägen gegen die innere Sicherheit, wenn etwa Autos in Brand gesetzt werden. Für die CDU bestünde eine vorzügliche Gelegenheit, die angeblich „feinsinnigen Überlegungen zur Differenzierung" zu analysieren und endlich einmal Substanzielles und Konstruktives zu dem merkwürdigen „Kampf gegen Rechts" zu bieten.

Dabei erhält sie unerwartete Hilfe von der anderen Seite: Jürgen Habermas hat im Jahr 2007 eingeräumt, dass er den „Historikerstreit" mit den vier Professoren (u. a. Ernst Nolte) nur politisch und überhaupt nicht wissenschaftlich begründen konnte. Dieses Einknicken des mächtigsten Linksintellektuellen der letzten Jahrzehnte müsste eigentlich motivierend auf die CDU wirken. Dazu kann auch die neue CSU-Generalsekretären Christine Haderthauer beitragen, die in der „Zeit" schrieb *(13.12.2007):* „Konservativ wird oft mit altmodisch verwechselt. Für mich heißt konservativ zu sein, wir verändern das, was uns in der modernen Zeit Probleme macht. Aber wir werden uns gleichzeitig bewusst, was uns wertvoll ist". Die christliche Partei sollte in jedem Fall Mut fassen und das weitere Ausarten in die Einseitigkeit zumindest einmal stoppen – etwa wenn man an die Bundeszentrale für politische Bildung denkt, die sich noch weiter auf den „Kampf gegen Rechts" konzentrieren soll. Auch gehört dazu eine klare, im wirklichen Sinne korrekte und ausgewogene Haltung zum Zentrum gegen Vertreibungen, ohne sich den Polen gegenüber unterwürfig zu zeigen.

Ängste vor Terrorismus und Kriminalität

Dass soziale Gerechtigkeit für die Unionsparteien eine selbstverständliche Maxime darstellt, muss nicht besonders erwähnt werden. Der Leiter der BAT-Stiftung für Zukunftsfragen in Hamburg Professor Horst Opaschowski warnt vor dem Kollaps der bisherigen Leistungssysteme in den nächsten Jahrzehnten und verweist auf die Tatsache, dass zwei Drittel der Deutschen eine Zunahme von Kriminalität und Gewalt in absehbarer Zeit befürchten *(Die Nordelbische vom 02.09.2007)*. Der Staat muss das Erdenkliche tun, um seine Bürger zu schützen. Es geht nicht nur um die Gewalttaten von Rechts und Links, z. B. ca. 70 Fahrzeuge, die in der ersten Hälfte 2007 in Berlin von Linksradikalen angezündet worden sind.

Furchterregender erscheinen den Deutschen die Gefahren durch islamistische Gewalttäter. Nicht nur Soldaten in Afghanistan sind bedroht, sondern – wenn auch deutlich geringer – die Deutschen in der Heimat. Nach einer Allensbach-Umfrage stimmten 83 % der Befragten der Aussage zu, der Islam sei fanatisch. Es wird zweifellos zu wenig mit Vernunft unterschieden zwischen den friedlichen Muslimen und den Islamisten, allerdings könnten die in Deutschland lebenden Angehörigen des Islam mehr leisten, um den Deutschen die Unterscheidung zu erleichtern. Das gilt gerade im Hinblick auf gewisse Suren im Koran, die nicht unbedingt als fremdenfreundlich angesehen werden müssen, erst recht nicht, wenn es um Angehörige einer anderen Religion geht. Bei ca. 15 Millionen Menschen mit Migrationshintergrund in Deutschland, also fast 20 % der Bevölkerung, besteht insoweit Handlungsbedarf. Es geht in jedem Fall um Bildung und Aufklärung, worauf der Staatssekretär im Bundesfamilienministerium Gerd Hoofe zu Recht hinweist *(epd-Wochenspiegel 43/07)*.

Der CDU ist zu empfehlen, sich mit dem islamischen Gedankengut umfassend auseinanderzusetzen. Beachtliches haben Experten wie Scholl-Latour, Raddatz und Ulfkotte geleistet. Als Grundlage für einen Überblick sind Autoren dieser Art allemal zu berücksichtigen. Beeindruckend ist der Film „Hamburger Lektion“ von Romuald Karmakar über die Weltsicht eines islamistischen Predigers. Es handelt sich keinesfalls um ein Dokument zulasten eines „Hasspredigers“, sondern um eine objektive Darstellung islamischen Gedankenguts. Dem Prediger geht es nicht bloß um schlichte Verwünschungen des dekadenten Westens. Mohammed Fazazi hatte Verbindungen zu den Attentätern des 11.09.2001 und klagt über die Demütigungen der Muslime durch den Westen, um gerade junge Menschen zum Handeln zu animieren *(Die Zeit, 39/07)*. Die CDU vergibt sich nichts, wenn sie selbst die Dekadenz in Deutschland, gerade in ethischen Bereichen, brandmarkt. Was das „C“ betrifft, so kann sie allemal mit Respekt über die islamische Allah-Verehrung sprechen. Dass Zwangsheiraten in Deutschland nicht zu rechtfertigen sind, liegt auf der Hand, allerdings wird nicht verkannt, dass es für die Politik nicht ganz einfach ist, gegen die archaischen Zustände vorzugehen. Vonnöten sind Fingerspitzengefühl und Konsequenz. Letztlich können nur eigene Werte einem verstärkten islamischen Rechtsempfinden in Europa entgegengesetzt werden. Selbstverständlich ist, dass Muslime in Europa Moscheen bauen können (wobei es natürlich legitim ist, entsprechenden Kirchbau auch für Christen in islamischen Staaten zu fordern). Zur deutschen Toleranz gehört zweifellos auch das Empfinden dafür, dass die Bürger selbst in Gemeinden oder Stadtteilen gegen spezielle Moscheeplanungen demonstrieren können. Wenn allerdings – wie es in England geschah – einem Labour-Abgeordneten „Islamophobie" vorgeworfen wurde, weil er sich gegen die Heirat zwischen Cousin und Cousine ersten Grades aussprach, dann müssen die demokratischen Kräfte Widerstand leisten. Gefordert ist das sachliche Gespräch, welches Hinweise darauf einbezieht, dass Kinder aus Kulturen, in denen derartige Hochzeiten üblich sind, im Vergleich zur Gesamtbevölkerung einen überproportional hohen Anteil an Behinderungen aufweisen *(Der Spiegel, 8/08).* Gerade die demokratische Freiheit in Verbindung mit sachlicher Argumentation kann Grundlage für ein fruchtbares Gespräch zwischen beiden Seiten sein.

Bundesinnenminister Schäuble hat Recht, wenn er über geeignete Maßnahmen zum Schutze der Bevölkerung nachdenkt. Diskutiert werden darf selbstverständlich auch die Idee der Online-Durchsuchung, um terroristischen Angriffen vorzubeugen, oder der Abschuss eines entführten Flugzeugs, um eine noch größere Anzahl von Menschenleben zu retten. Dass hier verfassungsrechtliche Probleme auftauchen, ist bekannt. Bundesjustizministerin Brigitte Zypries (SPD) sieht in dem Ideenreichtum des Innenministers Versuche, die SPD als Sicherheitsrisiko in die Ecke zu stellen. Geöffnet hat sie sich für die Bestrafung von Personen, die sich in einem Terrorcamp ausbilden lassen *(Der Spiegel, 39/07).* Die Justizministerin ist auch deshalb zurückhaltend in Bezug auf gesetzliche Neuerungen, weil in Deutschland bislang Terroranschläge, etwa wie in Madrid oder London, verhindert werden konnten. Minister Schäuble betrachtet dies mehr als Glück und nicht als Leistung der deutschen Sicherheitsbehörden, zumal die Planungen der Terrorakte teils in Deutschland erfolgt waren. In Bezug auf die Online-Durchsuchung geht es dem Minister darum, dass auch ohne Wissen der Betroffenen agiert werden kann *(Der Spiegel, 28/07)*, nämlich um die sog. Vorratsdatenspeicherung, wobei ab 2008 sechs Monate lang gespeichert würde, wer wann mit wem über Telefon, Handy oder E-Mail in Kontakt stand. Die Regierung erwartet dadurch neue Möglichkeiten der Verbrechensbekämpfung. Diese Gedanken lassen zunächst einmal den Juristen erschaudern! Der Rechtsanwalt denkt natürlich sofort an das Mandatsgeheimnis. Die Ideen der Regierung sind äußerst problematisch. Datenschützer sehen durch das Gesetz Freiheitsrechte gefährdet. Auch Bundesverfassungsrichter haben Bedenken angemeldet. Immerhin sieht auch die Justizministerin darin Sinn: „Gerade bei Personen, von denen wir annehmen müssen, dass sie Anschläge planen, ist es wichtig, diese Annahme weiter abzuklären, um beispielsweise herausfinden zu können, mit welchen – vielleicht ebenfalls gefährlichen – Personen der Betroffene bislang in Kontakt gestanden hat“ *(epd-Wochenspiegel, 45/07)*. Die praktische Umsetzung dürfte mit großen Schwierigkeiten verbunden sein. Wie soll die Durchführung ermöglicht werden?

Aber viele Freunde verschafft sich Schäuble durch seine Ideen nicht unbedingt, sogar die Bundeskanzlerin ist davon nicht in jeder Hinsicht begeistert. Für die CDU ist aber wichtig, dass über die wichtigen Fragen umfassend nachgedacht wird. Die Union muss in jedem Fall dafür sorgen, dass keine Hysterisierung oder Hypochondrierung in Deutschland eintreten, worauf der Philosoph Peter Sloterdijk im Zusammenhang mit dem Sicherheitsdenken hinweist *(„Philosophisches Quartett“ vom 30.09.2007)*. Die Verantwortung des Staates für die Gesundheit der Bevölkerung fordert, dass nicht falsche Ängste entstehen und Menschen gar beginnen, sich deshalb als krank zu empfinden. Die christlichen Parteien müssen sich vor Augen halten, dass das Sicherheitsdenken nicht übertrieben wird und wir in einer Verbotsgesellschaft landen. Die Freiheit muss als kostbares Gut gewahrt bleiben. Die Abwägung ist zweifellos schwierig, kontrastharmonisches Denken kann helfen. Zunächst einmal muss sich die CDU vor Augen halten, dass Wolfgang Schäuble im Kabinett über jahrelange Erfahrungen verfügt; es ist ja seine zweite Amtsperiode. Darüber hinaus handelt es sich um einen besonders intelligenten Minister, wobei hinzu kommt, dass er als Attentatsopfer sich am ehesten in Menschen hineinversetzen kann, die Leid erfahren und berechtigte Ängste haben. Zu plump wirken deshalb Behauptungen, er wolle mit seinen – durchaus unkonventionellen – Ideen die Menschen erschrecken, „damit sie schneller einwilligten, wenn man von ihnen die Aufgabe von Freiheitsrechten verlange“. Seine Freunde würden seine Vorstöße mit der Sorge, das Land sei nicht ausreichend gegen terroristische Anschläge gewappnet, erklären *(Der Spiegel, 52/07)*. Der Bundesinnenminister wirkt unabhängig, da er nicht nach dem Einverständnis anderer Politiker lugt. Zu den verschärfenden Gesetzen kann er seelenruhig darauf hinweisen, dass sie alle ihren Ursprung bei der ehemaligen rot/grünen Regierung haben. Es handelt sich um eine standhafte Persönlichkeit, die frank und frei sagt: „Mir persönlich ist das christliche Menschenbild ein guter Kompass, weil es den Menschen in seiner Doppelnatur begreift: zugleich in der Sünde verankert – und zur Freiheit berufen. Es spiegelt damit die ganze Bandbreite und auch Zwiespältigkeit menschlichen Leben wider. Mehr noch: Es gehört zu dem geistigen Fundament, das für das menschliche Zusammenleben in unserem Staat unverzichtbar ist“ *(so in CA – Confessio Augustana – III/07 S. 10)*. Diese umfassende Weltschau kann wirklich in dem so schwierigen Amt hilfreich sein.

Man muss Ministern wie Wolfgang Schäuble zugestehen, dass er in der Tat bemüht ist, das Angstpotenzial zu mindern. Die Einberufung der Islam-Konferenz ist dafür ein deutliches Zeichen. Dieser Weg ist in Deutschland gewiss umstritten. In jedem Fall werden positive Zeichen gesetzt. Islam und Grundgesetz müssen im Hinblick auf den Integrationsgedanken zueinander finden. Die Vertreter des Islam haben insoweit keine leichte Aufgabe, da sie sich durchaus engagieren müssen bei gewissen Konstellationen: etwa der einseitigen deutschlandunfreundlichen Berichterstattung türkischer Medien in Fällen von Wohnhausbränden, in welchen Muslime zu Schaden kamen, oder bei Auftritten von Staatsoberhäuptern aus islamischen Ländern, die wie der türkische Ministerpräsident Erdogan mit Schärfe gegen Assimilationsbestrebungen, letztlich eine konstruktive Integration, vorgehen. Es gibt insoweit aber auch positive Beispiele. Man denke etwa an den türkischen Pianisten und Komponisten Fazil Say. Dieser macht sich Sorgen, dass die Türkei in das Dunkel des Mittelalters abgleiten könnte, gerade im Hinblick auf die Einschränkung der Meinungsfreiheit. Bei seinem tapferen Einsatz stößt er immer wieder auf Opposition. Seine Auszeichnung als „EU-Botschafter für den interkulturellen Dialog“ hat ihn bisher in seinem Heimatland allerdings wenig geholfen (Der Spiegel, 21/08). Konstruktiv sind Entscheidungen z. B. des Koordinationsrates der Muslime, Gebetsrufe an Moscheen in Deutschland allenfalls ausnahmsweise zuzulassen *(epd-Wochenspiegel, 10/08)*. Derartige Ansätze sollten tatkräftig, auch von der CDU, unterstützt werden.

Gesamtschau und Ideenreichtum werden für alle Varianten der Kriminalität benötigt. Erschütternd sind Berichte über ausufernde Gewalt in Haftanstalten. Deutsche Opfer durch ausländische Gewalttäter nehmen zu. Im Bereich der Jugendgruppengewalt wurden in einem Berliner Stadtteil z. B. 2006 insgesamt 418 Tatverdächtige registriert, von denen 233 die deutsche Staatsangehörigkeit besitzen. Hiervon waren 85 Jugendliche, also 20 % der insgesamt Verdächtigen, deutscher Herkunft, wie der Polizeipräsident mitgeteilt hat. Nicht gerade beruhigend sind Erfahrungen, dass etwa in Berlin eine größtenteils aus Einwandererkindern im Alter von 13 bis 17 Jahren bestehende 35köpfige Bande einen Supermarkt geplündert hat. Die organisierte Kriminalität nimmt auch nicht ab, sogar Staatsanwälte, Richter und Politiker stehen in Leipzig unter Verdacht. Was soll der Bürger davon halten, dass etwa in Berlin die Zahl der Übergriffe von Schülern auf Lehrer sich von 2000 bis 2006 fast versechsfacht hat (von 64 auf 374)? Muss die Gesellschaft es hinnehmen, dass in der deutschen Hauptstadt fast jede Woche Busfahrer von Jugendlichen angegriffen werden? Vielleicht hat dies doch etwas mit dem Guru der 68er Studentenbewegung Herbert Marcuse zu tun, der von den jungen Menschen den „direkten Ungehorsam“ gefordert hatte.

Eine Folge dürfte sein, dass z. B. im Jahr 2007 in der Bundeshauptstadt mehr als 110 Autos ausbrannten – nach Auffassung des Landeskriminalamts seitens der Anarcho-Szene *(Der Spiegel, 51/07)*. Es beruhigt wenig, wenn festgestellt wird, dass Pariser Verhältnisse in Deutschland noch nicht bestünden. Mehr Sorgen bereiten die jungen Menschen, die sich immer mehr den Gewalttaten hingeben. In Deutschland sind die Kinder noch nicht so brutal wie etwa in Großbritannien. Dort hatten z. B. 10- bis 13jährige einen Rentner zu Tode gesteinigt. Dasselbe Schicksal hätte auch dem pensionierten Lehrer in der Münchener U-Bahnstation widerfahren können, den zwei Jugendliche in das Leben gefährdender Art traktiert hatten. Da die Video-Aufzeichnung durch sämtliche deutsche Kanäle lief, ist es zu einer breiten Debatte gekommen, beeinflusst wurden die Wahlkämpfer bei den Landtagswahlen. Jugendgewalt ist zu einer Dauererscheinung geworden. Hilflos erscheinen nicht nur die Opfer, sondern die ganze Gesellschaft, die Polizei und die Politiker „gegenüber den gefährlichen gewaltbereiten jungen Männern, die sich zwischen Konsumrausch und Weihnachtsfrieden drängen und plötzlich, ohne nachvollziehbaren Grund zuschlagen. Wie dramatisch die Lage wirklich ist, wird klar, seit sich Deutschland mit Serkan A., 20, befasst. Der junge Türke ist einer der beiden Schläger auf dem Video, ein 17jähriger Grieche der andere. Jung, männlich, Ausländer, gewaltbereit; die kleinen Gangster werden zum Exempel des Bösen“ *(Der Spiegel, 2/08)*.

Die Zahl tatverdächtiger Jugendlicher wegen gefährlicher und schwerer Körperverletzung stieg im Jahr 2007 um 6,3 % *(sh:z vom 22.05.2008)*. Dass der Anteil an Personen mit Migrationshintergrund überdurchschnittlich hoch ist, wurde bereits angedeutet, wird von Politikern und Medien nur ungern verbreitet. Selbst in Polizeiberichten wird die ethnische Herkunft vielfach verschleiert. Ob eine solche Handlungsweise dem Wohl der Gesellschaft dient, ist fraglich, zumal sich Fälle des „Rassismus gegen Deutsche“ mehren. Das trägt mit Sicherheit nicht zur Beruhigung der Bevölkerung bei.

Die Polizei leidet stark mit, zumal sie allzu oft jugendliche Wiederholungstäter zu ihren Eltern nach Hause schicken muss, weil sie noch nicht strafmündig sind. Deshalb wird auch die Herabsetzung von 14 auf 12 Jahre diskutiert, der hessische Ministerpräsident Roland Koch hat wegen derartig „unkorrekter“ Ideen die absolute Mehrheit in Hessen verloren. Der Zeitpunkt der Strafmündigkeit ist aber nicht das eigentliche Problem: Nur etwa 28 % der Tatverdächtigen zwischen 14 und 21 Jahren erfahren überhaupt eine staatliche Reaktion nach dem Jugendgerichtsgesetz. In 16 000 Fällen erfolgt eine Jugendstrafe, die meistens zur Bewährung ausgesetzt wird. Ins Gefängnis wandern weniger als 6 500 der Verurteilten. Rund ein Drittel verbüßt bis zu einem Jahr, rund 40 % zwischen ein und zwei Jahre. Freiheitsstrafen von fünf Jahren und mehr müssen 1,4 % der Verurteilten absitzen. Die Opferschutzorganisation Weißes Kreuz kritisiert insbesondere die hohe Zahl der Einstellungen ohne Gerichtsverfahren *(Der Spiegel, 14/08)*.

Es fehlt an einer wirksamen Gegenkraft, um den Tätern die Freude an Gewalttätigkeit zu nehmen. Das hängt zu einem großen Teil auch mit der Verhinderung einer offenen Diskussion in Deutschland zusammen. Hält man sich vor Augen, was Jens Jessen, der Feuilleton-Verantwortliche der „Zeit" in seinem Video-Kommentar vom Januar 2008 zur Diskussion gestellt hat, dann wird es in der Tat problematisch: Es geht um seine Frage, ob das Münchener Opfer möglicherweise zu den „deutschen Spießern" gehöre, die junge Ausländer mit „Gängelungen und blöden Anquatschungen" gereizt hätten, um so „eine Atmosphäre der Intoleranz zu erzeugen". Man könnte auf den Gedanken kommen, dass ein Deutscher, der Ausländer schlägt, ausländerfeindlich, hingegen ein gewalttätiger Ausländer Opfer seines permanenten Stresses sei. Erinnert wird man an die Erfahrung, dass Ängstlichkeit Sadisten förmlich anziehe – was wohl auch für Masochismus gilt. Natürlich sind Umfragen wie die der „Leipziger Volkszeitung" indiskutabel: „Gibt es in Deutschland zu viele junge kriminelle Ausländer?", allerdings ist es allemal gestattet, über die Quote der gewalttätigen jungen Ausländer im Vergleich zu den Deutschen nachzudenken. Die Untersuchungsergebnisse sind teilweise erschreckend: Von den 434 Intensivtätern (mehr als 10 Delikte im Jahr) in Berlin resultieren 80 % aus Ausländern oder jungen Menschen mit Migrationshintergrund. Was treibt Aus- und Inländer dazu, wenn der Verprügelte bereits am Boden liegt, nochmals nachzutreten? Zweifellos hat der Medienkonsum zu dieser Verrohung beigetragen. Die Tatsache, dass Kinder bis zur Volljährigkeit im Fernsehen weit über 10 000 Morde gesehen haben, kann sie nicht unberührt lassen. Die Vorstellung, Gewalt sei eine Selbstverständlichkeit, zumindest ein adäquates Verteidigungsmittel, verbreitet sich immer mehr. Für Deutsche ist besonders erschütternd, dass die Gewaltbereitschaft muslimischer Jugendlicher gegenüber Juden auch zunimmt *(FAZ vom 09.01.2008)*.

Für die CDU ist es nicht leicht, einen Weg zu finden, der das christliche Menschenbild berücksichtigt. Auszugehen ist von dem Wunsch Papst Benedikts XVI., den er am 13.01.2008 geäußert hat *(zitiert nach ideaSpektrum 3/08)*: „Ich möchte allen, die sich für junge Migranten, ihre Familien und ihre Integration einsetzen, einmal sagen, wie sehr sich sie schätze. Ich bitte die Pfarreien: Nehmt die jungen Leute und ihre Eltern mit Sympathie auf! Und versucht, ihre Geschichte zu verstehen und ihre Eingliederung voranzutreiben… Junge Migranten, tut Eure Pflicht und respektiert die Gesetze! Lasst euch nicht zu Gewalt verleiten!" Deutlich wird hier das bipolare Denken – die vernünftige Ebene, die Problematik zu lösen. Man muss sich vor Augen halten, dass einerseits Gewalttätigkeit eine Faszination ausübt, anders lässt sich kaum die Fülle von nicht gewaltfreien Filmen in Kino und Fernsehen erklären. Andererseits gibt es gerade im Kontext mit Gewaltanwendung vielfach einen Druck, oft einen Gruppenzwang. Man denke nicht nur an die guten Familienväter, die keine Hemmungen hatten, Unschuldige im KZ zu töten. Erinnert wird man an das so genannte Milgram-Experiment. Menschen verwandeln sich in gewissen Drucksituationen: Auf Befehl verpassen sie (vermeintlich) Probanden Elektroschocks und steigern die Intensität, obgleich die Opfer vor Schmerz laut schreien, schließlich nur noch wimmern. Derartige Versuche erfolgen in abgewandelten Formen bereits seit einigen Jahrzehnten. Ähnlich steht es um den Gruppendruck. Regelmäßig sind die Gewalttäter, gerade unter den Jugendlichen, nicht allein, wenn sie zuschlagen. Man kann durchaus von der „Bestie in uns“ sprechen.

Das Christentum kennt Lösungen. Zum einen geht es um Einsicht in das Unrecht und Buße (Umkehr) des Einzelnen, zum anderen um konstruktive Einflüsse der Gesellschaft. Die Regierungen haben die Möglichkeit, z. B. durch Subvention von guten Filmen die Gewalttätigkeit anzuprangern: Der Schläger ist eben nicht der Held, sondern er ist „die Flasche“.

Eine große Rolle spielt die Prägung in der Familie. Die frühe Trennung von Mutter und Kind als „moderne Form der Aussetzung“ wirkt sich nicht günstig auf die Schulung gegen Gewalttätigkeit aus. Damit wird auch das bereits erwähnte Krippenproblem berührt. Der Schüler des berühmten Analytikers Sigmund Freud, nämlich René Spitz, hat den Zusammenhang zwischen mangelnder emotionaler Zuwendung in den ersten Lebensmonaten und späterer Gewalt erkannt: „Das Kind wurde um die Liebe betrogen, dem Erwachsenen bleibt nur Hass“. Bindungsforscher und Psychologen weisen seit längerer Zeit auf die verheerenden Folgen hin, die aus der fehlenden Befriedigung des kindlichen Zärtlichkeitsbedürfnisses herrühren. Hohe Scheidungsraten und die Zunahme von alleinerziehenden Müttern sorgen dafür, dass gerade junge Männer ihr eigenes Geschlecht nicht oder eher negativ erlebt haben (ideaSpektrum 3/08). Auch spielt das Problem der weit überwiegend weiblichen Erzieher in Kindergarten und Schule eine Rolle, es fehlt an den Antipoden. Wenn noch schlechte Vorbilder der Verantwortungslosigkeit hinzukommen, z. B. im Blick auf Ehe und Familie, durch Prominente in Sport, Film und Politik, dann nimmt es nicht wunder, dass Empfindungen der Sinnlosigkeit des Lebens und der fehlenden Orientierung zunehmen.

Auch wenn die Mehrheit der Deutschen für härtere Strafen plädiert, um die Jugendgewalt einzudämmen, so zeigen die Erfahrungen, dass dies keinesfalls der Königsweg ist. Vor allem geht es nicht darum, den Strafrahmen in den Gesetzen auszuweiten, zumal die Richter die Möglichkeiten des derzeitigen Strafrechts nicht ausschöpfen.

Eine breite Diskussion besteht in Deutschland darüber, ob junge Menschen durch Erziehungslager friedlicher werden könnten. Ständig interviewt wird der Leiter des Trainingscamps im nordhessischen Diemelstadt-Rhoden. Der ehemalige Boxer Lothar Kannenberg führt in einer sechsmonatigen Kurzintervention je 20 junge Intensivtäter mit Waldlauf, Liegestütz und Boxtraining an ihre körperlichen Grenzen. So genannte Respekttrainer treiben die Jugendlichen gegen 6 Uhr aus den Betten, freie Zeit gibt es nicht. Im „Spiegel" *(3/08)* verweist der Trainer darauf, dass mitschuldig die Emanzipation sei, vor allem der nicht existente oder schwache Vater. Eine große Rolle spiele im Übrigen die Laschheit, die auf den 68er Erziehungsgedanken zurückzuführen ist, so der Thüringer Jugendrichter Christian Kropp. Dieser ist bekannt geworden durch besonders scharfe Urteile in Jugendstrafsachen. Beide – Erzieher und Richter – können nicht unerhebliche Erfolge vorweisen. Man denke auch an den christlichen Bereich, z. B. das Projekt in Dresden „Stoffwechsel". Seit 15 Jahren kümmern sich die 20 Hauptamtlichen und mehr als 60 Ehrenamtlichen aus ganz Deutschland um Kinder und Jugendliche mit schwierigem sozialen und familiären Hintergrund. Initiativ ist die ehemalige Multimillionärin Sabine Ball, die sich als Christin gesagt hatte, sie müsse Kindern aus kaputten Familien helfen *(idea-Spektrum, 3/08)*. Die Medien werden zunehmend auf derartige Einrichtungen aufmerksam, auch auf das Jugendcamp in Leonberg („Jugendhof Seehaus"), in dem jugendliche Straftäter auf ein Leben nach der Gefängnishaft vorbereitet werden. Die Rückfallquote ist bisher Null *(so Peter Hahne in ideaSpektrum 1/2/08)*. In der Tat besteht Handlungsbedarf. Der CSU-Bundestagsabgeordnete Peter Gauweiler verweist darauf, dass Angriffe auf Leib und Leben wie im Münchener U-Bahnhof an 365 Tagen im Jahr geschehen. Angesichts der Tötungen und Verletzungen ist das, was Staat, Justiz und Polizei dagegen tun, „geradezu läppisch" *(Bild, 07.01.2008)*. In der Tat sind manche Jungen bereits so verroht, dass in den Schulen sämtliche Lehrer kapitulieren. „Erpressungen und Drohungen sind Alltag" *(taz, 18.12.2007)*.

Die Bevölkerung verlangt auf der einen Seite Sicherheit, auf der anderen Seite Freiheit. Die CDU ist in der Lage, hier vernünftige Lösungen zu finden. Diese enthalten auch Einschränkungen. Man denke z. B. an die sexuelle Freiheit. Der grüne Politiker Volker Beck schrieb in dem Buch „Der pädosexuelle Komplex" 1988, dass eine „realistische Neuorientierung der Sexualpolitik" vonnöten sei. Dabei forderte er „die Entkriminalisierung der Pädosexualität" mittels einer Strafabsehungsklausel, wobei die gesetzliche Schutzaltersgrenze aufgehoben werden sollte. Da seine Ideen in der Bevölkerung nicht gut ankamen, hatte er sich in den 90er Jahren im Zusammenhang mit seinem Engagement für das Lebenspartnerschafts- und Antidiskriminierungsgesetz insoweit stark zurückgehalten. Allerdings hat er einen Gesinnungsgenossen in einem anderen grünen Politiker gefunden, nämlich Daniel Cohn Bendit, welcher bereits zuvor in seinem Buch „Le grand bazar“ detailliert Sexspiele mit Kindern beschrieben, die er als zeitweiliger Erzieher in einem Frankfurter Kindergarten veranlasst hatte. Heute fordert das der Präsident der Grünen im Europaparlament nicht mehr. Zumindest vorübergehend haben beide grünen Politiker eingesehen, dass eine Freiheitsbeschränkung in einigen Lebensbereichen dem Volk mehr nützt als schadet. Der Sicherheit der jungen Menschen ist Vorrang einzuräumen. Es geht nicht darum, engagierte – wenn auch einseitige – Politiker zu diskreditieren, sondern immer wieder auf die Zusammenhänge hinzuweisen. Die Abkehr vom „C“ wie bei Beck und Cohn-Bendit schafft eine geistige Grundlage dafür, dass die biblischen Gebote in der Bevölkerung an Akzeptanz verlieren. Dazu tragen auch verunglückte Gerichtsentscheidungen bei, wie etwa der Kreuz-Beschluss. Das Bundesverfassungsgericht meint, den jungen Menschen nicht zumuten zu dürfen, unter einem Kruzifix zu lernen. Den ideologisierten Richtern gelang es nicht, zwischen Neutralität in Bezug auf die Religion und der überkommenen christlich-abendländischen Tradition zu differenzieren. Wenn diese Spitzenjuristen und Professoren es nicht einmal schaffen, einen Hauch von salomonischer Weisheit zu verbreiten, dann drängt sich Verständnis für Politiker und Journalisten auf, die sich im geistigen Durchschnitt bewegen. Da der Mensch, wie gesagt, unheilbar religiös ist, müssen gerade die hohen Richter lernen, in Zusammenhängen zu denken. Das gilt auch in Bezug auf die „neuen Religionen“, etwa im Zusammenhang mit der Political Correctness. Der italienische Historiker Sergio Romano spricht hinsichtlich der Ideologie deutscher Intellektueller in seinem Buch „Brief an einen jüdischen Freund“ von dem NS-Regime sogar als einer Art Gegen-Gott im Holocaust. Nach seiner Auffassung kann übertriebenes Gedenken durchaus zu einer Religion führen.

Aufschlussreich ist auch das positive „Umkippen“ anderer 68er wie die Änderung des bekannten Psychologen Horst Eberhard Richter. In einem Artikel zum Thema Familie schreibt er in „Psychologie heute“ *(11/07)* – fast im Sinne von Eva Herman und Bischof Mixa -, dass die moderne Arbeitswelt „die Lebensgeschichte der Menschen in Episoden und Fragmente“ zerreiße. „Langfristige Tugenden“, die in der Familie gepflegt werden, hätten in der heutigen Gesellschaft immer weniger Platz. Er plädiert für die „Gefühlskraft“ und den „Fürsorgesinn“ der Frau und Mutter. Damit hat er sich deutlich entfernt etwa von dem Gedankengut eines Herbert Marcuse, der den „direkten Ungehorsam“ der Kinder gegenüber ihren Eltern gefordert hat. Derartiges mag die Union ermutigen, es mehren sich die Rückkehrer, gerade in dem Sektor der Familie, die einen großen Anteil daran hat, dass der Mensch Geborgenheit und Sicherheit verspürt. Der CDU ist nur zuzustimmen, wenn sie die Überbürokratisierung der Verwaltung und das Ertrinken in einer Normenflut kritisiert. Das gilt auch für die undurchsichtige staatliche Zuständigkeit in vielen Bereichen und das Sicherheitsbedürfnis der Bürger im Justizvollzug. Ohne Zweifel benötigt die

Gesellschaft ein gerechtes Sozialsystem, die föderale Struktur Deutschlands und die kommunale Selbstverwaltung. Hier gibt es auch keinen Streit in der Gesellschaft. Der Begriff „Integrationsland" erweckt zunächst den Eindruck, dass Deutschland für sämtliche interessierte Einwanderer offen steht. Weder Politiker noch Medien schaffen es, der Bevölkerung in beruhigender Weise deutlich zu machen, dass nach Abschaffung des unbegrenzten Asylrechts die Immigration von Voraussetzungen, die von den deutschen Interessen ausgehen, bestimmt wird. Die Betonung auf das Engagement der Ausländer zugunsten der Integration ist vernünftig. In den Sicherheitsfragen spielt eine erhebliche Rolle die Fähigkeit des Staats, den Bürgern – gerade im Hinblick auf manche sehr schwierige und knappe Entscheidungen – ein Empfinden zu verschaffen, dass die Regierenden mit Kant wirklich ihren Verstand benutzen und frei von Ideologien entscheiden.

Bedeutung und Gefahren des Sports

Vernünftig ist die Idee der CDU, auch dem Sport einen Platz im Grundsatzprogramm einzuräumen. Bei den Leitfragen und in der vorläufigen Fassung des Grundsatzprogramms spielt er noch keine Rolle. In die Endfassung wurde er integriert.

Die CDU hat Recht, dass „Sport eint, bildet, aktiviert, begeistert und integriert". Es ist schon erstaunlich, dass 2008 beim ersten Europameisterschaftsspiel der deutschen Nationalmannschaft in der Vorrunde bereits bis zu 25 Millionen zumindest teilweise ihr Fernsehgerät eingeschaltet hatten; die meist gesehene Show, nämlich „Wetten dass" muss sich mit ca. 10 Millionen weniger begnügen. Wichtig ist für die CDU, durch den Sport die eigenen Grenzen und die Achtung anderer auszubilden. Deshalb sind die Vereine als Basis des deutschen Sports auch allemal unterstützenswert. Die Ziele der Sportpolitik, vor allem Bewegung und Ernährung, leisten in der Tat einen wichtigen Beitrag zur Erhaltung der Gesundheit. Sowohl der Spitzensport wegen seiner Vorbildfunktion als auch der Breitensport erscheinen als förderungswert. Von großer Bedeutung sind auch die „Leistungen von Menschen mit Behinderungen".

Was hat nun der Sport mit dem „C" zu tun? Nach der Bibel ist de Körper ein „Tempel des Heiligen Geistes"; so schreibt der Apostel Paulus im 1. Korintherbrief *(Kapitel 16 Vers 19)*. Dieser bedeutende Theologe hält auch viel vom olympischen Geist, allein schon aufgrund seiner griechischen Bildung. Er findet immer wieder Nachfolger. So ist der erfolgreichste Fußballer in Europas Ligen im Jahre 2007 der Brasilianer Kaká. Dieser bekennt sich als Christ und macht aus seinem Glauben an Jesus Christus kein Geheimnis. Er weist darauf hin, dass er mit seiner Frau ein schönes gemeinsames Leben führe, weil beide

– entgegen der Political Correctness – vor der Ehe enthaltsam gewesen seien *(ideaSpektrum, 50/07)*. Auch der beste deutsche Schiedsrichter in den vergangenen Jahren, Markus Merk, der wiederholt zum „Weltschiedsrichter des Jahres“ ernannt worden ist, geniert sich nicht, auf die Bedeutung des Christseins in seinem Leben aufmerksam zu machen. Ein besonderes Anliegen ist ihm, sich für seinen Nächsten einzusetzen *(ideaSpektrum, 21/08)*. Es gibt eine Vielzahl von großen Sportlern, auch Trainern, die das „C“ für wichtig erachten. Da die Sicherheit für die Union von überragender Relevanz ist, muss sie auch Freude an christlichen Gruppen haben, die sich gegen Gewalt in Stadien einsetzen. „Jesus heilt“ steht in großen, schwarzen Buchstaben auf dem Transparent, dass die frommen HSV-Enthusiasten so gern mit ins Stadion nehmen. Sie sprechen von der „totalen Offensive“, wobei sie singen, anfeuern, mitfiebern und sich einmischen, wenn die Stimmung in Gewalt umzukippen droht. Die fußballbegeisterten Christen setzen auf die mäßigende Wirkung der Evangeliums-Botschaft *(epd-Wochenspiegel, 33/07)*. In ähnlicher Weise wurde in Hannover ein christlicher Fan-Club „These 96“ gegründet. Gedacht war an eine Ergänzung von Martin Luthers 95 Thesen. Entsprechende gibt es auch zugunsten des 1. FC Köln mit „Tora et Labora“ oder den „CVJM Buaben“ beim VFB Stuttgart *(epd-Wochenspiegel 26/08)*. Vielleicht haben solche Zeichen den beliebten deutschen Fußballnationalspieler Michael Ballack ermutigt, sich im Juli 2008 kirchlich trauen zu lassen.

Natürlich ist der CDU auch voll zuzustimmen, dass sie sich mit aller Vehemenz dem Kampf gegen Doping widmet. Dadurch werden Grundwerte des Sports zerstört, Mitstreiter im Wettkampf getäuscht wie auch die Zuschauer. Letztlich wird die Gesundheit der Sportler erheblich gefährdet. Das gilt nicht nur für den Spitzen-, sondern auch für den Breitensport, in welchem das Doping auch Platz greift. In der Tat ist es ein christliches Anliegen, den Körper nicht zu schädigen. Die CDU sollte im Übrigen den Weltverband Fifa motivieren, die Regeln wieder abzuschaffen, nach welchen es verboten ist, Trikots mit Botschaften wie „Jesus liebt mich“ den Zuschauern zu zeigen. Gerade die besten Fußballer der Welt aus Brasilien genieren sich nicht, sich so offen zu ihrem Glauben zu bekennen. Eine christliche Partei vom Rang der CDU sollte hier den Mut haben, sich konstruktiv einzumischen.

Im Ergebnis lässt sich festhalten, dass der Bürger Erhebliches dazu beitragen kann, um die Sicherheit in der Bundesrepublik zu stärken. Dazu gehört Zivilcourage, aber auch Glaubensmut, was besonders in dem Bereich „Sport“ deutlich wird. Die CDU hat es in einer durch Islamismus, steigende Kriminalität und irre geführtes Freiheitsdenken wie Political Correctness nicht leicht, die Weichen richtig zu stellen. Es gilt aber allemal die Forderung: anpacken, abwehren, neue Ideen kreieren, solange es noch möglich ist!

8. Deutschlands Verantwortung und Interessen wahrnehmen

Das Grundsatzprogramm bezieht sich zunächst auf „Deutschlands Chance Europa“ und dann auf „Deutschlands Rolle in der Welt“. Tragend soll das christliche Bild vom Menschen als Teil des gemeinsamen europäischen Erbes sein. Hervorgehoben wird die Europäische Union, wobei Demokratiebewusstsein und Transparenz, vor allem Akzeptanz durch die Bürger gefordert wird. Wichtig ist der CDU zu Recht das Subsidiaritäts- und auch Verhältnismäßigkeitsprinzip. Der Kampf um das deutsche Recht könnte sowohl von der CDU als auch von den übrigen Parteien stärker ins Auge gefasst werden. Das Grundsatzprogramm enthält eine Vielzahl von Details, die durchaus erwägenswert sind. Im Zentrum steht aber das Fundament.

„Europa ist unsere neue Dimension und unser Ziel für das nächste Jahrhundert.“ Dies war die Neujahrsbotschaft des ehemaligen französischen Staatspräsidenten Francois Mitterand 1995. Damit meinte er gewiss nicht das, was die für die deutsche Intelligenzija unverzichtbare „Süddeutsche Zeitung“ am 23.01.1995 schrieb: „In den Gründerzeiten hatte Europa Herz und Seele, aber keine Gestalt; jetzt ist es umgekehrt“. Hat nun Europa wirklich Herz und Seele verloren? Zweifellos gibt es dafür Anhaltspunkte. In jedem Fall ist das Bemühen um eine EU-Grundrechtscharta geeignet, eine Tendenzwende anzuzeigen. Europa braucht eine Vision. Diese spiegelt sich in den bisherigen Versuchen, eine Europäische Verfassung zu kreieren, leider allenfalls ansatzweise wieder. „Die Charta von Nizza gefährdet die Rechte, die sie gnädig bewahrt“, wie die ebenfalls renommierte Frankfurter Allgemeine Zeitung vom 08.12.2000 befürchtet. Nach deren richtiger Ansicht atmet der bisherige Entwurf den Geist der freiheitsgezeugten Rechtsidee nicht mehr. Das wirkt unfreundlich.

Seelenlose europäische Rechtsgrundlagen

Jacques Delors, der frühere Präsident der EU-Kommission, zeigte sich bei einer kirchlichen Konferenz 1992 pessimistisch: „Wenn wir es innerhalb von zehn Jahren nicht schaffen, Europa eine Seele zu geben, dann ist das Spiel aus“ *(epd-Wochenspiegel BW 11/1999)*. Der französische Europapolitiker wollte einen Treffpunkt für religiöse und nichtreligiöse Menschen, Künstler und Wissenschaftler einrichten und bat dabei die Kirchen um Hilfe. Sein Kollege, der spätere französische Staatspräsident Chirac sah den Wunsch erfüllt, als er beim EU-Gipfel in Biarritz die EU-Grundrechtscharta würdigte: „Dieser Text wird Geschichte machen“ *(Süddeutsche Zeitung vom 16.10.2000)*. Immerhin ist einer seiner Vorgänger Präsident des Europäischen Verfassungskonvents, nämlich Valéry Giscard d’Estaing. Der gestandene und 76 Jahre alte französische

Politiker hatte viel von der „Union" erwartet, vor allem „neue Handlungsfelder. Etwa in der gemeinsamen Außenpolitik, bei der Verteidigung oder dem einheitlichen Recht zur effizienten Kriminalitätsbekämpfung und Sicherung der Bürgerrechte" *(Der Spiegel 43/02).* Wenn ein Staat die neue Verfassung nicht in Kraft setzen kann, dann nimmt er am zukünftigen System nicht teil, wird quasi ausgeschlossen, worauf Präsident Giscard d'Estaing ausdrücklich hinweist.

„Für eine moderne, schlanke und handlungsfähige Union wollen wir die Verfassungsbasis legen", äußerte sich das deutsche Mitglied des Konvents Joachim Wuermeling *(Neue Juristische Wochenschrift 2002 Heft 41 III).* Unter der Leitung von Altbundespräsident Roman Herzog gelang es dem Gremium, eine Einigkeit über den 41 Artikel umfassenden Grundrechtstext zu erzielen. Gemeinsames Ziel war es, der Charta rechtsverbindlichen Charakter und Verfassungsrang zu verleihen. Zum Teil begrüßt, zum Teil befürchtet wird, dass die Charta zur Kompetenzgewinnung der Union führen könne. Doch sollen die europäischen Grundrechte im Einklang mit den gemeinsamen Verfassungsüberlieferungen der Mitglieder ausgelegt werden *(Jörg Pietsch, Zeitschrift für Rechtspolitik, 2003 S. 2 ff).* Dabei wollte der Konvent empfehlen, die Voraussetzungen für einen Beitritt der Union zur Europäischen Menschenrechtskonvention zu schaffen. Ziel ist der Schritt von der Wirtschaftsgemeinschaft zur Wertegemeinschaft *(Jürgen Meyer, Zeitschrift für Rechtspolitik 2002 S. 272, 274).* Und das hat in jedem Fall etwas mit Religion zu tun. So fordert auch der weltweit bekannte deutsche Philosoph Jürgen Habermas, es bedürfe gemeinsamer Wertorientierungen. Deren Umsetzung bezweifelt der frühere deutsche Bundesverfassungsrichter Ernst-Wolfgang Böckenförde. Er stellt fest: „In Folge der heroischen intellektuellen Aneignung eines unvergleichlich reichen jüdischen und griechischen, römischen und christlichen Erbes, hat Europa gelernt, wie man immer wieder eine sensible Einstellung zum Janus-Gesicht der Moderne finden kann" *(Die Zeit Nr. 27/01).* Ähnlich wusste der bereits erwähnte Kommissionspräsident Jacques Delors, dass das europäische Haus, das mit großer Begeisterung auch der letzte sowjetische Regent Gorbatschow bauen wollte, nicht gelingen werde, wenn es sich von seinen intellektuellen, religiösen und philosophischen Traditionen lossagt, denn „manchmal brauchen wir die prophetische Stimme".

Natürlich darf nicht außer Acht gelassen werden, dass nicht alle europäischen Politiker und Bürger offiziell christlich denken. Gerade die laizistischen Staaten wie Frankreich halten sich insoweit zurück. Auch das deutsche Grundgesetz sollte nach der Wiedervereinigung mit Ostdeutschland nach Auffassung einiger weniger Vertreter von christlichem Gedankengut gereinigt werden *(Spiegel-Dokument „Die Reform des Grundgesetzes" S. 3).* Dass der christliche Geist die Grundrechts-Charta nicht beherrschen soll, ist aus vordergründiger Perspektive mancher Mitbürger gewiss nachvollziehbar. So hatte auch der deutsche Bundesrat die dem Christlichen gegenüber zurückhaltende Grundrechts-Charta als tragfähigen Kompromiss begrüßt. Er zeigte Verständnis für unterschiedliche Verfassungstraditionen. Bedankt hatte er sich bei dem höchst engagierten ehemaligen Bundespräsidenten Roman Herzog. Besonders gefallen hatten aber die Werte der Union wie Menschenwürde, Grundrechte, Demokratie, Rechtsstaatlichkeit, Toleranz, Einhaltung der eingegangenen Verpflichtungen und des Völkerrechts *(Rolf Wägenbaur, Zeitschrift für Rechtspolitik, 2003 S. 31, 32).* Für die, die es noch nicht gemerkt haben: Die Werte entstammen letztlich dem Christentum!

Allerdings blieb die Kritik nicht aus. Bereits der Begriff „Europäische Union" ist umstritten. Die EU bilde „den einheitlichen institutionellen Rahmen für unterschiedliche, durch völkerrechtliche Verträge geschaffene Gestaltungsformen des Zusammenwirkens zwischen den Staaten, besitzt selbst allerdings keine umfassende Rechtspersönlichkeit... Ganz anders ist die Situation bei der Europäischen Gemeinschaft, die gem. Art. 281 EG selbst Rechtspersönlichkeit besitzt und eigene Zwangsmittel zur Verfügung hat" *(Anne-Kathrin Jeske, Neue Juristische Wochenschrift 2001 S. 1986, 1987).* Diese Auffassung ist gewiss ernst zu nehmen. Bislang entspricht die Verfassung nur „einer politischen Willenserklärung oder einer institutionellen Erklärung. Die Grundrechts-Charta besitzt keine Rechtsverbindlichkeit, solange sie keine Aufnahme in die europäischen Verträge findet" *(Ex-Justizministerin Leuthäusser-Schnarrenberger).* Der ehemalige sächsische Staatsminister Steffen Heitmann schrieb in seinem Aufsatz „Aufbruch in einen europäischen Rechtsraum" *(Neue Juristische Wochenschrift 2001 S. 124 ff)*, dass zu lange der Begriff der europäischen Einigung auf wirtschaftliche Fragen reduziert worden sei. „Die Erkenntnis, dass die Europäische Gemeinschaft auch eine Rechtsgemeinschaft, die Europäische Union eine Rechtsunion werden muss, setzte sich erst spät durch". Der Autor verweist auf die Historie: „Die gemeinsame Entwicklung des Rechts in allen europäischen Staaten beruhte nicht zuletzt auf der Tatsache, dass es eine Art einheitlichen europäischen Juristenstand gab... Aus dem römischen Recht, beeinflusst spätestens mit Justinian durch die Lehren des Christentums, entwickelte sich in West- und Mitteleuropa mit regionalen und lokalen Unterschieden das europäische Recht des Mittelalters. Seine römischen Wurzeln blieben lebendig, und die Parallelität der Rechtsentwicklung in den verschiedenen europäischen Ländern blieb erhalten". Heitmann fordert schließlich eine „Rückbesinnung auf die gemeinsame Quelle". Ob der bisherige Text der Charta diesen Anforderungen genügt, ist zweifelhaft.

Die Kritik an der Verfassung ist z. T. sehr harsch. Der Text der „Charta der Grundrechte der Europäischen Union", die am 07.12.2000 in Nizza feierlich verabschiedet worden ist, wurde von der Kommission als „die eigentliche Substanz des gemeinsamen europäischen Acquis auf dem Gebiet der Grundrechte" angesehen. Kritiker sprachen von einem „Sammelsurium von Banalitäten und Selbstverständlichkeiten, überflüssig und demokratiewidrig" *(Peter J. Tettinger, Neue Juristische Wochenschrift 2001 S. 1010; Frankfurter Allgemeine Zeitung vom 05.09.2000)*. Als problematisch gestaltet sich das Verhältnis zu der bereits 1950 unterzeichneten Europäischen Konvention zum Schutze der Menschenrechte und Grundfreiheiten, deren Beachtung in Art. 6 Abs. 2 EU ausdrücklich als Selbstverpflichtung herausgestellt ist. Durch Art. 52 Abs. 3 soll die notwendige Kohärenz zwischen Charta und MRK geschaffen werden. Dabei wird der Grundsatz aufgestellt, dass die in der neuen Verfassung enthaltenen Rechte, die den durch diese garantierten entsprechen, gleiche Bedeutung und Tragweite haben sollen. Schon daraus ergibt sich, dass aus einer nicht immer stimmigen Verwendung der Begriffe „Person" und „Mensch" in einigen Artikeln der Charta keine Restriktionswirkung gefolgert werden dürfe *(Tettinger, a.o.St., S. 1012)*.

Andere Kritiker behaupten, die Debatte um eine Verfassung sei überflüssig. Europa habe längst eine Art Verfassung, nämlich die Verträge *(Heiner Timmermann - Hrsg. - „Eine Verfassung für die Europäische Union", Opladen 2001, S. 58)*. Befürworter verweisen darauf, dass Entscheidungsprozesse in der EU häufig sehr langwierig und die Ergebnisse z. T. sehr schwer zu verstehen seien. Ein Hauptgrund hierfür sei die immer noch erforderliche Einstimmigkeit im Ministerrat. In den Bereichen, in denen eine qualifizierte Mehrheitsentscheidung erforderlich ist, hat Nizza sogar einen Rückschritt gebracht *(Timmermann, a.o.St. S. 59)*. Von dem Gipfel geht ein Hilferuf aus, weil offenbar größere Reformen der Europäischen Union nicht mehr zu bewerkstelligen sind. Auch 50 Jahre nach ihrem Beginn ist die europäische Integration noch immer unvollendet und bleibt dies wohl auch. Der Vertrag von Nizza ist auch unbefriedigend, was sich bereits daraus ergibt, dass für 2004 eine Überarbeitung eingeplant war *(Timmermann, a.o.St. S. 387)*. Natürlich muss man fragen, ob es eine Alternative zur EU überhaupt gibt, und das gerade nach dem gewünschten Beitritt osteuropäischer Staaten. Es besteht die Hoffnung, dass eine Verfassung dazu dienen kann, Bürokratie in ihre Schranken zu weisen und dazu beizutragen, das verlorene Vertrauen der Bürger zurückzugewinnen. Die EU-Regenten bedürfen einer wirksamen Kontrolle.

Die keinesfalls seltene Ansicht, dass die Europäische Konvention über Menschenrechte zumindest weitgehend in die EU-Charta übernommen werden soll, wirkt vernünftig. Die Regelungen sind vielfach substanzieller und haben sich in jedem Fall bewährt. Das hat auch seine Gründe: „Die jüdisch-christliche normative Kultur ist in der Menschenrechtstradition stark vertreten. Drei Elemente sind hierbei von besonderer Bedeutung: Die Unverletzlichkeit des menschlichen Körpers (z. B. Folterverbot), die Unverletzlichkeit des menschlichen Geistes (z. B. Verbot von Unterdrückung der Meinungs- und Informationsfreiheit) sowie die Gleichbehandlung (unabhängig von Geschlecht, Rasse, Klasse, Nation). Dies sind ganz wesentliche Beiträge zu einer normativen Universalkultur. Außerdem lassen sie sich auch gegen physische Umweltverschmutzung (z. B. durch die Industrie) und geistige Umweltverschmutzung (z. B. durch die Massenmedien) benutzen und mobilisieren *(Johan Galtung, „Die Zukunft der Menschenrechte - Vision: Verständigung zwischen den Kulturen", Frankfurt/ New York 2000 S. 97).* Weiterungen in der Grundrechts-Charta sollten sich an diese Tradition anlehnen.

Nun ist die Europäische Verfassung als solche gescheitert, nachdem die Niederländer und die Franzosen diese in einem Referendum abgelehnt haben. Während der Ratsherrschaft der deutschen Bundeskanzlerin Angelika Merkel erfolgte eine „Umdeutung" in einen „Reformvertrag". Mit leichten Änderungen, vor allem in Bezug auf Bestimmungen, welche der EU optisch einen Hoheitscharakter verleihen könnten, ist es zu einer grundsätzlichen Einigung im „Lissabon-Vertrag" gekommen. Die Vorschriften wurden prinzipiell nicht geändert, was auch für die Grundrechtscharta gilt. Die Regierungen haben die Verbindlichkeit erklärt, die Parlamente haben ihr Plazet gegeben. Nur Irland hat sich entschlossen, eine – wirklich demokratische – Volksabstimmung durchzuführen. Im Juni 2008 entschied sich das Volk gegen den Reformvertrag. Zu Recht kann man die Tapferkeit des kleinen Inselvolks hervorheben. Die Bürger haben gespürt, dass zunächst einmal Wesentliches in der Ersatzverfassung fehlt, nämlich der Bezug auf die christlichen Wurzeln und weitgehend die Einbeziehung christlicher Werte. Dabei geht es um die Ideologisierungen in den Bereichen Gender Mainstreaming, homosexuelle Lebenspartnerschaft oder Abtreibung. Natürlich spielen auch weitere Bereiche eine Rolle wie die Sorgen um die wirtschaftliche Entwicklung. Bedeutsam dabei ist die Verachtung der Politiker gegenüber dem Souverän, nämlich dem Volk. „Irland badet gleichsam aus, was in vielen EU-Ländern nichtmehrheitsfähig gewesen wäre, hätte das Volk abgestimmt" *(Die Welt, 12.06.08).* Allgemein hatten die Medien wenig Verständnis für die tapferen Iren. Das bringt die „Zeit"-Leserin Stephanie Bornheim deutlich zum Ausdruck *(Die Zeit, 28/08)*: „Danke Irland ... Statt wortgewaltiger Kolumnen zu drucken, sollten die deutschen Medien, einschließlich der ‚Zeit', erst einmal ihrer Informationspflicht nachkommen und sachlich über den Inhalt des Reformvertrags sowie über etwaige Unterschiede zur abgelehnten EU-Verfassung informieren." Noch schärfer äußert sich der Professor für Politikwissenschaft Hubert Kleinert *(Spiegel.de 20.06.08)*: „Die politischen Eliten des demokratischen Großprojekts Europa zittern nicht mehr nur vor dem Votum ihrer Bürger, manche flüchten jetzt sogar in offen manipulative Prozeduren". In der Tat wurde über eine Isolierung Irlands nachgedacht. Auf den Punkt gebracht hatte dies der Philosoph von Weltrang Jürgen Habermas, der – wie gesagt – dem christlichen Denken mehr Raum bietet. Nach seiner Überzeugung sollten wir nach dem irischen Signal von unseren Regierungen zweierlei erwarten: „Sie müssen sich eingestehen, dass sie mit ihrem Latein am Ende sind. Und sie dürfen ihren lähmenden Dissens nicht weiter verdrängen. Am Ende bleibt ihnen nichts anderes übrig, als die Bevölkerung selbst entscheiden zu lassen" *(Süddeutsche Zeitung, 17.06.08).*

Die EU-Verantwortlichen befinden sich in einem Dilemma. Sie sprechen von einer großen Krise. Teilweise wird vorgeschlagen, das Nein der Iren zu ignorieren und so zu tun, als ob es das Referendum nicht gegeben haben. Vernünftigerweise wurde eine Vorentscheidung getroffen, zunächst einmal abzuwarten und dem irischen Volk die Möglichkeit zu geben, den „Fehler zu korrigieren". So kann man Zeit gewinnen. Diese brauchen auch die Deutschen, zumal ein prominenter EU-Kritiker, Professor Karl Albrecht Schachtschneider eine Verfassungsklage im Namen des CDU-Bundestagsabgeordneten Peter Gauweiler gegen den Vertrag von Maastricht und die EU-Verfassung eingereicht hat. Es ist offenkundig, dass ca. drei Viertel der Europäer einen Volksentscheid im Vergleich zu den von fast allen Mitgliedsstaaten vorgenommenen Parlamentsentscheidungen vorgezogen hätten. Es ist zu hoffen, dass die CDU die Verlängerung nutzt, um ihre konstruktive demokratische Tradition einzubringen.

Einbeziehung des christlichen Menschenbildes

Das bedeutet zunächst einmal, dass das Nachsinnen über eine EU-Verfassung sehr sinnvoll erscheint, zumal die bisherigen Bemühungen doch alles andere als unumstritten sind.

Natürlich ist festzuhalten, dass die Charta-Initiative diverse Bestimmungen enthält, die dem Anspruch einer christlichen Partei genügen. Diese entsprechen allgemein den Verfassungen der Mitgliedsstaaten. Leider gibt es in der intendierten EU-Grundrechtscharta auch nicht unerhebliche Abweichungen von dem Gedankengut des christlichen Abendlandes. Das wird besonders deutlich in Präambel und Gleichheitssatz. So kommt die Anrufung Gottes nicht mehr vor. Auch soll die sexuelle Orientierung in den Schutz des Gleichheitssatzes einbezogen werden. Diese Unterschiede zu den geistigen Wurzeln Europas sind offenkundig.

Bereits diese Andeutungen mögen für manchen Europäer ungewöhnlich und neu sein. Eine Vertiefung in die Problematik wird jedem deutlich machen, dass es lohnend ist, sich auf die christlichen Ressourcen in der europäischen Geschichte zu gründen und sich beim Abwägen nicht auf den bescheidenen Horizont von Kreuzzügen, Inquisitionen und Hexenverbrennungen zu beschränken. Von Gebildeten werden diese Vorwürfe den Christen heute auch nicht mehr gemacht. Zum einen gibt es keinen europäischen Bischof, der dafür plädiert, zum anderen merken die Intellektuellen immer mehr, wie regenerationsfähig das Christentum ist. Sie sind sich dessen voll bewusst, dass der überwiegende Teil der Errungenschaften in Europa direkt oder indirekt auf den christlichen Glauben zurückzuführen ist. Sie wissen auch darum, dass dessen Vertreter erheblich dazu beigetragen haben, auch die anderen Quellen wie Judentum oder griechische und römische Kultur über die Jahrhunderte weiterzuvermitteln. Es lässt sich auch kein ernsthafter Widerspruch dagegen erheben, dass sich weltweit in den letzten Jahrhunderten kein atheistischer Staat kulturell und wirtschaftlich bewährt hat. Der zu Europa gehörende Staat Albanien ist als selbsterkorener erster atheistischer gescheitert. Entsprechendes gilt auch für die terroristischen Diktaturen des Nationalsozialismus und Kommunismus. Intelligente Mitbürger vermögen auch zwischen segensreichen Aussagen des Neuen Testaments mit den entsprechenden Postulaten auf der einen Seite und den fehlerhaften Handlungen der Kirchen und einzelnen Christen auf der anderen Seite zu differenzieren. Das ist keine billige Ausflucht, sondern erweist sich auch heute täglich aufs Neue. Daraus ergeben sich beachtenswerte Grundsätze:

Zum einen soll die CDU sich dafür einsetzen, dass der Gottesbezug das EU-Recht überstrahlt, nach dem Scheitern des Verfassungsvertrags zumindest den EU-Reformvertrag von Lissabon. Zum anderen ist unerlässlich der Hinweis auf das jüdisch-christliche Erbe, wobei es nicht angeht, dass man wie in den Entwürfen meint, die Einbeziehung von Spiritualität, Humanismus und Griechentum würde ausreichen. Die Europäischen Bürger genießen letztlich die christlichen Errungenschaften. Die relative Sicherheit in den EU-Staaten ist erkennbar. Die Demokratien nähren sich von der christlich-abendländischen Kultur und schaffen den Bürgern das Bewusstsein, dass zumindest eine gewisse gegenseitige Kontrolle unter den Regierungen besteht. Hierzu gehören auch die unverzichtbaren Medien, deren Freiheit der Berichterstattung ohne Zensur absolut schützenswert ist. Christlich geprägter Arbeitseinsatz führt zu einem überdurchschnittlichen europäischen Wohlstand, wenn man einen Vergleich mit anderen Kontinenten wagt.

Die wissenschaftlichen Erkenntnisse überbieten sich in letzter Zeit geradezu zugunsten des christlichen Glaubens. Man denke an die Erfahrung, dass Kirchgänger durchschnittlich sieben Jahre länger leben, die Chancen für Krankenheilungen sich durch Gebet verdoppeln, die psychischen Krankheiten bei vergebenden Mitmenschen drastisch gesenkt werden können, ja bis zu den sichtbaren

Reduzierungen von Krankenkosten bei Menschen, die eine gesunde Askese - etwa beim Rauchen und Trinken - bevorzugen. Die Psychologen räumen auch ein, dass die biederen konservativen Christen wesentlich zufriedener als Atheisten sind und - das wohl Erstaunlichste - die Scheidungsquote von bald 50 % auf ca. 1 Promille bei gemeinsam betenden Ehepaaren sinkt. Es geht hier nicht um eine Instrumentalisierung des Christentums, auch nicht um Patentrezepte für Wellness, sondern um das ernsthafte Nachdenken darüber, dass sich die Eliminierung christlicher Elemente in Staaten und überstattlichen Organisationen bislang nie bewährt hat und sich auch heute nicht rechnet.

Ein Blick in jede Zeitung bestätigt uns, dass der Mensch des Menschen Raubtier ist. Jeder Ehrliche erkennt dies bei sich selbst. Heinrich Heine hatte die Weitsicht erlangt. Wenn sein Landsmann Novalis in seinem Essay „Die Christenheit oder Europa“ schrieb, dass bereits damals die Zeit des christlichen Abendlandes vorbei sei, dann kann die Menschen, die in Zusammenhängen zu denken versuchen, Wehmut überkommen. Der sensible Dichter schrieb: „Es waren schöne glänzende Zeiten, wo Europa ein christliches Land war, wo eine Christenheit diesen menschlich gestalteten Weltteil bewohnt.“ Nun geht es nicht darum, einen Gottesstaat zu errichten - eine überzogene Befürchtung mancher Kritiker des Christentums, die sich als große Kämpfer für eine weltanschauliche Neutralität des Staates einsetzen. So genannte Gottesstaaten haben sich nicht bewährt; jene Kämpfer, die es heute noch wünschen - gleich in welcher Religion - schaffen weitgehend nur Unheil. Die Humanisten übersehen allerdings, dass ihre Weltanschauung keinesfalls neutral ist. Eigentlich ist jeder „Ismus“ zumindest ideologisch angehaucht, zeugt von einem Hang zum Überzeichnen und Übertreiben.

Der deutsche Literatur-Nobelpreisträger Thomas Mann schreibt in seinem „Doktor Faustus“, dass auch die Theologie sich vielfach auf einen inhaltlich dürren und damit nicht ungefährlichen Humanismus zurückgezogen hat. Es heißt wörtlich *(in der Ausgabe des Fischer-Verlags S. 124)*: „Die wissenschaftliche Überlegenheit der liberalen Theologie, heißt es nun, sei zwar unbestreitbar, aber ihre theologische Position sei schwach, denn ihrem Moralismus und Humanismus mangele die Einsicht in den dämonischen Charakter der menschlichen Existenz. Sie sei zwar gebildet, aber seicht, und in dem wahren Verständnis der menschlichen Natur und der Tragik des Lebens habe die konservative Tradition sich im Grunde weit mehr bewährt, habe darum auch zur Kultur ein tieferes, bedeutenderes Verhältnis als die fortschrittlich-bürgerliche Ideologie“. Später heißt es dann *(S. 496)*: „Wie oft ist dieses bedrohliche Werk in seinem Drange, das Verborgenste musikalisch zu enthüllen, das Tier im Menschen, wie seine sublimsten Regungen, vom Vorwurf des blutigen Barbarismus sowohl wie der blutlosen Intellektualität getroffen worden!“ Der große Schriftsteller nimmt hier Bezug auf gewisse beliebte Musikformen wie das „Trommeln und Gongdröhnen“. Das Böse wurde seit der Aufklärung verharmlost. Die Christen haben allerdings keinerlei Anlass zu Überlegenheitsgebärden. Dass es die Kirchen, etwa im 30jährigen Krieg, nicht geschafft haben, sich schnellstmöglich zu versöhnter Verschiedenheit durchzuringen, bleibt ein Armutszeugnis. Die dadurch mitbeeinflusste Aufklärung hat sich zweifellos Verdienste dadurch erworben, dass sie das Abergläubische des Glaubens eliminiert hat. Sie ging aber zu weit und hat die Weichen für die verheerenden Folgen, die wir gerade im 20sten Jahrhundert erlebt haben, gestellt. Das räumt gar „Der Spiegel“ ein: „Nachdem die Aufklärung Gott durch Glück ersetzte und erklärte, dass das Paradies schon auf Erden möglich ist…“ *(51/02).*

Europäische Geister haben immer wieder ihre Warnungen ausgesprochen. Der französische Mathematiker und Philosoph Blaise Pascal wusste, dass ohne den christlichen Glauben die Menschen sich selbst werden, ebenso wie Natur und Geschichte um sie herum, unentzifferbar dunkle Rätselschriften. Das hatte jener deutsche Philosoph Friedrich Nietzsche verstanden, der nicht nur die Heraufkunft des Nihilismus als Zeitalter vollendeter Sinnlosigkeit, als unabwendbare Zukunft Europas in den nächsten zwei Jahrhunderten erkannte, sondern auch durch seine Kirchen- und Christentumkritik diese Entwicklung gefördert hat. Der große dänische Philosoph Sören Kierkegaard fand eine Erklärung für Nietzsches abschüssigen Denkweg: Der späte, in dogmatischem Unglauben und in den hybriden Plan der Selbstgestaltung des Menschen zum Übermenschen verstrickte Nietzsche sei in eine promethische Autonomie gelangt und halte auftrumpfend das Ich trotzig an sich selbst in seiner unaufgebbaren Qual ebenso fest wie an der grausamen Absurdität aller Dinge sowie wolle er sich von niemandem helfen lassen, selbstverständlich auf keinen Fall von einem Gott. Der CDU müssten eigentlich derartige Gedanken Freude machen, vor allem es ihr erleichtern, auf nationaler und internationaler Ebene zu dem „C“ zu stehen.

Die Kultur des Abendlandes ist ihren ursprünglichen Quellen nach sehr scharf zu umreißen. „Sie verdankt sich dem abendländischen Christentum, dieses aber ist die Folge zweier großer, nicht nur Kultur-, sondern Weltgeschichte machender Rezeptionen - der Hellenisierung der hebräischen und der Romanisierung der griechischen Bibel“ *(so der Jurist und Philosoph Horst Folkers in einem Vortrag in der Evangelischen Akademie Bad Boll am 04.10.1996 über das Thema „Grundwerte in unserer Verfassung - ihr religiöser Ursprung und Gehalt“, Protokolldienst 7/97 S. 37).* Er nimmt Bezug auf den bedeutenden ehemaligen Bundesverfassungsrichter Ernst Wolfgang Böckenförde, der hervorgehoben hat, dass das Grundgesetz in Höherem, als es selbst ist, begründet ist. So ist die Rede von der „objektiven Wertordnung“, von den „Grundwerten“ entstanden. Der Spitzenjurist hatte diese sich gleichsam transzendierende Struktur des Grundgesetzes in die folgenden Worte gefasst: „Der freiheitliche, säkularisierte Staat lebt von Voraussetzungen, die er selbst nicht garantieren kann. Das ist das große Wagnis, das er um der Freiheit willen eingegangen ist" *(„Die Entstehung des Staates als Vorgang der Säkularisation" in „Staat, Gesellschaft, Freiheit", Frankfurt a. M. 1976 S. 60).* Der Rechtsgelehrte kommt zu dem auch für die Europäische Verfassung zwingenden Schluss, dass „auch der säkularisierte weltliche Staat letztlich aus jenen inneren Antrieben und Bindungskräften leben muss, die der religiöse Glaube seiner Bürger vermittelt" *(a.o.St. S. 61).*

Verbesserungsmöglichkeiten im Detail

Natürlich muss man - wie gesagt - Verständnis dafür haben, dass etwa ein laizistischer Staat wie Frankreich Probleme mit der Gottesanrufung hat. Dieses so wichtige Land in Europa hat zusammen mit den skandinavischen Staaten erheblichen Widerstand gegen die religiöse Verankerung des Grundwertekatalogs gezeigt *(epd-Wochenspiegel BW 51/2000 S. 17).* Der französische Schriftsteller Michel Houellebecq zeigt dafür nicht allzu viel Sensibilität: „Der prinzipielle Agnostizismus der französischen Republik sollte den scheinheiligen, ja leicht hinterlistigen Siegeszug der materialistischen Anthropologie erleichtern. Auch wenn die Probleme bezüglich des Werts des menschlichen Lebens nie offen ausgesprochen wurden, bildeten sie sich in den Köpfen der Menschen immer stärker heraus; man kann ohne Zweifel behaupten, dass sie in der Endphase der westlichen Zivilisation maßgeblich daran beteiligt waren, ein allgemein verbreitetes depressives, wenn nicht gar masochistisches Klima zu schaffen" *(so in dem Roman „Elementarteilchen", S. 79).* In der Tat haben sich weder die französische Distanz zum Christentum bewährt noch ein Menschenbild, welches dem materiellen Denken so viel Gewicht beimisst. Der russische Professor Frenkin von der Moskau Akademie der Wissenschaften meint, dass die Erneuerung und der Aufbau Russlands weder durch einen Rückgriff auf den Sozialismus noch durch den westlichen Liberalismus erfolgen könne, sondern nur durch eine Erneuerung aus dem Geist der besten Traditionen des konservativen Denkens, wobei er die spirituelle Quelle meint, aus welcher alle europäischen Völker ihre Kraft geschöpft haben, nämlich das Christentum.

Dazu würde auch der demokratische Geist zählen, man denke etwa an die demokratische Strukturierung der christlichen Ur-Gemeinde. In Europa hatte sich eigentlich die Überzeugung verbreitet, dass alle Staatsgewalt vom Volke ausgehen soll. Davon kann sowohl in dem Verfassungsentwurf als auch in dem geschlossenen Vertrag von Lissabon nicht die Rede sein. Wichtige Prinzipien wie Rechts- und Sozialstaatlichkeit wurden faktisch aufgehoben. Streng genommen könnte der Bürger nach Artikel 20 Abs. 4 des Grundgesetzes dagegen vorgehen, da ja das EU-Recht unsere demokratische Ordnung beseitigt hat. Ein großer Teil der nationalstaatlichen Entscheidungsfreiheit wurde an die EU abgetreten. Sowohl der Bundestag als auch der Bundesrat haben jeweils zweimal ihre Zustimmung erteilt. Nachvollziehbar ist dies nicht, erst recht nicht, dass die Union sich so wehrlos gezeigt hat. Will man sich dem Brüsseler so ohne Weiteres ausliefern?

Es lässt sich auch für die Details festhalten, dass sich die Rückbesinnung auf das christliche Erbe lohnt. Das haben die Verantwortlichen für den EG-Vertrag bereits gewusst und deshalb darauf Bezug genommen. Es ist im Sinne bipolaren Denkens zu trennen zwischen einerseits den Fehlern, die Herrschende aus dem Raum der Kirchen gemacht haben, und andererseits den großartigen Zukunftsperspektiven, die eine auf den Grundfesten des Christentums basierende EU-Verfassung bieten wird, wenn ganz schlicht und einfach aus den alten Fehlern gelernt wird. Atheistische Rechtsordnungen haben sich niemals im Laufe der Geschichte bewährt, wirkliche Toleranz kennen nur - auch heute weltweit - christlich orientierte Staaten. Das krasse Nützlichkeitsdenken, man kann in der Tat von Utilitarismus sprechen, macht bereits deutlich, dass die Politiker, die das christliche Gedankengut zurückdrängen, gemäß biblischen provokanten Formulierungen „ihre Talente vergraben“ oder „ihr Licht unter den Scheffel stellen“.

Was die einzelnen Bestimmungen betrifft, so sind diese im Vergleich zur deutschen Verfassung auf den ersten Blick ähnlich, bei genauerem Hinsehen eher weniger tiefgründig und prägnant. Positiv sind Neuerungen wie die Rechtswidrigkeit von Folterungen, die Einbeziehung des Rechts älterer Menschen, das Recht des Kindes, der Schutz behinderter Menschen oder die Solidarität im Arbeitsrecht. Bedauerlich ist die schwache, fast diskriminierende Bestimmung hinsichtlich Ehe und Familie. Jede Person hat das Recht, eine Ehe einzugehen und eine Familie zu gründen, was sich aber an den einzelstaatlichen Gesetzen orientieren soll. Die Kraft und Dynamik von Artikel 6 Grundgesetz mit dem besonderen Schutz von Ehe und Familie kommt hier nicht zum Ausdruck; man hat den Eindruck, dass die Ehe quasi geduldet wird. In einer Zeit, in welcher die Bindungsfähigkeit der Bürger nachlässt, in welcher – gerade durch die unreflektierten Gedanken des Gender-Mainstreaming – die Einzigartigkeit von Ehe und Familie im traditionellen Sinne erheblich an Bedeutung verliert, hat die EU, einschließlich der deutschen Vertreter, eine große Chance versäumt. Besonders stolz auf seine modische Ideologie ist der spanische Regierungschef Zappatero, der sich rühmt, ein „überzeugter Feminist“ zu sein *(Der Spiegel, 17/08).*

So enthält die Charta diverse Freiheitsvarianten, etwa in Bezug auf Gedanken, Gewissen und Religion, bietet aber nur Kümmerliches in Bezug auf die Meinungsfreiheit. Das ist besonders durch das missglückte Antidiskriminierungsgesetz, worüber oben Grundsätzliches bemerkt worden ist, evident geworden. Der Gleichheitssatz ist und bleibt unbestritten, dass zu den üblichen Merkmalen auch noch die sexuelle Ausrichtung angefügt wurde, erscheint als sacrificium intellectus. Wenn Politiker sich über Medien „breitschlagen lassen", um sich emotionalen Eruptionen zu fügen, dann verlieren die Verantwortlichen in Brüssel und Berlin an Autorität. Es gibt nicht den geringsten Nachweis einer irgendwie gearteten sexuellen Identität; wenn jemand eine solche verspürt, dann mag er das glauben und damit leben, ein gesetzlicher Schutz macht die EU und die unterwürfigen Deutschen lächerlich. Höchst problematisch ist die Ermächtigung in Artikel 33 Abs. 6 EUV, wonach der Europäische Rat im vereinfachten Änderungsverfahren die Bestimmungen des Dritten Teils umstoßen darf. Das gilt z. B. für die Bereiche Sozialpolitik, Wirtschaft, Justiz, Kultur und auch Sicherheit. Weder das europäische noch die nationalen Parlamente müssen hier zustimmen. Das ist hochinteressant, zumal seit Jahrzehnten die Kritiker der EU mangelndes Demokratieverständnis vorwerfen.

Speziell die Grundrechtscharta soll nun verbindlich werden, und zwar trotz der angedeuteten Mängel. Insoweit war der 13.12.2007 mit Sicherheit keine Sternstunde Europas. Der Grundrechtsschutz wird nun weiter geschwächt, zumal der Europäische Gerichtshof in den vergangenen 50 Jahren nie Interesse gezeigt hatte, einen Akt der Rechtsetzung von EWG, EG und EU als grundgesetzwidrig anzusehen. Der portugiesische ehemalige Präsident Soares nennt die EU-Verfassung „konfus, wie es konfuser nicht geht". Auch deutsche Politiker beginnen, die Unverständlichkeit zu rügen. Die Deutschen hätten durchaus allen Grund, sich zu ärgern: Wenn ihnen einerseits faktisch das gute Grundgesetz genommen wird, sie als Nettozahler ca. das 30fache von dem in die EU-Kasse einbringen als die benachbarten Franzosen, dann ist es schon schmerzlich, wenn der bevölkerungsmäßig größte Staat immer mehr entrechtet wird. Für die Deutschen, ja für alle Europäer ist die Sicherheitsfrage von großer Bedeutung, insbesondere die im Grundsatzprogramm erwähnte Gewähr, dass Energie und Rohstoffe auch in den kommenden Jahrzehnten zur Verfügung stehen werden. Überhaupt hat die EU dafür zu sorgen, dass es sich weiterhin lohnt, in der EU zu leben.

Weltweite Öffnung

Durch die NATO hat es Deutschland mit vielen anderen europäischen Staaten geschafft, die Grenzen des Kontinents zu durchstoßen. Die militärische

Beistandsverpflichtung soll auch bestehen bleiben. Wenn es im Grundsatzprogramm heißt, die EU müsse über Möglichkeiten des eigenen militärischen Handelns verfügen können, so ist dieser Gedanke nachvollziehbar. Aber es muss verhindert werden, dass die Deutschen ihren eigenen Weg gehen, auch Europa überheblich wird und meint, es könne ohne die transatlantischen Beziehungen „Frieden, Freiheit und Wohlstand in Deutschland und Europa“ sichern. Der Kossovo-Krieg hat gezeigt, wie schwach und dürftig die Europäer ausgestattet sind. Wichtig ist, dass sich die CDU, ja Deutschland und Europa nicht ideologisch vereinnahmen lassen und wegen gewisser Schwächen der USA den Frieden gefährden.

Zu Recht verweisen die Europäer immer wieder auf die universellen Menschenrechte und die Abwehr der asymmetrischen Bedrohungen. Es stimmt: „Ohne Sicherheit keine Entwicklung, ohne Entwicklung keine Sicherheit“. Das gilt für alle politischen Bereiche, gerade an Europas Grenzen. Insbesondere Deutschland stellt sich zu Recht der besonderen historischen Verantwortung gegenüber Israel, darf aber den Respekt vor der islamischen Tradition nicht verkennen. Auch das vom Kommunismus befreite Russland ist allemal wert, in guten Beziehungen mit der EU zu leben. Große Verantwortung besteht für den Nachbarkontinent Afrika, gerade im Hinblick auf Gesundheit und Bildung. Erschüttert sind Menschenrechtler über die Gewaltakte gegen Ausländer, vor allem Flüchtlinge aus den Nachbarstaaten. Es ist die Rede von ca. 3000 Toten. Die weißen Farmer fürchten zunehmend um ihr Leben. Auch die entfernteren Staaten in Lateinamerika, Asien und Ozeanien dürfen nicht vernachlässigt werden. Es steht der CDU gut an, angebliche Heroen wie „Che Guevara“ historisch-kritisch zu beleuchten. Es gilt, die Vereinten Nationen zu stärken und Verantwortung nicht zu scheuen. Die Zusammenarbeit mit Kirchen und Nichtregierungsorganisationen soll vertieft werden, gerade um die Spendenbereitschaft für die Eine Welt zu stärken.

Die Bundeskanzlerin hat Mut bewiesen, dass sie etwa den Dalai Lama persönlich empfangen hat. Sie hat sich durch die vorübergehende Verärgerung der chinesischen Regierung nicht von ihrem Vorhaben abhalten lassen. In der Tat ist ihr Bemühen, das kommunistische Regime auf Menschenrechtsverletzungen verbal und durch schlüssiges Handeln aufmerksam zu machen, beeindruckend. Das gilt erst recht, weil sie wegen ihrer christlichen Grundhaltung die religiöse Auffassung des Gastes nicht vollständig teilt. Selbst hat die Pfarrerstochter vor Allmachtsfantasien in der Politik gewarnt und – etwa beim Evangelischen Pfarrertag 2007 – erklärt: „Demokratie braucht Tugenden“ *(ideaSpektrum, 37/07).* Sie ist sich dessen bewusst, dass die Kirchen mit ihrer Botschaft und ihrem Handeln positiv in unsere Gesellschaft hineinwirken.

Als Irrtum haben sich Vorstellungen der Medien erwiesen wie etwa die des „Spiegel“ *(36/05):* „In der heutigen Mediendemokratie wirkt Angela Merkel wie eine Fehlbesetzung“. Das Nachrichtenmagazin musste aber bekennen, dass die Bundeskanzlerin über ungeahnte Talente verfügt: „Doch sie ist hart und durchsetzungsfähig, und sie will mehr, als sie sagt“. Es geht also nicht wie bei manch anderem Politiker darum, dass er weniger will, als er behauptet. Deshalb darf die CDU hoffnungsvoll in die Zukunft schauen, wenn diese Kanzlerin weiter das wichtige Amt innehat. Ihr ist zuzutrauen, dass sie gar den Unfug des „Gender-Mainstreaming“ in Europa und Deutschland korrigiert. Das gilt überhaupt im Hinblick auf die „Political Correctness“, die Europa und die ganze zivilisierte Welt ideologisch weitgehend beherrscht. Sie hat das Format dazu, sich für eine gesunde europäische Leitkultur einzusetzen und jeglichem Totalitarismus zu wehren. Den Nachweis dafür hat Bundeskanzlerin Merkel durch ihr Engagement zugunsten des Staates Israel erbracht. Sie war sich nicht zu schade, und zwar entgegen der veröffentlichten Meinung in Europa, dem Schutz und der Förderung des nahöstlichen Staats Priorität zu verleihen. Der 60ste Geburtstag des Staates war für die Regierungschefin Anlass, die nicht zu bestreitende Existenzberechtigung Israels hervorzuheben. In der Tat muss sich dieses Land immer wieder aufs Neue erkämpfen. Gerade Deutschen wird unwohl, wenn sie zur Kenntnis nehmen, dass 52 der Befragten einer weltweiten Erhebung aussagten, Israel habe einen „überwiegend negativen Einfluss auf die Welt“, sei quasi einem Schurkenstaat gleich zu setzen. Die Medien verteidigen den Staat kaum noch und verschweigen, dass es in der Region niemals eine palästinensische Hoheit gegeben hat *(Arthur Cohn, Filmproduzent, in Cicero 6/08 S. 14 f)*. Deutschland, Europa, ja die ganze Welt muss im Hinblick auf Vorstellungen von Nachbarstaaten, die Israel auslöschen wollen, das Maximum bieten, damit diese destruktiven Stimmen kein Gehör mehr finden. Überhaupt lohnt es sich, darüber nachzudenken, wieweit christliches Denken weltweit einen Beitrag dazu leisten kann, dass überall Friede herrscht. Auch hier empfiehlt sich ein entsprechender Forschungsauftrag. Auch die Merkwürdigkeiten wie die bereits sprachliche Lachnummer „Kampf gegen Rechts“ wird sie desavouieren können. Dazu gehört auch die Beendigung der „öffentlichen Verurteilungskultur“. Angela Merkel ist auch zuzutrauen, dass sie den Bürokratismus in Europa drastisch reduziert, nachdem Kommissar Verheugen seine vielfältigen diesbezüglichen Versprechungen nicht einzuhalten in der Lage ist. Unterstützung erhält sie jetzt durch den erfahrenen Administrator, nämlich den ehemaligen bayerischen Ministerpräsidenten. Anfangen sollte man bei dem – aus dem NS-Reservoir schöpfenden – Antidiskriminierungsgesetz. Die Bundesregierung beziffert die Kosten, die der Wirtschaft durch ihr von Berlin und Brüssel auferlegte Dokumentations- und Meldepflichten entstehen, auf wenigstens 40 Milliarden Euro pro Jahr.

Die Bundeskanzlerin kann als Ostdeutsche eher auch den Polen und Tschechen Paroli bieten, wenn es um das Dokumentationszentrum gegen Vertreibung geht. Sie hat sich bereits für die Errichtung eingesetzt *(epd-Wochenspiegel, 44/07).* Sie vermag auch den östlichen Nachbarn deutlich vor Augen zu halten, dass es 1945 und 1946 nicht so ohne weiteres um eine friedliche Umsiedlung ging, auch wenn der Begriff „ethnische Säuberung" zweifellos unpassend ist. Angelika Merkel ist die gesunde Mischung zuzutrauen, nämlich tolerantes Handeln mit dem Setzen von Grenzen zu verbinden.

Neben Europa ist der CDU unverkennbar die internationale Zusammenarbeit wichtig. Das sollte selbstverständlich zunächst gemeinsam mit den EU-Staaten organisiert werden. Wegen der zwangsläufig vorhandenen Divergenzen, wie es der Irakkrieg gezeigt hat, wird die Bundesrepublik nicht umhin können, teilweise auch gesonderte Wege zu gehen. Erfreulich ist, dass die Franzosen mit Sarkozy wieder mehr Gemeinsinn mit den Amerikanern zeigen, wie es unsere Bundeskanzlerin bereits – nach Gerhard Schröder – vorexerziert hat. Die atlantischen Beziehungen sind – trotz mancher Irrungen des amerikanischen Präsidenten Bush – unverzichtbar, und zwar nicht nur aus Dank gegenüber den USA für all die Wohltaten seit den 40er Jahren, sondern auch zur Erhaltung des Weltfriedens.

Schlussbemerkungen

Der Verfasser dieser Broschüre kann zusammenfassend nur unterstreichen, dass das Grundsatzprogramm der CDU wertvolle Ansätze zeigt. Ganz wichtige Bereiche sind erfasst, und zwar auch in den zusätzlichen Detailfragen. Es liegt somit eine brauchbare Basis für das neue Handeln der CDU vor. Allerdings kann man nicht mit Recht behaupten, dass der CDU „der große Wurf gelungen" sei. Zunächst war das Parteiprogramm von Generalsekretär Roland Pofalla doch deutlich linksgerichtet. Das konservative Element wurde hinzugesetzt und wirkt deshalb manchmal etwas isoliert. Dass die CDU eine „Partei der Mitte" geworden ist, ist zumindest irritativ. Das positive rechte Spektrum wird nicht annähernd erfasst. Für ein gesundes konservatives Denken ist die CDU-Programmatik zu bescheiden. Der Vorwurf der Beliebigkeit ist nicht von der Hand zu weisen. Wie weit der Begriff christliches Menschenbild eine Worthülse bleibt, wird die Praxis zeigen. Es ist der Partei zu wünschen, aber auch zuzutrauen, dass es nicht bei der ängstlichen Einordnung in die „Mitte" bleibt, sondern ein mutiges Rückbesinnen auf die Wurzeln. Gedanken von „Chaos", „Schuld" und „Schande" sollten allenfalls in Bezug auf den Nationalsozialismus gemäß dem Ursprungsaufruf entstehen, nicht in Bezug auf Grundsatzprogramm und vergangene Tätigkeit der CDU. Das „hohe C“ der CDU ist allerdings verblasst, wie der Professor für christliche Gesellschaftslehre in Trief Wolfgang Ockenfels feststellt *(pro-online vom 15.11.2007)*. Der Wissenschaftler ist vor allem enttäuscht über die faden Anmerkungen im Grundsatzprogramm über die Abtreibung.

Es gibt in Deutschland noch weitere Detailkritik, etwa hinsichtlich mancher Formulierung zugunsten von Muslimen, die abgeschwächt worden ist. Positives ist aus Kirchenkreisen zu hören, vor allem in Bezug auf ein immerhin noch teilweise differenziertes Familienbild, auch wenn in dem Entwurf des Grundsatzprogramms mit knapp 90 Seiten neben der Ehe als Leitbild auch der Respekt vor Entscheidungen von Menschen für andere Lebensformen manifestiert wird. Die CDU bleibt bislang beim christlichen Menschenbild, aber setzt sich für „das gemeinsame Handeln von Christen, Andersgläubigen und Nichtglaubenden in der CDU“ ein. Es ist zweifellos richtig, im bipolaren Sinn einerseits einen festen Standpunkt zu haben (Ehezentrierung und christliches Fundament), um andererseits Menschen, die sich für einen alternativen Lebensentwurf oder ein alternatives Glaubensbekenntnis entscheiden, selbstverständlich zu respektieren. Kritisiert werden beispielsweise allzu liberale Ansätze oder das Auftreten als „moderne Großstadtpartei“, wobei die soziale Komponente nicht genügend entwickelt sei. Die CDU muss jetzt mit den Sozialdemokraten regieren, um in dieser Wahlperiode dem Wählerwillen in der Großen Koalition Rechnung zu tragen. Sie darf getrost das christliche Menschenbild weiter im Zentrum bewahren, wenn sogar insoweit zurückhaltende Politiker wie Ex-Bundeskanzler Schröder bekannt hatten, dass man Politik sehr gut unter Rückgriff auf die christliche Ethik begründen könne. Über die Grünen müssen sich die Unionsparteien nicht mehr allzu viel Sorge machen, wenn man sich z. B. die Kritik der „taz“ zur 25-Jahr-Feier vor Augen hält: „Ein bleischweres Spießertum liegt wie Mehltau über allen Veranstaltungen. Diese Leute, die aussehen wie Helge Schneider oder wie Reinhard Mey 1977 in Alt, verhalten sich toter und unvitaler als jeder Sparkassenleiter zur Adenauerzeit“.

Die CDU fährt gut, wenn sie sich immer wieder an dem Gedanken der Kontrastharmonie orientiert. Es ist allemal vernünftig, als „Partei der Mitte“ immer wieder nach rechts und nach links zu schauen, dabei nicht dem Zeitgeist zu frönen, sondern zeitgemäß zu denken und zu handeln. So kann die CDU durchaus einerseits von Alice Schwarzer und andererseits von Eva Herman lernen. Der konservative Bundesverfassungsrichter Udo Di Fabio hat Recht, wenn er vor allzu starken Trennungen warnt. Es werde nämlich im ausgeschlossenen Anderen die Einheit weiter transportiert; die Zerstörung des ausgeschlossenen Anderen bewirke die Selbstzerstörung *(so in dem Buch „Die Kultur der Freiheit“)*.

Ein Gegenpol bezieht den anderen regelmäßig mit ein, um zu einer Einheit höheren Ranges zu gelangen. Banal ausgedrückt: Es gibt die Vorder- und Rückseite einer Medaille. In diesem Sinne besteht eine ausreichende Grundlage für die weitere Zeit konstruktiven Zusammenwirkens zwischen Union und SPD. Einer der größten Denker im vergangenen Jahrhundert, der Jurist und Soziologe Niklas Luhmann, war geradezu in die Paradoxie verliebt. Die CDU kann von ihm lernen, da sie ja das christliche Nächstenhilfegebot schätzt: „Liebe ist die Kommunikation des Nicht-Kommunizierbaren". In der Tat, christliches Denken hat immer etwas mit Geheimnisvollem und Rätselhaftem zu tun. Die Unionsparteien müssen deshalb nicht alles erklären können, sie dürfen aber aus einem unermesslichen Schatz schöpfen, wenn sie sich auf die Quellen der christlich-abendländischen Kultur stützen. Die Lösungsmöglichkeiten mehren sich. Das gilt für allerlei Punkte, von der freien Entfaltung der Person angefangen, über die demografische Entwicklung, Hilfe für Familie, Bildung, die Soziale Marktwirtschaft, das Sicherheitsdenken, die Bewahrung der Schöpfung und Deutschlands Verantwortung in Europa und weltweit.

Die CDU hätte die letzte Bundestagswahl wohl gewonnen, wenn sie diese mit der Renaissance des Christentums verbundenen Maßstäbe in die Realität konsequenter durchgesetzt und mehr Zivilcourage zur Problembewältigung bewiesen hätte. Vielleicht kann die christliche Partei von Andersgläubigen ein wenig lernen, auch wenn die Konsequenz nicht unbedingt nachahmenswert ist: Das Buch des atheistischen Evolutionsbiologen Richard Dawkins, das oben beschrieben worden ist, hat in der Türkei dazu geführt, dass die Staatsanwaltschaft über eine Anklage nachdenkt, weil durch die Ausführungen die religiösen Gefühle von Muslimen, Christen und Juden verletzt seien. Nun geht es nicht darum, Menschen, die das „C" ablehnen oder verspotten, einzusperren, sondern um ein mutiges Umgehen mit der Kritik am christlichen Denken. Immerhin hat die CDU Ermutigung von den evangelischen und katholischen Bischöfen erhalten, mit denen die Leitfragen erörtert worden ist *(epd-Wochenspiegel 49/07)*. Eine Auslegung und Weiterentwicklung des Grundsatzprogramms, das sich anlehnt an die Ausführungen des Verfassers, wird ohne Zweifel dem Wohl des deutschen Volks dienen. Die Union sollte sich unter Berücksichtigung ihres Gründungsaufrufs an des Philosophen Gadamers Motto orientieren: „Zukunft ist Herkunft".

Glossar

Erklärung einiger Begriffe nach der Bedeutung, die ihnen in diesem Buch zukommt

adult	erwachsen, ausgereift
AGG	Allgemeines Gleichbehandlungsgesetz
Agnostizismus	Anschauung, die nur die sinnliche Wahrnehmung gelten lässt
Anthropologie	Lehre von Eigenschaften und Verhalten des Menschen
Aussperrung	Arbeitskampfmaßnahme der Arbeiter (Arbeitgeber: Streik)
Bipolarität	sich ergänzende Gegensätzlichkeit (siehe Buch „Hilfe, wir werden diskriminiert“ S. 173 ff)
desavouieren	bloßstellen
Dialektik	Bemühen um Überwindung von Widersprüchen
dionysischer Utilitarismus	vom Rauschhaften bestimmtes Nützlichkeitsempfinden
Diskurs	mangelnde Übereinstimmung (beim Vertragsschluss)
Divergenz	Meinungsverschiedenheit
Ethikrat	Bundeseinrichtung zur Lösung moralischer Grenzfälle
Faszinosum	Bezauberndes
Fundamentalismus	allgemein kompromissloses Festhalten an (politischen, religiösen) Grundsätzen
Gender Mainstreaming	Glaube an die Vorzugsstellung eines sozialen Geschlechts (Gegensatz: biologisches Geschlecht)
Hegemonie	Vorherrschaft
Karrierist	rücksichtsloser Streber nach Erfolg
konkludent	durch schlüssiges Handeln
Kontrahierungszwang	Zwang zum Vertragsschluss
Kontrastharmonie	Vereinbarkeit von Widersprüchlichem
Kotau	tiefe Verbeugung
Laizismus	Ausschalten des Religiösen im öffentlichen Leben
Lobbyist	Vertreter einer Interessensgruppe, die auf Gesetzgebung Einfluss ausübt

LPG	Lebenspartnerschaftsgesetz
Moratorium	Übereinkunft, eine Sache aufzuschieben
Nasciturus	vorgeburtlicher Mensch
Pleonasmus	überflüssiger Zusatz in einem Wort
Political Correctness	politische Korrektheit, Ideologie übertriebenen Minderheitenschutzes
pränatal	der Geburt vorausgehend
Private-Equity-Gesellschaften	Beteiligungsgesellschaften ohne hohe Mindesteinlagen
promethische Autonomie	vorausdenkende Selbständigkeit
prospektiv	nach Nutzbringendem schauend
Protagonist	Hauptdarsteller
sacrificium intellectus	Opferung der Erkenntnisfähigkeit
Säkularisierung	Verweltlichung
Shareholder Value	Unternehmenspolitik, die auf höchstmögliche Steigerung des Aktienkurswerts angelegt ist
Subsidiarität	Zurücktreten einer Norm
Tremendum	Erschauderndes
unprätentiös	wenig anspruchsvoll
Utilitarismus	Nützlichkeitsprinzip
Wiedergänger	zurückkehrender Toter
xenophil	fremdenfreundlich

Auswahl weiterer Bücher aus dem SDV-Buchverlag

„Hilfe, wir werden diskriminiert"
Rettung durch Gleichbehandlungsgesetz unter Opfern von Freiheitsrechten?
von Christian Hausen
Das Buch deckt die verborgenen Mechanismen beim Zustandekommen des Gesetzes auf. Der Autor warnt vor den sozialen und wirtschaftlichen Folgen einer Bevorzugung von Minderheiten: u. a. Aushöhlung der seit Jahrtausenden geltenden Vertragsfreiheit oder Begünstigung von Verweichlichung und Denunziantentum. Das Buch soll die Augen öffnen für unterschwellige Entwicklungen und gegen eine EU-Hörigkeit immunisieren.
Der Schutz von Schwächeren lässt sich angemessener realisieren.
ISBN 978-3-88242-163-7 232 Seiten 12,80 €

„Noch geteilt?"
von Dr. Christian Zöllner
ISBN 978-3-88242-121-7 192 Seiten 7,45 €

„Die Schlösser unserer Mutter"
von Eliane von Falkenhausen
Geschichte erleben, eine schlesische Kindheitserinnerung
ISBN 978-3-88242-182-8 222 Seiten 24,80 €

„Unterwegs"
von Bernard Freiherr von Beaulieu Marconnay
Erschütternd und jedoch gleichzeitig humorvoll schildert der Autor seinen Lebensweg, floh aus dem Osten auf sehr abenteuerliche Weise und kämpfte sich tatkräftig durch das Leben.
ISBN 978-3-88242-141-5 192 Seiten 14,85 €

„Memoiren - Geständnisse"
Heinrich Heine
ISBN 978-3-88242-156-9 176 Seiten 12,80 €

"Ein Bekenntnis"
Theodor Storm
ISBN 978-3-88242-149-1 160 Seiten 9,80 €

„Wi warrd to fröh oold un to laat klook"
tiefsinnige Anekdoten von Hermann Hand
ISBN 978-3-88242- 079-1 64 Seiten 9,80 €

„Und immer wieder geht die Sonne auf"
Gedichte von Renate Gräfin v. Baudissin-Zinzendorf
ISBN 978-3-88242-150-7 56 Seiten 9,85 €